데이터로 읽고,
전략으로 움직여라

데이터로 읽고,
전략으로 움직여라

초판 1쇄 인쇄일 2026년 1월 15일
초판 1쇄 발행일 2026년 1월 25일

지은이 김세훈 서광민
펴낸이 양옥매
디자인 송다희 표지혜
교   정 조준경
마케팅 송용호

펴낸곳 도서출판 책과나무
출판등록 제2012-000376
주소 서울특별시 마포구 방울내로 79 이노빌딩 302호
대표전화 02.372.1537   팩스 02.372.1538
이메일 booknamu2007@naver.com
홈페이지 www.booknamu.com
ISBN 979-11-6752-731-8 (03320)

잘 팔리는 시장을 읽는 성공 공식

데이터로 읽고,

전략으로 움직여라

김세훈 | 서광민 지음

책나무

숫자로 읽는 시장, 전략으로 연결하다

마케팅 전문가인 저자와 오랫동안 교류를 나누어 왔다. 저자는 이 책에서 '왜 감이 아니라 숫자를 분석해야 하는지'를 설명한다. 시장에서 수집한 데이터에 포함된 숫자를 통해 고객의 니즈를 읽고 그에 알맞게 전략을 세우는 방법으로 MPPA라는 분석틀을 제시한다. 이런 방법을 배움으로써, 독자들이 그동안 저자가 오랜 기간 동안의 경험을 통해 터득한 마케팅 노하우를 손쉽게 배워 응용할 수 있기를 바란다.

– 최종학(서울대학교 경영학과 교수, 『숫자로 경영하라』 저자)

현장에서 터득한 실전 마케팅 노하우

죽은 이론을 담은 책이 아니다. 살아 있는 현장이 담겨 있다. 저자가 G마켓, 이베이코리아 등 커머스 플랫폼에서 일한 경험이 고스란히 녹아 있다. 자영업자나 창업자가 왜 감이 아닌 '시장 데이터'로 승부해야 하는지를 알려 준다. MPPA라는 분석틀은 시장에서 이미 검증된 상품을 기준으로 비즈니스의 방향을 어떻게 잡아야 할지 제시한다. 당신이 따라가야 할 정확하고 실용적인 나침반이다.

– 고란 (전 중앙일보 기자, 유튜브 채널 '알고란' 대표)

당신의 '감'이 아니라,
시장의 데이터를 믿어야 할 때

*

"선생님, 저는 이 제품이 정말 좋아서 시작했어요."

"이걸 해 보라고 추천해 준 지인이 있었어요."

"주변에 아직 이걸 하는 사람이 없더라고요."

저희가 지역 소상공인이나 예비 창업자들을 대상으로 강의하거나, 사업계획을 심사할 때 가장 자주 듣는 말입니다. 처음엔 이 말들이 꽤나 설득력 있게 들렸습니다. 진심이 느껴졌고, 열정도 있었으니까요.

하지만 점점 한 가지 사실을 깨닫게 되었습니다. 이런 대답을 하는 분들일수록 실제 시장에서 실패할 확률이 높았다는 것 말입니다. 왜일까요? 그 이유는 단순했습니다. 개인적 경험, 지인의 조언, 감(感), 이 세 가지는 모두 시장 검증을 거치지 않은 '주관적인 판단'이라는 공통점을 가지고 있었기 때문입니다.

데이터로 읽고, 전략으로 움직여라

우리는 어떻게 의사결정을 내리고 있는가?

사업은 결국 수많은 '선택'으로 이루어집니다. 어떤 상품을 팔 것인가, 어떤 고객을 대상으로 할 것인가, 가격은 어떻게 정하고, 어디에서 팔고, 어떻게 홍보할 것인가.

그런데 놀랍게도, 많은 분들이 이 중요한 선택들을 자신의 '느낌'이나 '주변 이야기'에 근거해 내리고 있었습니다. 물론 직관이 전혀 필요 없다는 건 아닙니다. 하지만 직관은 데이터에 기반할 때 비로소 힘을 발휘합니다. 객관적 근거 없이 결정된 방향은 시간과 비용, 기회 비용까지 잃게 만들 수 있습니다.

그래서 우리는 시장을 보기로 했습니다

저희는 이커머스 플랫폼에서 수많은 데이터를 다루며 '잘 팔리는 상품'의 특징을 분석하고, 왜 어떤 상품은 되고, 어떤 상품은 안 되는지를 끊임없이 연구하고 실험해 왔습니다.

그리고 그 과정에서 아주 단순한 결론에 도달했습니다. 시장은 이미 정답을 말하고 있으며, 잘 팔리고 있는 상품에는 고객의 '현재 니즈'가 고스란히 담겨 있다는 것이죠. 이 사실을 받아들이기 시작하면, 기존의 '내가 만들고 싶은 상품'이 아닌 '고객이 사고 싶어 하는 상품'을 기준으로 비즈니스 방향을 바꾸게 됩니다. 그 출발점이 바로 시장의 흐름을 관찰하고 분석하는 것입니다.

MPPA, '팔리는 이유'를 해석하는 틀

우리는 그렇게 시장을 해석할 수 있는 방법이 필요했습니다. 그래서 만든 것이 MPPA(Market-Proven Product Analysis)입니다.

MPPA는 이미 잘 팔리고 있는 상품을 기준으로 고객의 니즈, 경쟁자의 전략, 유통 채널의 변화까지 다각도로 분석할 수 있도록 돕는 실용적 프레임워크입니다. 검색량, 리뷰 수, 가격대, 패키지 구성 등 수치로 표현되는 '고객의 반응'을 읽고 그 흐름을 구조적으로, 그리고 나의 비즈니스에 맞게 해석할 수 있게 해 줍니다.

이 책은 '나'를 넘어 '고객'과 '시장'을 바라보는 훈련입니다

많은 창업자들이 '좋은 아이템'을 찾아 헤맵니다. 하지만 그보다 먼저 필요한 건 "팔리는 아이템은 왜 팔리고 있는가?"를 제대로 이해하는 것입니다.

잘 팔리는 상품을 보면, 처음에는 '이런 건 나도 만들 수 있겠다.'라는 생각이 들 수도 있습니다. 하지만 그 상품이 고객과 어떤 방식으로 소통하고 있고, 어떤 마케팅과 포장, 후기 관리, 채널 전략으로 '고객을 설득하고 있는지'를 자세히 들여다보면, 그들의 노력과 전략, 시장 감각이 얼마나 날카로운지 새삼 깨닫게 됩니다.

그 과정을 통해 우리는 내 상품만 중요한 줄 알았던 시야에서 벗어나 남들이 잘하고 있는 것을 인정하고, 그 흐름에 올라타고, 결국 나만의 방향으로 발전시키는 길을 얻게 됩니다.

데이터는 차가운 숫자가 아니라, 고객의 반응입니다

이 책은 단순히 데이터를 보는 법을 알려 주려는 것이 아닙니다. 우리는 이 책을 통해 '감' 대신 '데이터'를 기반으로, '내 생각'이 아닌 '시장의 흐름'에 기반한 비즈니스 의사결정을 함께 연습해 보고자 합니다.

지금 이 순간에도 고객은 시장에서 반응하고 있습니다. 그 반응을 먼저 읽고, 이해하고, 해석할 수 있다면 비즈니스는 더 이상 '감에 의존한 모험'이 아닌 '데이터 기반의 전략'이 될 수 있습니다.

이 책이 바로 그 출발점이 되길 바랍니다.

2025년 겨울

고려대학교 디지털경영학과 연구실에서

김세훈 · 서광민 드림

CONTENTS

CHAPTER. 1 │ 소상공인의 비즈니스 의사결정, 왜 어려운가?

CHAPTER. 2 | 내 사업, 시장부터 알아보자

CHAPTER. 3 | 상품 기획, 어렵지 않아요

CHAPTER. 4 | 실패를 줄이는 핵심 도구: 시장검증상품 분석표(MPPA)

CHAPTER. 5 | 어떻게 팔아야 할까? 효과적인 판매 전략

CHAPTER. 6 | 돈 낭비 없는 효율적인 마케팅 전략

CHAPTER. 7 | 망하지 않는 운영 전략

CHAPTER. 8 │ **결론: 실행만이 답입니다**

부록

c   h   a   t   e   r   1

소상공인의
비즈니스 의사결정,
왜 어려운가?

한정된 자원 속에서 소상공인은 어떻게 생존 전략을 세워야 할까요? 소상공인은 자금과 시간, 인력 등 모든 리소스가 부족합니다. 수많은 정보를 접하면서도 어디서부터 어떻게 시작해야 할지 몰라 막막함을 느끼기도 하고, 고객 니즈 반영 여부도 불확실합니다. 실패하지 않기 위해서는 현실적이고 구체적인 방법이 필수적입니다. 단순한 아이디어만으로는 사업의 지속 가능성을 확보하기 어렵기 때문에 신중한 판단이 필요합니다. 초기 결정이 사업 전체의 방향을 결정하므로, 현실적이고 실질적인 접근법을 철저히 준비해야 합니다. 명확한 목표를 설정하고 단계별 실행 계획을 마련하는 것이 성공의 열쇠가 됩니다.

1

리소스 부족,
현실을 인정하는 데서 시작하자

사업을 시작하는 게 왜 이렇게 힘들까요? 소상공인은 자금, 시간, 인력 등 거의 모든 자원이 부족한 상황에서 창업을 준비하고 실행에 옮깁니다. 특히 대기업이나 중견기업과 비교해 보면, 초기 자본금의 규모, 조직 인프라, 전문 인력의 유무, 홍보와 마케팅에 쓸 수 있는 예산까지 모든 측면에서 격차가 존재합니다. 이처럼 열악한 조건 속에서 출발한 소상공인은 한정된 자원을 최대한 효율적으로 활용해야만 생존할 수 있으며, 이것이 바로 비즈니스 의사결정을 어렵게 만드는 가장 큰 이유입니다.

전략 구성의 첫 단계: 마인드셋

자금이 부족하면 사업 초기의 중요한 투자를 미루게 되고, 시간과 인력이 부족하면 모든 업무를 혼자 또는 소수의 인원으로 처리해야 합니다. 예를 들어, 창업자는 본래의 핵심 업무 외에도 회계, 마케팅, 고객 상담, 물류 등 다양한 역할을 동시에 수행해야 하며, 이는 체력적, 정신적으로 엄청난 부담이 됩니다. 그러다 보니 단기적 문제 해결에 급급하게 되고, 장기적 전략을 세우기보다 눈앞의 위기를 넘기는 데 집중하게 됩니다. 결과적으로, 전체적인 사업 방향성을 잃거나, 한 번의 잘못된 선택이 큰 손실로 이어질 수 있습니다.

이런 상황에서는 가장 먼저 현실을 냉정하게 바라보는 것이 중요합니다. "나는 모든 자원이 부족한 상태에서 출발한다."는 사실을 인정하는 것이 절대적으로 필요합니다. 이 인식은 절망이나 포기를 의미하는 것이 아닙니다. 오히려 현실을 정확히 인지해야만 그에 맞는 실행 전략을 수립할 수 있으며, 비효율적인 선택을 줄이고 효과적인 대응 전략을 구성할 수 있습니다. 이러한 마인드셋이야말로 모든 성공적인 소상공인의 출발점이 되며, '감'이 아니라 '데이터와 분석'을 기반으로 의사결정을 하게 만드는 출발선입니다.

예를 들어, 온라인 마케팅이 필요하다고 가정해 봅시다. 이때 모든 채널에 광고를 집행하는 대신, 하나의 SNS 플랫폼에 집중하여 충성도 높은 팔로워를 확보하고, 리뷰를 전략적으로 관리하는 것이 더욱 효과적일 수 있습니다. 이는 마케팅 예산을 집중적으로 활용할 수 있게 하며, 결과 측정과 개선을 용이하게 만들어 줍니다. 무엇보다도 전략의 단순화는 복잡한 환경 속에서도 명확한 성과를 낼 수 있도록 돕습니다.

리스크 관리: 선택과 집중

또한 소상공인이 직면한 또 하나의 문제는 정보 접근성과 해석 능력입니다. 대기업은 각 분야에 전문 인력을 두어 트렌드를 분석하고 전략을 수립할 수 있지만, 소상공인은 대부분 모든 정보를 스스로 탐색해야 합니다. 이 과정에서 무분별한 유튜브 콘텐츠, SNS 성공담, 과장된 마케팅 사례 등에 쉽게 영향을 받아 비현실적인 기대를 품거나 잘못된 결정을 내리기 쉽습니다. 특히 "누구는 이 방법으로 한 달 만에 억대 매출을 올렸다."는 식의 이야기들은 실제 상황과 동떨어진 경우가 많아 주의가 필요합니다.

이러한 리스크를 줄이기 위해서는 '선택과 집중'이 핵심 전략이 되어야 합니다. 소상공인은 모든 것을 잘하려는 욕심을 내려놓고, 가장 중요한 하나 또는 두 가지 핵심 활동에 리소스를 집중해야 합니다. 예를 들어, 초기에는 품질 높은 하나의 제품만을 판매하면서 고객 리뷰를 쌓고, 이 리뷰를 기반으로 홍보와 마케팅을 전개하는 것이 훨씬 더 지속 가능하고 효과적인 방식이 될 수 있습니다. 선택한 전략에 대한 지속적인 관찰과 측정도 병행되어야 하며, 그것이 곧 시장의 신호에 민감하게 반응하는 방법입니다.

데이터 기반 전략: MPPA 활용

이러한 전략을 효과적으로 실현하기 위해서는 현재 내 상황을 정확히 진단하는 과정이 선행되어야 합니다.

- 보유 자금은 어느 정도인가?
- 하루에 사업을 위해 쓸 수 있는 시간이 몇 시간인가?
- 나 또는 동업자, 직원이 가진 역량은 어느 수준인가?

이러한 질문에 대한 명확한 답이 있어야만 실제 실행 가능한 전략이 나옵니다. 이때 MPPA(Market-Proven Product Analysis)와 같은 도구

데이터로 읽고, 전략으로 움직여라

는 매우 유용합니다. MPPA는 시장에서 실제로 팔리는 상품의 속성들을 표로 정리해 비교 분석하는 방식으로, 감이 아닌 데이터 중심의 전략 수립을 가능하게 합니다. 또한 이런 분석 도구는 후속 전략 수립이나 마케팅에도 반복 활용이 가능합니다.

예를 들어, 복분자즙 제품을 기획한다고 할 때, 이미 시장에서 잘 팔리는 10개의 제품을 MPPA 양식에 맞춰 비교 분석하면 소비자가 선호하는 용량, 포장 형태, 가격대, 리뷰 키워드 등 핵심 요소들을 명확히 파악할 수 있습니다. 이런 데이터는 제품 기획뿐 아니라, 마케팅, 포장 디자인, 판매 채널 전략 등 다양한 의사결정의 기준점이 되어 줍니다. 실질적인 시장 흐름을 시각화함으로써 창업자는 자신의 판단이 감이 아닌 데이터에 기반하고 있다는 확신을 가질 수 있습니다.

더 나아가 이러한 데이터는 사업을 확장할 때도 큰 도움이 됩니다. 제품군을 늘릴지, 새로운 판매 채널을 도입할지, 혹은 고객층을 세분화할지를 판단하는 데 필요한 근거 자료가 되기 때문입니다. MPPA는 반복적으로 업데이트하고, 실시간 시장 반응을 반영해 나가야 의미 있는 도구로 기능합니다. 반복적인 분석과 정교한 비교는 창업자에게 꾸준한 전략 개선 능력을 길러 주며, 의사결정의 정확도를 향상시킵니다.

'부족함'은 새로운 기회의 문이다

결론적으로, 소상공인이 창업을 준비하거나 운영하는 과정에서 가장 중요한 첫 걸음은 냉정한 현실 인식입니다. "나는 모든 것이 부족한 상태에서 시작한다."는 사실을 솔직하게 받아들이는 것이 진짜 전략 수립의 출발점입니다. 이 인식을 기반으로, 현실적이고 실현 가능한 전략을 수립하고, 반복적으로 점검하고 수정하는 것이 소상공인의 지속 가능성을 높이는 길입니다. 객관적인 도구와 데이터, 실행 가능성 위주의 전략이 있을 때, 제한된 자원 속에서도 경쟁력을 확보할 수 있습니다.

희망과 열정만으로는 결코 사업이 유지되지 않습니다. 오히려 냉정하게 자신을 돌아보고, 시장의 데이터를 바탕으로 전략을 구체화할 때 비로소 안정적인 수익 구조와 성장이 가능해집니다. 부족함은 실패의 이유가 아니라 전략적 사고의 원천이 되어야 하며, 그 부족함을 인정하고 설계한 전략만이 진짜 살아남는 비즈니스 모델이 될 수 있습니다.

지금 이 순간이 바로 현실을 회피하지 않고 마주해야 할 때입니다. 부족한 환경에서 출발한 수많은 소상공인들이 살아남고 성장해 온 것은, 현실을 정직하게 바라보고, 작지만 꾸준한 전략을 반복하며 점진적으로 개선해 왔기 때문입니다. 당신도 그 길을 갈 수 있습니다. 그리고 그 시작은, '부족함'이라는 단어를 새로운 기회의 문으로 받아들이는 것에서 출발합니다.

소상공인 vs 대기업 자원 비교

구분	소상공인	대기업
초기자본금	제한적	풍부함
인력구성	소수 인원	전문 인력
업무 시간	장시간 근무	체계적 관리
마케팅 예산	최소화	대규모
정보 접근성	제한적	광범위
의사결정 속도	신속함	느림

데이터로 읽고, 전략으로 움직여라

2
막연한 아이디어보다
구체적인 실행 전략이 필요하다

사업 아이템에 대한 '좋은 아이디어'만 가지고 창업에 뛰어드는 소상공인이 많습니다. 하지만 막연한 아이디어는 현실에서 살아남기 어렵습니다. 단순히 "이거 괜찮을 것 같다.", "나도 해 볼 수 있을 것 같다."는 감이나 직관에만 의존해 시작하면, 실제 시장에서는 철저히 외면당할 수 있습니다. 시장은 창업자의 기대와 상관없이 냉정하게 반응하기 때문에, 반드시 구체적인 실행 전략이 수반되어야 합니다.

구조화 및 실현 가능성

실행 전략이란 단순히 무엇을 할지가 아니라, '어떻게, 언제, 어디서, 누구를 대상으로' 할 것인지에 대한 세부 계획을 말합니다. 아이디어를 실행 전략으로 구체화하지 않으면, 실제 상품 개발이나 마케팅, 고객 응대 과정에서 혼란을 겪기 쉽습니다. 예를 들어, 카페를 차리고 싶다는 아이디어만 가지고 창업에 나선다면, 인테리어, 메뉴 구성, 원가 분석, 타깃 고객 설정, 입지 분석, 홍보 전략 등 수많은 세부 사항에서 시행착오를 겪을 수밖에 없습니다.

이러한 혼란을 줄이기 위해선 아이디어를 가능한 한 수치화하고 구조화해야 합니다. MPPA와 같은 도구를 활용하면 "이 아이디어가 실제로 시장에서 검증된 속성들과 얼마나 일치하는가?"를 점검할 수 있습니다. 예를 들어, 음료를 판매하고 싶다면 현재 시장에서 잘 팔리는 음료들의 가격대, 용량, 맛, 포장 형태, 리뷰 키워드 등을 비교 분석해야 합니다. 이를 통해 단순한 아이디어가 아닌, 실현 가능성과 차별화 요소를 갖춘 전략적 기획으로 전환할 수 있습니다.

아이디어가 아무리 좋아도 그것이 실현 가능한 조건을 갖추고 있지 않다면 무용지물입니다. 특히 소상공인의 경우 자원이 한정되어 있기 때문에 '실현 가능성'은 그 무엇보다 중요한 요소입니다. 자신이 가진 자금, 시간, 인력, 기술 수준을 고려하지 않은 아이디어는 실행에 옮기는 순간부터 문제가 생깁니다. 따라서 "이 사업이 지금 내 상황에서 가능한가?"를 끊임없이 검토하고 확인하는 것이 필요합니다.

유연성과 빠른 피드백 반영

또한 실행 전략은 유연해야 합니다. 시장은 빠르게 변화하기 때문에 처음 세운 계획이 끝까지 유효하지 않을 수 있습니다. 초기 전략은 시장의 반응을 보며 빠르게 수정하고 보완할 수 있어야 하며, 이를 위해 작게 실행하고 빠르게 피드백을 반영하는 '린 스타트업' 방식이 매우 유용합니다. 예를 들어, 제품을 정식 출시하기 전에 소량 생산하여 주변 고객을 대상으로 반응을 테스트해 보는 것이 좋습니다. 이를 통해 문제점을 사전에 발견하고 개선할 수 있으며, 실제 고객의 피드백을 반영한

데이터로 읽고, 전략으로 움직여라

전략을 수립할 수 있습니다.

타깃 고객 정의와 경쟁 분석

실행 전략의 또 다른 핵심은 '타깃 고객'을 명확히 설정하는 것입니다. 막연히 '누구나 살 수 있는 제품'은 누구에게도 특별하지 않습니다. 내가 만들 제품이 어떤 문제를 해결하는지, 누구의 불편을 해소하는지, 그 대상은 누구인지 등에 대해 구체적으로 정의해야 합니다. 그 후에야 타깃 고객의 특성과 행동 패턴에 맞춘 실행 전략을 수립할 수 있습니다. 이를 위해 고객 페르소나(Persona)를 설정하고, 그들의 소비 행태, 온라인 활동, 가치관 등을 조사하는 것이 필요합니다.

더불어 실행 전략에는 경쟁 분석도 포함되어야 합니다. 내가 진입하려는 시장에는 이미 유사한 제품이나 서비스가 존재할 가능성이 높습니다. 경쟁사의 강점과 약점을 파악하고, 내 제품이 그들과 어떤 차별점을 가질 수 있는지를 분석하는 것이 중요합니다. 단순히 모방하는 것이 아니라, 차별화된 가치 제안을 만들어야 고객으로부터 선택받을 수 있습니다.

전략의 성과 측정과 개선

마지막으로, 실행 전략은 반드시 측정 가능해야 합니다. 즉, 전략의 성과를 어떻게 확인할 것인지, 무엇을 기준으로 판단할 것인지를 사전에 정해 두어야 합니다. 예를 들어, SNS 홍보 전략을 실행한다면 도달 수, 좋아요 수, 클릭률, 구매 전환율 등을 측정 지표로 설정하고, 일정 기간 후 성과를 분석해 개선점을 도출해야 합니다. 전략은 실행 후 반드시 피드백이 있어야 진짜 전략이 됩니다.

중요한 것은 아이디어가 아니라 실행이다

결론적으로, 아이디어는 시작점일 뿐이며, 그것이 실행 가능한 전략으로 구체화되지 않는다면 사업의 성패를 장담할 수 없습니다. 특히 소상공인은 실행 전략의 수립과 점검, 수정 과정에서 더욱 철저해야 하며, 이를 위해 MPPA와 같은 분석 도구를 적극 활용해야 합니다. 실행 전략이 잘 세워지면 제한된 자원으로도 시장에서 충분히 경쟁력을 가질 수 있으며, 작은 성공을 기반으로 점진적 성장을 이룰 수 있습니다. 시장은 아이디어가 아니라 실행을 통해 반응한다는 사실을 반드시 기억해야 합니다.

아이디어 실행 전략 전환 흐름도

1. 아이디어 단계
개념 구상과 직관적 접근

2. 구조화 단계
아이디어 조직화

3. 실행 가능성
자원 고려

6. 측정 가능한 전략
성과 지표 설정

5. 경쟁력 분석
차별화 전략

4. 타깃 고객
고객 페르소나 설정

📈 **MPPA 활용**
시장에서 실제로 통하는 상품의 속성을 분석하여 아이디어 구체화

🚀 **린 스타트업 접근법**
빠른 실행과 피드백 수집으로 제품 개선

리소스 부족,
현실을 인정하는 데서 시작하자

사업을 시작할 때 내리는 첫 번째 결정은 단순한 선택이 아닙니다. 그것은 향후 사업의 방향과 속도, 성패를 좌우하는 중대한 결정입니다. 특히 자원이 제한된 소상공인에게 초기 의사결정은 더욱 중요합니다. 자본을 어디에 먼저 투입할 것인가, 어떤 제품으로 시장을 테스트할 것인가, 어떤 채널에서 먼저 판매를 시작할 것인가 등 초기 단계에서의 모든 결정이 이후 사업 흐름을 결정짓습니다.

초기 결정은 단지 '시작점'이라는 의미를 넘어서, 사업 구조 전체의 '뼈대'를 형성합니다. 잘못된 시작은 회복 불가능한 손실로 이어질 수 있으며, 반대로 정확한 판단은 제한된 자원을 최대한으로 활용해 성과를 낼 수 있는 기회를 만들어 줍니다. 예를 들어, 시장 조사를 충분히 하지 않고 감으로 입지나 제품을 선정한다면, 수개월 내에 고객 반응이 없거나 부정적일 가능성이 높고, 이로 인해 빠르게 자금이 소진되어 버티지 못하는 경우가 많습니다.

시장과 고객의 명확한 정의

초기 결정에서 가장 중요한 요소는 바로 '시장과 고객의 명확한 정의'입니다. 어떤 고객을 대상으로 어떤 가치를 제공할 것인지를 먼저 정의하지 않으면, 이후의 마케팅, 제품 개발, 운영 전략 모두가 흔들리게 됩니다. 초기에 이 정의를 명확히 하기 위해서는 반드시 데이터 기반의 시장 조사가 필요합니다. MPPA와 같은 도구를 활용하여 시장에서 검증된 유사 제품을 분석하고, 실제 소비자가 어떤 상품 속성을 선호하는지를 파악해야 합니다.

예를 들어, 건강식품을 판매하고자 하는 창업자가 있다면, 단순히 "요즘 건강식품이 잘 팔리니까."라는 막연한 생각으로 시작하는 것이 아니라, 어떤 연령층이 어떤 기능성에 관심이 있고, 어떤 가격대와 포장 형태를 선호하는지를 구체적으로 확인할 필요가 있습니다. 이러한 조사 결과는 제품 기획뿐 아니라, 브랜드 콘셉트, 광고 문구, 패키징, 유통 채널 선택에도 직접적인 영향을 미칩니다.

과감한 선택과 집중

또한 초기에는 '확장'보다는 '집중' 전략이 필요합니다. 많은 창업자가 "이것도 하고, 저것도 하자."는 마음으로 여러 제품을 동시에 기획하고, 다양한 마케팅 채널을 시도합니다. 하지만 이러한 방식은 자원 분산을 초래하며, 실제로는 어느 한 분야도 성과를 내지 못하게 됩니다. 따라서 초기 결정은 "무엇을 하지 않을 것인가?"를 명확히 정하는 과정이기도 합니다. 과감한 선택과 집중이야말로 소상공인에게 있어 가장 현실적인 전략입니다.

데이터로 읽고, 전략으로 움직여라

인력 구조 및 리스크 관리

초기 결정에는 사람(인력)과 협력 구조의 설정도 포함됩니다. 사업을 혼자 운영할 것인지, 파트너와 함께할 것인지, 외주를 줄 부분과 직접 관리할 부분은 무엇인지 등의 의사결정은 이후 운영 효율과 수익성에 큰 영향을 미칩니다. 예를 들어, 제품 제작을 직접 할 것인지 OEM을 활용할 것인지, 배송은 자가배송으로 시작할 것인지 택배사를 계약할 것인지 등의 선택도 처음에 명확히 해야 합니다. 이러한 결정이 뒤늦게 변경되면 불필요한 비용과 시간 소모가 생기게 됩니다.

또한 초기에는 반드시 '리스크 관리' 전략이 함께 설정되어야 합니다. 사업은 예상대로만 흘러가지 않습니다. 시장 반응이 기대보다 저조할 수 있고, 예상치 못한 비용이 발생할 수도 있습니다. 이러한 상황에 대비해 초기 자금의 일부는 항상 비상자금으로 확보해 두어야 하며, 실패 가능성을 염두에 두고 '실험'의 범위를 설정해야 합니다. 이때도 MPPA 분석을 활용하면 시장에서 실패 위험이 높은 속성을 사전에 걸러 낼 수 있습니다.

빠른 실행과 피드백 순환

무엇보다 중요한 것은 초기 결정이 '실행'으로 연결되어야 한다는 점입니다. 많은 창업자가 계획 수립에서 머물고 실행으로 옮기지 못하는 경우가 많습니다. 초기에는 100% 완벽한 계획보다, 70% 수준이라도 빠르게 실행해 시장 반응을 확인하고 개선해 나가는 방식이 훨씬 효과적입니다. 빠른 실행과 피드백 순환이 가능해야 시장 변화에 민감하게 대응할 수 있고, 사업 구조를 유연하게 조정할 수 있습니다.

초기 결정이 사업의 운명을 결정짓는다

초기 결정이 성공하면 이후의 경로는 비교적 안정적으로 이어질 수 있습니다. 하지만 초기 판단이 틀리면 모든 것을 다시 처음부터 설정해야 하며, 시간적 · 경제적 손실뿐 아니라 창업자의 심리적 타격도 커집니다. 따라서 초기 결정은 결코 가볍게 여기면 안 됩니다. 준비한 전략이 현실에 맞는지, 시장이 반응할 준비가 되어 있는지, 내가 실행할 수 있는 자원과 역량이 충분한지를 철저히 점검한 후, 한 발 한 발 신중히 나아가는 것이 중요합니다.

초기 결정 체크리스트 (시장/채널/상품)

사업 분석 체크리스트

시장 분석 체크리스트	채널 전략 체크리스트	상품 개발 체크리스트
☐ 타깃 고객을 명확하게 했는가?	☐ 제품에 적합한 판매 채널 선정	☐ 고객 문제/니즈 해결 상품인가?
☐ 시장 규모와 잠재력을 확인했는가?	☐ 초기 집중할 핵심 채널 선정	☐ 보유 자원으로 실현 가능한가?
☐ 트렌드와 변화 방향을 분석했는가?	☐ 지원 효율적 채널 전략 수립	☐ 경쟁 제품과의 차별성이 명확한가?
☐ 경쟁사 분석을 통한 차별화 요소 확인	☐ 채널별 영업비용 산출 여부	☐ 제품 테스트 및 MVP 계획이 있는가?
☐ 데이터 기반 분석 실시 여부	☐ 성과 측정 지표 설정 여부	☐ 시장 검증 단계 계획 수립 여부

> **초기 결정은 데이터를 기반으로 합니다**
> 체계적인 자원으로 성공적인 사업부터 데이터 기반의 철저한 분석이 필요합니다.
> 위 체크리스트로 현실적인 사업 계획을 점검하세요.

결론적으로, 초기 결정은 단순한 시작이 아니라 사업 전체의 운명을 결정짓는 분기점입니다. 소상공인은 이 초기 단계를 최대한 철저히 준비하고, 데이터 기반의 검토와 판단을 통해 시장과 고객의 실체를 직시해야 합니다. 그래야만 제한된 자원으로도 충분한 성과를 낼 수 있고, 사업을 지속 가능한 방향으로 이끌 수 있습니다. 초기 결정을 제대로 내리는 것, 그것이 곧 성공의 가장 빠른 지름길입니다.

4

성공 사례의 이면:
결과보다 과정이 중요하다

오늘날 우리는 유튜브, 블로그, SNS 등을 통해 수많은 '성공 사례'를 접하게 됩니다. "카페 창업으로 연 매출 3억 달성", "1인 쇼핑몰로 월 순익 1천만 원 돌파" 등 자극적인 헤드라인은 예비 창업자에게 큰 영감을 주기도 합니다. 그러나 표면적인 결과만 보고 무작정 따라 하다 보면, 오히려 낭패를 보기 쉽습니다. 왜냐하면 그 이면에 숨겨진 구체적 조건, 맥락, 리소스, 시행착오를 파악하지 못하면 그 성공은 '재현 불가능한 이야기'가 되기 때문입니다.

성공의 '겉모습'에 현혹되지 말자

성공한 결과만 보면 모든 일이 순탄했던 것처럼 느껴집니다. 몇 개월 만에 SNS 팔로워가 10만이 되고, 하루 수백 건의 주문이 들어온다는 이야기는 매력적이지만, 그 결과만을 바라보는 순간 우리는 중요한 본질을 놓치게 됩니다. 과정 없이 결과만 좇는 것은 위험한 접근이며, 이는 마치 운동 없이 다이어트 약만 먹고 체중 감량을 기대하는 것과 같습니다.

데이터로 읽고, 전략으로 움직여라

성공의 핵심은 단지 '무엇을 했는가'가 아니라, '왜 그것이 작동했는가'에 대한 이해입니다. 누군가 쿠팡에서 건강기능식품을 판매해 대박이 났다면, 그 사람이 왜 쿠팡을 택했고, 어떤 타깃을 설정했으며, 어떤 마케팅 콘텐츠로 고객의 반응을 끌어냈는지를 들여다보아야 합니다. 단순히 "쿠팡에서 팔아서 잘됐대."라는 표면 정보는 절대 성공 전략이 될 수 없습니다.

같은 전략, 다른 결과

같은 전략을 써도 누구는 성공하고, 누구는 실패합니다. 이유는 간단합니다. 출발선이 다르기 때문입니다. 성공한 사람은 이미 관련 업계에서 다년간 경력을 쌓았거나, 마케팅 능력과 네트워크, 자금력을 갖추고 있었을 수 있습니다. 심지어는 주변 지인으로부터 초기 고객을 확보하거나 SNS 바이럴을 유도할 수 있는 여건이 마련되어 있었던 경우도 많습니다.

예를 들어, 어떤 창업자가 '지역 카페' 사업에 성공했다는 사례가 있다고 가정해 봅시다. 그 카페의 성공에는 다음과 같은 숨겨진 요소가 작용했을 수 있습니다.

- 창업자의 지인이 인테리어 업체 대표여서, 초기 비용을 절감할 수 있었다.
- 창업자의 배우자가 푸드 스타일링 전문가라서 메뉴 구성과 사진이 수준급이었다.
- 해당 지역이 최근 아파트 입주가 늘어나며 유동 인구가 급증했다.

- 지역 커뮤니티나 맘카페에서 입소문 마케팅이 자생적으로 이루어 졌다.
- 오픈 초기 지역 언론이나 유튜버가 매장을 다녀가면서 자연스럽게 콘텐츠가 생성되었다.

이러한 변수들을 모르고 결과만 보고 모방한다면, 동일한 성공을 기대하기 어렵습니다. 따라서 조건과 맥락을 무시한 복제는 실패로 가는 지름길이 될 수밖에 없습니다.

성공 사례를 전략적으로 해석하는 법

그렇다면 성공 사례는 무의미한 걸까요? 그렇지 않습니다. 오히려 잘 활용하면 최고의 교재가 됩니다. 핵심은 '모방'이 아니라 '해석'입니다. 성공 사례를 전략적으로 분석하는 능력은 소상공인이 반드시 갖춰야 할 역량입니다. 다음과 같은 단계로 접근해 보세요.

① 성공 요인의 분해

성공한 사업의 요소를 쪼개어 봅니다. 제품의 타깃, 가격, 유통 방식, 마케팅 콘텐츠, 리뷰 관리 방식 등 성공의 구조를 해부해야 합니다. 특히 '성공 시점의 고객 트렌드'나 '시장 상황'도 주요 변수로 고려해야 합니다.

② 자신과 비교

"내가 이 전략을 과연 실행할 수 있을까?"라는 질문을 던져 보세요.

데이터로 읽고, 전략으로 움직여라

자금력, 시간, 기술, 인력, 콘텐츠 제작 능력 등 자기 리소스의 한계와 비교 분석하는 과정이 꼭 필요합니다.

③ 시장 검증 도구(MPPA) 활용

성공한 상품의 속성들을 MPPA로 분석해 보세요. 가격대, 용량, 포장 형태, 리뷰 수, 키워드, 판매 채널 등 객관적 데이터를 통한 비교가 실행 가능성을 높여 줍니다.

④ '내 사업'에 맞는 전략으로 재조립

그대로 베끼는 것이 아니라, 핵심 아이디어만 차용하고 내 상황에 맞게 조정하는 것이 진짜 전략입니다. 예를 들어, 오프라인 중심이던 성공 사례를 온라인 기반으로 바꾸거나, 고가 전략을 중저가로 조정하는 방식입니다.

재현 가능한 성공을 위한 3가지 질문

다음 세 가지 질문은 단순히 체크리스트가 아니라, 성공 사례를 내 상황에 맞게 전략적으로 해석하고 적용하기 위한 핵심 포인트입니다. 각각의 질문을 통해 시장, 리소스, 핵심 성공 요인을 명확히 파악함으로써 재현 가능한 전략으로 재조립할 수 있습니다.

① 이 사례는 어떤 시장 환경에서 성공했는가?

예전 사례가 현재 시장에서도 통하는지 파악해야 합니다. 기술 변화, 소비자 트렌드, 경쟁 강도 등을 고려하세요.

② 이 전략은 나의 리소스로 가능한가?

예산, 인력, 콘텐츠 제작 능력 등을 비교해 보세요. 실행 자체가 어려운 전략은 시작도 하지 않는 게 낫습니다.

③ 이 성공 사례의 핵심 성공 지표는 무엇이었는가?

'리뷰 수', 'SNS 반응', '반복 구매율' 등 가장 큰 영향을 준 요소가 무엇인지를 구체적으로 찾아야 적용 가능성이 높아집니다.

예시: 복분자즙 판매

예를 들어, 어떤 업체가 복분자즙을 파우치 포장으로 30포 단위로 구성해 '무료 배송' 전략으로 성공했다면, 이를 무작정 따라 하기보다 MPPA로 구조를 분석해야 합니다.

– 이 제품의 평균 평점은 어떤가?
– 리뷰 키워드에 "맛이 진하다", "포장이 편리하다"는 표현이 많은가?

고객이 반응하는 진짜 이유는 파우치 형태인지, 구성 단위인지, 가격인지 따져 봐야 합니다. 그래야만 내가 동일한 전략을 택할 때도 실패 확률을 낮출 수 있습니다.

또한 동일한 복분자즙 시장이라도 고객층은 세분화됩니다. 40대 중반 여성의 건강보조식으로 접근하는가, 아니면 등산 후 피로 회복용으로 접근하는가에 따라 메시지, 광고 크리에이티브, 포장 방식까지 달라져야 합니다. 성공 사례에서 어떤 고객을 공략했는지를 파악하고, 내가 공략할 고객군에 맞게 조정해야 실효성 있는 전략이 됩니다.

성공을 참고서로 삼는 자세

창업은 언제나 '내 상황에서 최선의 전략'을 선택하는 게임입니다. 다른 사람의 성공은 그 사람의 전제 조건이 있을 때 가능했던 것입니다. 그걸 무시하면 오히려 성공 사례는 함정이 될 수 있습니다.

그렇기에 성공 사례는 '답'이 아니라 '자료'로 활용해야 합니다. 비즈니스의 정답은 외부에 있는 것이 아니라, 내 사업 환경 안에서 스스로 만들어야 할 것입니다. 복제는 실패를, 해석과 조정은 생존과 성장을 가능하게 합니다.

요약하자면, 성공 사례는 단기적인 영감을 줄 수 있지만, 성공의 본질은 '조건과 구조'에 대한 분석에서 시작해야 합니다. 겉으로 보이는 화려한 결과보다, 그 안에 숨겨진 실전 과정과 변수를 분석하고, 내 상황에 맞게 재구성할 줄 아는 것이야말로 지속 가능한 사업 전략의 첫걸음입니다.

성공 사례 재구성 단계별 구조

사업 분석 체크리스트

❶ 성공 요인 분해	성공한 사업의 요소를 제품, 가격, 채널, 마케팅 등으로 분해하여 분석	🧩
❷ 자사력 비교	내 자금력, 시간, 기술, 인력 등 리소스 한계에 비추어 비교 분석	⚖️
❸ 자사력 비교	MPPA 등으로 성공 상품 속성 분석과 객관적 데이터 수집	📈
❹ 자사력 비교	핵심 아이디어만 차용하고 내 상황에 맞게 변형 및 조정	⚙️
❺ 자사력 비교	소규모로 테스트하고 피드백을 반영해 점진적으로확장	📡

5

복제보다 적용:
나에게 맞는 전략만 골라 써라

성공 사례를 참고하는 것은 매우 유용한 학습 방법입니다. 하지만 그 성공 전략을 무비판적으로 복제하는 것은 오히려 실패로 가는 지름길이 될 수 있습니다. 이유는 단순합니다. 각 사업자마다 자원, 환경, 시장 조건, 기술 수준, 경험, 브랜드 인지도가 다르기 때문입니다. 성공 전략은 그것이 실행된 특정 맥락과 자원 조합 속에서만 유효할 수 있으며, 그것을 내 환경에 그대로 적용하려고 하면 어긋나는 경우가 대부분입니다.

예를 들어, 어떤 유튜버가 특정 제품을 홍보하여 단기간에 큰 매출을 올렸다고 가정해 봅시다. 이 성공 전략을 그대로 따라 하기 위해 같은 제품을 판매하고 유튜브 채널을 만들더라도, 이미 존재하는 구독자 수, 채널의 신뢰도, 영상 제작 능력, 영상 노출 알고리즘 등의 차이로 인해 완전히 다른 결과가 나올 수 있습니다.

무조건 따라 하기는 오히려 '복제 실패 사례'를 만든다

많은 창업자들이 성공 사례를 보면 "나도 이대로만 하면 되겠구나!"라고 생각합니다. 그러나 문제는 '이대로'라는 것이 가능하지 않다는 데 있습니다. 자금 규모부터 시작해서 협업 파트너, 보유한 기술력, 인프라, 시장 접근성 등이 전혀 다른 상황에서 표면적인 전략만 베끼면 핵심을 놓치는 셈입니다.

예를 들어, 대형 브랜드가 사용하는 고가의 영상 광고 전략을 소상공인이 그대로 따라 한다면, 영상은 만들어졌을지 몰라도 ROI(투자 대비 효과)는 나오지 않을 가능성이 큽니다. 또는 유명 인플루언서를 활용한 마케팅 전략도 브랜드 인지도가 없는 상태에서 활용하면 비용만 낭비되는 경우도 많습니다.

전략은 '조정'하고 '선택'하는 것

성공한 전략을 보고 우리가 해야 할 일은 '어떻게 바꾸면 나에게 맞을까?'를 고민하는 것입니다. 그저 따라 하는 것이 아니라 내 상황에 맞게 조정해야 합니다. 이 조정 과정이 바로 진짜 전략 수립의 본질이며, 창업자의 실력이 드러나는 지점입니다.

예를 들어, 성공 사례에서 유료 광고를 통해 빠르게 초기 고객을 확보한 전략을 보았다면, 나는 이를 저비용 콘텐츠 마케팅으로 바꾸거나 지역 기반 오프라인 네트워크를 활용해 재해석할 수 있습니다. 핵심은 그 전략의 '요지'를 파악하고, 그 요지를 달성하기 위한 나만의 방법을 설계하는 것입니다.

이때 MPPA와 같은 도구는 매우 효과적인 도구가 될 수 있습니다. 성공 사례에서 사용한 제품의 속성(가격, 용량, 포장, 고객 반응 키워드 등)을 분석하고, 내 자원과 비교한 후 '핵심만 가져오고 나머지는 바꾸는 방식'을 고민해야 합니다. 예컨대, 복분자즙 판매 성공 사례에서 '무료 배송 + 30포 구성 + 파우치형 포장'이 핵심이었다면, 내 사업에서는 '15포 소용량 + 1회 체험용 무료 배송'과 같은 방식으로 전략을 조정할 수 있습니다.

적용 전략을 위한 5단계 실천법

다음 5단계는 성공 사례를 내 사업에 맞게 적용하는 구체적인 실행 방법입니다.

① 성공 사례 구조화하기

단순한 모방이 아니라 구조적 분석을 통해 핵심 전략의 구조를 파악합니다.

② 자기 리소스 점검하기

현재 나의 자금력, 인력, 시간, 기술, 유통 채널, 브랜드 인지도 등을 점검합니다.

③ 실행 가능 요소만 선택하기

성공 전략 중 내가 소화할 수 있는 부분만 선별합니다. 감당할 수 없는 전략은 과감히 제외합니다.

데이터로 읽고, 전략으로 움직여라

④ 변형하고 조정하기

선별한 요소를 바탕으로 나에게 맞는 형태로 바꿉니다. 동일한 목적을 다른 수단으로 달성하는 방식입니다.

⑤ 소규모 실험 후 반응 점검하기

바로 전체 적용하지 말고, 소규모 실험을 통해 고객의 반응을 확인하고 조정합니다.

이러한 접근은 단순히 전략을 베끼는 데서 그치지 않고, 내 사업 모델을 정제하는 데까지 이어지며 실제 시장에 대응 가능한 전략으로 발전하게 됩니다.

성공 사례 ➡ 내 전략 재해석 5 단계

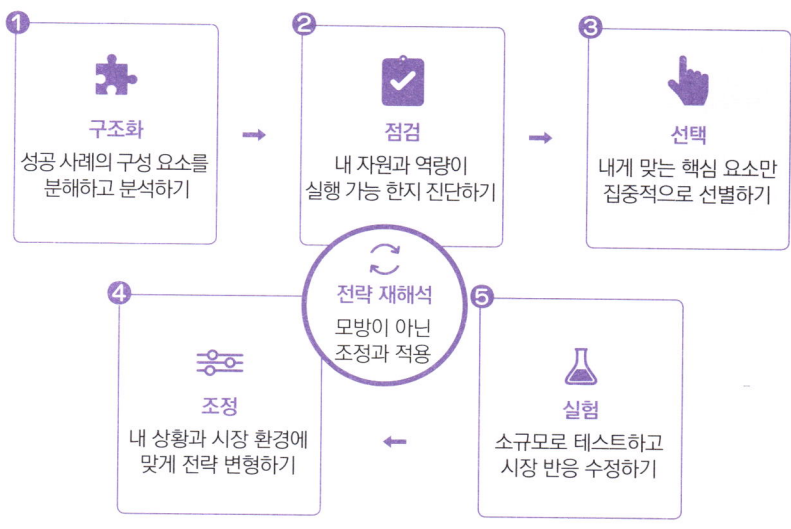

예시: 온라인 수제 디저트 판매자 사례

한 수제 디저트 판매자가 유명 인플루언서가 홍보한 수제 마카롱 브랜드의 성공 사례를 참고했습니다. 그러나 이 판매자는 SNS 팔로워가 적고 광고 예산도 많지 않았기 때문에, 다음과 같이 전략을 변형했습니다.

- 오프라인 공방 체험형 클래스 운영을 병행하며 초기 고객 확보
- 블로그 체험단 운영으로 리뷰 생성
- 소량 구성 + 정기배송 서비스로 반복 구매 유도
- '당일 소량 제작'이라는 신선도 강조 마케팅 전략 도입

이처럼 성공 사례의 전략을 이해한 뒤 변형하고 조정한 결과, 비슷한 핵심 가치를 전달하면서도 자신만의 방식으로 시장에 안착할 수 있었습니다.

전략은 나의 언어로 번역해야 한다

모든 비즈니스는 고유한 조건을 가집니다. 타인의 전략을 참고하되, 그것을 나의 현실에 맞는 전략으로 변환할 수 있어야 합니다. 이를 위해서는 단순한 기술적 변환을 넘어서, 철저한 자기 진단과 시장 이해, 실행력의 균형이 필요합니다. 자신이 감당할 수 있는 범위에서 시작하고, 점진적으로 넓혀 가는 전략이 장기적으로는 더 효과적인 결과를 만들어 냅니다.

예를 들어, 대규모 유통망을 활용한 B2B 전략이 있었다면, 나는 동

데이터로 읽고, 전략으로 움직여라

네 고객 기반의 B2C 전략으로 전환할 수 있습니다. 성공 사례에서 도출한 핵심 전략 요소가 '고객 충성도 확보'였다면, 나는 그것을 이웃 고객과의 관계 형성이나 단골 고객 리워드 시스템으로 재해석할 수 있습니다. 중요한 것은 그 본질을 유지한 채, 내게 맞는 방식으로 구현하는 것입니다.

또한, 적용한 전략은 실행 후 반드시 검토하고 분석해야 합니다. 무엇이 성공적으로 작동했고, 무엇이 비효율적이었는지를 꾸준히 측정해야 합니다. 성공한 사람들의 공통점은 처음부터 완벽한 전략을 쓴 것이 아니라, 끊임없는 실험과 점검, 개선을 반복했다는 데 있습니다. 내 전략도 마찬가지입니다. 처음에는 어설플 수 있지만, 실행과 분석을 반복하다 보면 점점 더 정교해집니다.

이런 점에서, 전략은 '공부하는 것'이 아니라 '써 보는 것'입니다. 머릿속에서 아무리 계획을 잘 세워도 실제 시장에서 어떤 반응이 나오는지 보기 전에는 알 수 없습니다. 그래서 '적용'이라는 단어는 단순한 실행이 아니라, 지속적으로 시장의 반응을 수집하고 내 전략을 다듬는 일련의 과정을 의미합니다.

결국 중요한 것은, 성공 사례의 전략이 아니라, 내가 그 전략을 어떻게 재해석하고 어떻게 내 언어로 번역했는가입니다. 그 번역의 수준이 곧 창업자의 실행력과 사고력 수준이며, 이 역량이 쌓일수록 비즈니스의 생존 가능성과 성장 가능성은 높아집니다.

즉, 전략은 나만의 방식으로 해석하고 조정할 수 있을 때 비로소 내 것이 됩니다. 성공 사례를 학습하되, 그 본질을 파악하고 나에게 맞게 적용할 수 있는 능력이야말로 진정한 경쟁력입니다. 복제는 실패를 낳고, 적용은 생존을 낳습니다. 적용은 창조의 시작입니다. 그리고 그것이 곧 당신만의 브랜드 전략이자 성장의 출발점입니다.

Market-Proben Product Analysis :
시장 검증 분석을 통한 데이터 기반 의사결정

〈복분자즙 MPPA 분석표 예시〉

재품명/브랜드	가격	용량/구성	평점	리뷰수	주요특징
자연의 분홍젤	38,900원	800ml x 30포	★★★★⯪	2,458	40~50대 여성 / 쿠팡, 자사몰 / 강력 향함
지리산 정성 분홍젤	42,000원	100ml x 30포	★★★★☆	1,872	40~60대 / 네이버 / 선물용
해뜰 유기농 분홍젤	29,800원	70ml x 20포	★★★★⯪	987	30~40대 / 오프라인 / 건강한 단맛
산들바람 분홍젤	55,000원	1L (병)	★★★⯪☆	532	50~60대 / 오프라인 / 유리병 포장
건강에 분홍젤	34,500원	800ml x 30포	★★★★☆	1,245	30~40대 / 쿠팡 / 강력한 단맛

데이터로 읽고, 전략으로 움직여라

6

내 시장, 내 조건,
내 전략이 생존을 좌우한다

창업을 준비하거나 이미 운영 중인 소상공인에게 있어 가장 중요한 전략은 '나에게 맞는 전략'입니다. 책상 위에서 아무리 그럴싸한 전략을 세운다 하더라도, 그것이 실제 시장에서 작동하지 않는다면 의미가 없습니다. 특히 자금과 시간, 인력이 제한된 소상공인에게는 자신의 시장과 조건을 철저히 고려한 '현실 기반 전략'이야말로 생존을 위한 필수 요소입니다.

많은 창업자들이 실패하는 이유는 '내 사업은 다를 거야'라는 막연한 낙관주의에서 시작됩니다. 그러나 시장은 냉정하며, 감정이나 열정보다는 객관적 데이터와 실행력에 반응합니다. 따라서 '나는 어떤 시장에 있는가?', '내가 보유한 리소스는 무엇인가?', '지금 이 전략이 내 상황에서 실행 가능한가?'라는 질문을 스스로 던지고 그에 맞는 전략을 수립해야 합니다. 이는 전략의 핵심이 '적합성'에 있다는 점을 보여줍니다.

내 시장, 진짜 이해하고 있는가?

사업을 시작하기 전, 또는 방향 전환을 고민할 때 반드시 점검해야 할 것이 시장에 대한 이해 수준입니다. '내가 원하는 시장'이 아니라 '실제로 존재하는 시장'에 초점을 맞추어야 합니다. 많은 창업자가 본인의 관심사나 취향, 이상적인 고객상에 맞춰 제품을 기획합니다. 하지만 실제 고객은 그들이 원하는 것을 원하지, 창업자가 만들고 싶은 것을 원하지 않습니다.

따라서 시장을 이해하기 위해서는 데이터를 활용해야 합니다. 온라인 플랫폼의 판매 순위, 고객 리뷰, 검색량, 경쟁사 활동 등을 통해 고객의 실제 수요와 행동 패턴을 분석해야 합니다. MPPA는 이러한 분석을 구조화하고 시각화하는 데 매우 유용한 도구입니다. 제품의 가격, 포장 형태, 리뷰 키워드, 배송 방식 등 핵심 속성들을 비교 분석함으로써 내 시장의 트렌드와 규칙을 파악할 수 있습니다.

내 조건, 냉정하게 분석하자

많은 창업자들이 전략을 수립할 때 '할 수 있다'는 가능성에 집중합니다. 하지만 "지금 당장 실행 가능한가?"를 판단하지 않으면 전략은 무용지물이 됩니다. 현실 기반 전략이란, 현재의 나의 조건을 있는 그대로 받아들이는 데서 출발합니다.

- 나의 자금은 어느 정도인가?
- 하루 몇 시간을 사업에 쓸 수 있는가?
- 온라인 마케팅 경험이 있는가?
- 제품 사진을 직접 찍을 수 있는가?

데이터로 읽고, 전략으로 움직여라

이러한 질문들에 솔직하게 답할 수 있어야 비로소 현실적인 전략이 나옵니다. 예를 들어, SNS 광고가 효과적이라고 해서 무작정 시작한다면, 사진 촬영 능력, 콘텐츠 작성 역량, 고객 응대 속도 등 현실적인 문제에 부딪힐 수 있습니다. 반면, 블로그를 통한 체험단 모집, 지역 맘카페 활용, 단골 고객 관리와 같은 대안 전략은 자원이 적은 창업자에게 훨씬 현실적이고 지속 가능한 방법이 될 수 있습니다.

이처럼 전략은 내가 지금 할 수 있는 것부터 시작해야 하며, 그것이 누적되어 브랜드를 만들고 고객 신뢰를 얻는 토대가 됩니다. 단 한 가지를 하더라도 지속 가능하고 꾸준히 개선할 수 있어야 진짜 전략이 됩니다.

내 전략, 오직 나에게 최적화된 선택이어야 한다

전략은 '좋은 전략'이 아니라 '맞는 전략'이 중요합니다. 시장 트렌드를 반영하고, 경쟁 분석도 훌륭하고, 실행 계획도 논리적인 전략이더라도 그것이 나의 조건과 맞지 않으면 소용이 없습니다. 전략은 복잡하거나 화려할 필요가 없습니다. 중요한 건 나의 자원, 나의 고객, 나의 운영 방식에 맞게 설계되었는가입니다.

MPPA와 같은 분석 도구는 이런 '맞춤형 전략 설계'에 매우 유용합니다. 내 상품과 유사한 성공 사례를 수집하고, 그 속성들을 구조화해 비교한 뒤, 나에게 맞는 요소만 선별합니다. 가격대, 용량, 포장형태, 리뷰 수, 평균 별점 등 핵심 지표 중에서 내가 재현 가능한 부분만 추려 현실적인 전략을 수립하는 것입니다. 나머지 항목은 보류하거나, 점진적으로 개선 대상으로 삼으면 됩니다.

예를 들어, 경쟁 제품이 정기 배송 서비스를 제공하고 있다면, 나 역시 그 서비스를 따라 하기보다 '2주마다 직접 배송 + 구매자와 전화 피드백'이라는 방식으로 고객 충성도를 높일 수 있습니다. 핵심은 같은 목적을 다른 방식으로 달성하는 것, 즉 '내 전략'을 만드는 것입니다.

사업은 계획이 아니라 실행 가능한 전략으로 성패가 갈립니다. 아무리 멋진 계획도, 지금 실행할 수 없다면 의미가 없습니다. 내 시장을 이해하고, 내 조건을 인정하며, 그에 맞는 전략을 설계하는 것이야말로 소상공인이 지속 가능한 비즈니스를 만들어 낼 수 있는 핵심 조건입니다.

내 시장/내 조건/내 전략 3원 구조도

재품명/브랜드	현실 기반 전략	내 조건
실제로 존재하는 시장을 데이터 기반으로 이해하고 분석하는 단계	내 상황에 적합하고 지속가능한 사업 모델	현제 보유한 자원과 역량을 현실적으로 평가
● 고객의 행동 패턴과 구매 동향 파악	● 시장과 조건을 고려한 맞춤형 실행	● 자금, 사업, 인력 등 리소스 점검
● 경쟁사 제품과 정책 분석	● 실행 가능한 전략적 목표 설정	● 내 역량과 한계 인식하기

현실 기반 전략의 강점

더 나아가, 현실 기반 전략은 단기적인 생존을 넘어서 장기적인 성장의 기반이 됩니다. 소상공인은 대기업처럼 수십 명의 전략기획팀이나 분석가를 두지 못합니다. 따라서 현실에 발 딛고, 고객의 반응을 직접 체감하며 전략을 조정할 수 있는 민첩함이 무기가 되어야 합니다. 정답은 외부에 있는 것이 아니라, 현장에서 고객과 만나며 쌓는 경험 안에

데이터로 읽고, 전략으로 움직여라

있습니다. 그 경험은 반복할수록 나만의 전략적 사고를 강화해 줍니다.

예컨대, 고객이 자주 묻는 질문에서 새로운 제품 아이디어가 나오기도 하고, 불만 리뷰에서 상품 개선 방향을 찾을 수도 있습니다. 고객 데이터 하나하나가 전략 수립의 기초가 되며, 이를 분석하고 대응하는 습관은 사업의 방향성을 더욱 단단하게 만들어 줍니다. MPPA를 통해 얻는 통계적 인사이트와 현장 데이터를 융합하면 더 높은 해상도의 전략 지도를 그릴 수 있습니다.

또한, 현실 기반 전략은 '내려놓는 전략'이기도 합니다. 무리한 확장 욕심, 과도한 홍보비 지출, 일시적인 트렌드 쫓기 등 불필요한 요소들을 줄이고, 핵심에 집중해야 합니다. '작지만 강한 전략'이야말로 소상공인의 생존력을 높이는 길입니다. 예를 들어, 고객이 100명이라면 그 100명을 어떻게 관리하고, 유지하고, 재구매로 연결시킬지를 고민하는 것이 1만 명을 끌어모으는 허상보다 훨씬 중요한 전략이 됩니다.

현실 기반 전략은 실패 가능성을 낮추는 동시에, 시행착오의 비용도 줄여 줍니다. 내 조건에 맞춰 단계적으로 확장해 나가면 리스크는 관리되고, 예측 가능성이 높아지며, 지속 가능성도 커집니다. 많은 창업자가 조급함 때문에 전방위 마케팅, 무리한 재고 확대, 트렌드 쫓기 같은 전략 실수를 합니다. 현실 기반 전략은 이러한 함정을 피할 수 있도록 도와주는 '가이드라인' 역할을 합니다.

'내 시장, 내 조건, 내 전략'의 진정한 의미

결국 살아남는 사람은 남들보다 좋은 전략을 세운 사람이 아니라, 자신의 현실을 직시하고 그에 맞게 유연하게 전략을 조정해 나가는 사람입니다. 그리고 그것이 바로 '내 시장, 내 조건, 내 전략'의 진정한 의미입니다.

지금 내가 서 있는 이 자리, 내가 가진 이 자원, 내가 만나고 있는 고객으로부터 출발하는 전략만이 진짜 생존을 가능하게 합니다. 여기에 집중하고, 매일 작지만 꾸준한 실행과 개선을 반복해 나간다면, 그것이 곧 나만의 경쟁력이 되고, 시간이 지날수록 확고한 브랜드 전략으로 진화하게 될 것입니다. 현실에 맞는 전략은 단지 생존의 도구가 아니라, 성장의 토대이자 성공의 본질입니다.

조건별 전략 유형 선택 매트릭스

자원 수준과 시장 이해도에 따른 소상공인 맞춤형 전략

자원 수준	시장 이해도 낮음	시장 이해도 높음
높음	**조사 집중 전략** 충분한 자원을 시장 이해 향상에 집중 투자 – 시장조사 실시 및 분석 – 소규모 테스트 마케팅 – 고객 피드백 수집 체계화	**핵심 전략** 충분한 자원과 높은 시장 이해를 활용한 적극적 확장 – 기존 제품 라인업 다각화 – 신규 판매 채널 확보 – 마케팅 투자 증대
낮음	**안전 우선 전략** 최소 자원으로 기본에 충실한 보수적 접근 – 경쟁사 참고 모델 채택 – 단일 제품으로 시작 – 저비용 마케팅 시도	**틈새 집중 전략** 제한된 자원으로 검증된 틈새시장 공략 – 핵심 고객층 집중 타깃팅 – 한 가지 채널에 마케팅 집중 – 차별화 요소 강화

데이터로 읽고, 전략으로 움직여라

7

적게 해도 제대로 하면
충분하다

소상공인에게는 모든 자원이 제한적입니다. 자금도 부족하고, 시간도 모자라며, 인력도 한정되어 있습니다. 이런 상황에서 모든 것을 다하려고 하면 결국 아무것도 제대로 하지 못하게 됩니다. 오히려 너무많은 것을 시도하면서 에너지와 비용이 분산되어 실패 확률만 높아집니다. 그렇기 때문에 중요한 것은 '많이'가 아니라 '제대로'입니다. 적게 해도 제대로 하는 전략이야말로 소상공인에게 가장 현실적이고 효과적인생존 전략입니다.

무엇을 하지 않을 것인가?

사업을 시작하면 눈에 들어오는 전략이 너무 많습니다. 블로그 마케팅, SNS 광고, 유튜브 콘텐츠, 오프라인 이벤트, 체험단 운영, 라이브커머스, 정기배송, 공동구매, 쇼핑몰 입점…. 하지만 이 모든 것을 다하려는 순간, 한정된 자원은 금세 바닥나고 말 것입니다. 그러니 중요한 건 나에게 정말 필요한 전략이 무엇인지 판단하고, 그 핵심에만 자원을 집중하는 것입니다.

선택과 집중은 단순히 무엇을 할 것인지 결정하는 것이 아니라, 무엇을 하지 않을 것인지를 결정하는 과정이기도 합니다. 예를 들어, 내가 혼자 운영하는 1인 사업자라면 하루 3시간 이상 소요되는 SNS 콘텐츠 제작보다는, 기존 고객을 잘 관리하는 리텐션 전략에 집중하는 것이 효율적일 수 있습니다. 내 역량과 시간이 허용하는 범위에서 최선의 결과를 낼 수 있는 전략을 선택하는 것이 핵심입니다.

어떤 전략이 효과적인가?

작은 전략 하나라도 꾸준히, 제대로 실행하면 큰 성과를 만들 수 있습니다. 예를 들어, 단골 고객 30명을 대상으로 매달 문자로 신제품 소식을 알리고 소정의 할인 쿠폰을 제공하는 것만으로도 안정적인 재구매율을 확보할 수 있습니다. 이는 수백만 원짜리 온라인 광고보다 더 높은 전환율을 만들어 낼 수 있습니다.

또한, 하나의 채널에 집중하면 학습과 개선의 속도가 빨라집니다. 유튜브를 하기로 결정했다면 3개월 동안 그 채널에만 집중해 어떤 콘텐츠가 고객의 반응을 얻는지 데이터를 축적하고 분석할 수 있습니다. 이런 방식으로 축적된 경험은 사업 전체의 전략 수준을 끌어올리는 자산이 됩니다.

적게 해도 제대로 하기 위해서는 우선 '어떤 전략이 효과적인가'를 판단해야 합니다. 이를 위해 MPPA(시장검증상품 분석표)를 활용하는 것이 유효합니다. MPPA는 시장에서 실제로 잘 팔리는 상품의 속성(가격, 포장, 색상, 리뷰 키워드 등)을 분석함으로써, 내가 어떤 전략을 먼

데이터로 읽고, 전략으로 움직여라

저 실행해야 할지 판단하는 근거를 제공합니다.

예를 들어, 복분자즙 시장을 MPPA로 분석했을 때, 파우치 포장과 30포 구성, 무료 배송, 리뷰 키워드에 '진한 맛', '깔끔한 포장' 등이 반복된다면, 신제품을 기획할 때 이러한 속성을 반영하는 데 집중하는 것이 전략적으로 유리합니다. MPPA는 모든 전략을 '하려고' 하기보다, 지금 당장 실현 가능한 전략이 무엇인지, 효과가 입증된 전략이 무엇인지를 판단할 수 있게 해 주는 도구입니다.

적게 해도 제대로 하기 실행 루틴

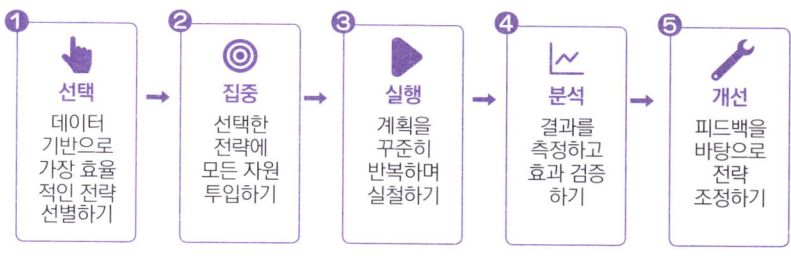

소상공인을 위한 지속가능한 집중 전략: 작게 시작하고 꾸준히 성장하기

① 선택	② 집중	③ 실행	④ 분석	⑤ 개선
데이터 기반으로 가장 효율적인 전략 선별하기	선택한 전략에 모든 자원 투입하기	계획을 꾸준히 반복하며 실철하기	결과를 측정하고 효과 검증 하기	피드백을 바탕으로 전략 조정하기

✔ 하나의 채널에 집중
여러 채널에 분산하지 말고, 하나의 채널을 완벽하게 마스터 하세요. 하나의 전략이라도 제대로 실행하는 것이 중요합니다.

✔ MPPA 기반의 선택
감이 아닌 데이터로 전략 우선순위를 결정하세요. 시장검증 상품 분석표를 활용해 객관적 판단을 내리세요.

✔ 작지만 지속 가능한 성과
하루 100만 원보다 매일 안정적인 10만 원 구조를 만드세요. 꾸주한 개선과 실행이 장기적 성장의 기반입니다.

당장 실행 가능한가?

사업은 단기 성과보다 지속 가능성이 중요합니다. 하루 매출이 100만 원이 나와도, 그 매출을 유지하지 못하면 의미가 없습니다. 반면 매일 10만 원씩 꾸준히 나오는 구조를 만든다면, 그 사업은 점차 안정성과 확장성을 확보할 수 있습니다. 작은 전략 하나라도 제대로 실행하고, 고객 반응을 분석하고, 점진적으로 개선하는 구조를 만드는 것, 이것이 바로 지속 가능한 성장을 만드는 핵심입니다.

예를 들어, 오프라인 매장을 운영하는 소상공인이라면, 굳이 전국구 홍보를 하기보다 반경 2km 이내의 고객에게 집중해 DM(다이렉트 마케팅), 단골 혜택, 리뷰 관리 등의 전략을 수행하는 것이 훨씬 효과적일 수 있습니다. 이를 통해 고객과의 관계는 더욱 깊어지고, 매출도 안정화됩니다.

사업을 성공으로 이끄는 것은 거창한 전략이나 대규모 자본이 아닙니다. 오히려 한정된 자원 안에서 가장 효율적인 전략을 선별하고, 그것을 집중적으로 밀고 나가는 실천력이 성공의 핵심입니다. 이것이 바로 "적게 해도 제대로 하면 충분하다."는 말의 진짜 의미입니다.

많은 것을 하려 하지 마십시오. 반드시 필요한 것, 내가 할 수 있는 것, 지금 당장 실행 가능한 것에 집중하십시오. 그 하나를 제대로 해내는 것이 열 개를 어설프게 시도하는 것보다 백배 낫습니다. MPPA와 같은 도구를 활용하여, 실행할 전략의 우선순위를 객관적으로 판단하고, 효과가 검증된 방식에 자원을 투입하십시오.

데이터로 읽고, 전략으로 움직여라

집중 전략이 빛을 발하는 때

이 집중 전략은 팀원과 함께 일할 때 더욱 빛을 발합니다. 만약 둘 이상의 인원이 함께 일한다면 각자의 역할을 명확히 구분하여 하나의 목표에 집중시켜야 합니다. 여러 가지 일을 동시에 하다 보면 서로의 역량이 겹치고, 책임 소재가 불명확해져 효율이 떨어집니다. 소수 인력 체제에서는 명확한 역할 분담과 단일 목표 중심 전략이 성과를 좌우합니다.

무엇보다, 고객과의 관계에서도 '적게 해도 제대로'는 매우 효과적인 전략입니다. 불특정 다수를 대상으로 마케팅을 하기보다는, 나와 이미 관계를 맺고 있는 기존 고객에게 더욱 정성스럽게 접근하는 것이 재구매율과 브랜드 충성도를 높이는 데 더 효과적입니다. 예를 들어, 한 명의 충성 고객을 통해 입소문이 퍼지고, 그 고객이 새로운 고객을 유입시킬 수도 있습니다. 이는 비용 대비 매우 효율적인 마케팅 효과를 낼 수 있습니다.

작은 집중의 반복

한정된 자원 속에서도 꾸준한 성과를 만들고 싶다면 지금 당장 '많이 하려는 마음'을 내려놓고, '가장 잘할 수 있는 한 가지'에 집중하십시오. 꾸준함은 힘이 세고, 집중은 방향을 흔들리지 않게 합니다. 거대한 목표도 결국 작은 집중의 반복을 통해 완성되는 법입니다.

작은 전략, 명확한 실행, 꾸준한 개선. 이 세 가지가 결합될 때, 당신의 사업은 비로소 단단한 기반 위에 서게 될 것입니다. '적게 해도 제대로' 한다는 건, 단순한 절약이 아닙니다. 그것은 전략적 선택이자, 지속 가능한 경영 철학입니다. 그것이 바로 생존을 넘어, 진짜 성장을 이끄는 첫걸음입니다.

단골고객 유지 전략 예시 카드

💬 월간 문자 업데이트	✏️ 손글씨 감사 카드	👥 지인 추천 혜택
매월 신규 소식 및 100% 할인 쿠폰 발송	고객별 맞춤 메시지와 샘플 제공	추천인과 친구 모두에게 15% 할인
〰️ 재방문율 30% 증가	♥ 고객 충성도 증가	👥 신규 고객 유입 증가

★ 초간단 적립 시스템	🗓️ 시즌 한정 이벤트	💬 피드백 기반 개선
10회 방문 시 무료 상품 제공	계절별 특별 패키지 한정 판매	고객 의견 수집 및 서비스 개선
↻ 방문 빈도 향상	◐ 구매 촉진 효과	👍 고객 만족도 향상

데이터로 읽고, 전략으로 움직여라

8

선택과 집중,
그것이 생존 전략이다

모든 것을 다 하려는 욕심은 오히려 성장을 방해합니다. 특히 소상공인의 경우, 자금, 시간, 인력 등 모든 자원이 한정되어 있기 때문에 '선택과 집중'은 단순한 전략이 아니라 생존 그 자체입니다. 사업의 초기에는 더더욱 이 원칙이 중요하게 작용합니다. 우선순위를 명확히 하지 않으면 전략의 방향성이 흐려지고, 실행력도 떨어져 결국 아무것도 성과로 이어지지 못합니다.

선택: 무엇을 할 것인가보다 무엇을 하지 않을 것인가

선택이란 단순히 여러 가지 중 하나를 고르는 것이 아니라, 수많은 가능성 중에서 '하지 않을 것'을 제거하는 과정입니다. 전략은 제한된 자원 안에서 효과를 극대화하기 위한 도구이기 때문에, 먼저 반드시 해야 할 것과 그렇지 않은 것을 나누는 것이 중요합니다. 예를 들어, SNS 광고, 오프라인 전단지, 입소문 마케팅, 블로그 운영, 체험단 운영 등 다양한 방법이 있지만, 지금 내 상황에 가장 적합하고 지속 가능하며 성과를 낼 수 있는 것을 한두 가지로 좁히는 것이 핵심입니다.

그 선택은 감이 아니라, 데이터와 시장 분석, 리소스 진단을 기반으로 이루어져야 합니다. 이때 MPPA 같은 도구는 매우 유용합니다. 시장에서 이미 잘 팔리고 있는 상품들의 속성을 비교하고, 어떤 속성이 반복적으로 성공의 공통점으로 나타나는지 분석하면 나의 전략 선택이 더욱 명확해집니다.

집중: 하나에 몰입하는 힘

선택한 전략은 흔들림 없이 집중해야 효과를 냅니다. 특히 초반에는 하나의 전략만 제대로 작동해도 생존과 성장의 기반이 마련됩니다. 예를 들어, 지역 기반 매장을 운영하는 경우 '반경 2km 내 단골 고객 확보'라는 목표에 집중해 보십시오. 이 목표를 달성하기 위해 지역 맘카페 활동, 포인트 적립 시스템 도입, 재방문 이벤트 운영 등 구체적인 실행이 가능해집니다.

또한 하나의 마케팅 채널에 집중하면 학습과 개선이 빠르게 일어납니다. 여러 채널을 동시에 운영하면 어디서 효과가 발생했는지 측정하기 어려운 반면, 하나의 전략에 집중하면 데이터를 분석하고 전략을 다듬는 데 집중할 수 있습니다. 이처럼 집중은 단기간에 성과를 끌어올리는 가장 강력한 무기가 됩니다.

사례: 선택과 집중으로 성공한 로컬 커피숍

서울의 한 로컬 커피숍은 개업 초기에 다양한 마케팅을 시도하려 했지만, 인력과 예산 부족으로 인해 지속적인 실행이 불가능했습니다. 고

데이터로 읽고, 전략으로 움직여라

민 끝에 사장은 단 한 가지 전략에 집중하기로 결정했습니다. 그것은 바로 '단골 고객 리텐션 프로그램 운영'이었습니다. 이를 위해 커피숍은 다음과 같은 방식으로 전략을 집중 실행했습니다.

- 첫 방문 고객에게 손글씨로 쓴 감사카드 제공
- 5회 방문 시 무료 음료 제공 쿠폰 도입
- 고객 이름을 기억하고 음료 취향을 기록하는 CRM(Customer Relationship Management, 고객관계관리) 메모 운영
- 매주 1회 단골 고객 전용 문자 프로모션 발송

결과는 놀라웠습니다. 이 커피숍은 6개월 만에 매출이 2배로 증가했고, SNS에 자발적인 후기 게시가 이어지며 마케팅 비용 없이 브랜드 인지도를 확보했습니다. 이 사례는 무조건 많은 전략이 필요한 것이 아니라, 단 하나의 전략도 집중해서 실행하면 강력한 효과를 낼 수 있다는 사실을 보여 줍니다.

MPPA로 전략의 우선순위를 정하라

MPPA를 활용하면 다양한 전략 중에서 무엇에 집중할지를 객관적으로 정할 수 있습니다. 예를 들어, 복분자즙 상품을 분석한 결과 '파우치 형태', '30포 구성', '무료 배송', '진한 맛'이라는 키워드가 반복된다면, 신상품 기획과 마케팅 전략은 바로 이 요소에 집중해야 합니다. 괜히 모든 고객을 잡으려 하지 말고, 이런 속성을 선호하는 특정 고객층을 대상으로 집중 공략하는 것이 전략적으로 훨씬 효과적입니다.

또한 MPPA는 전략을 실행하는 과정에서도 꾸준히 업데이트되어야 합니다. 시장은 항상 변하기 때문에, 선택한 전략이 여전히 효과적인지를 검토하고 필요할 때 조정할 수 있는 유연성도 갖춰야 합니다.

선택과 집중은 생존 기술이다

모든 전략을 시도하는 것은 현명해 보일 수 있지만, 소상공인에게는 오히려 위험한 접근입니다. 생존을 위한 전략은 "무엇을 하지 않을 것인가?"를 결정하는 데서 시작되며, 선택한 전략에 집중하여 꾸준히 실행하고 개선하는 것으로 완성됩니다.

선택과 집중은 단기적인 매출을 넘어, 브랜드 신뢰도와 고객 충성도를 만들어 냅니다. 고객은 일관성 있는 메시지와 품질, 서비스에 반응합니다. 그 일관성을 만드는 것이 바로 선택과 집중 전략입니다. 자원이 부족할수록 더 정밀하게, 더 명확하게 전략을 세우고 실천해야 합니다.

또한, 선택과 집중은 창업자의 정신적 체력까지 고려한 전략입니다. 모든 것을 다 하려는 시도는 에너지 소모가 크고, 성과가 빨리 나타나지 않으면 금방 지치게 됩니다. 반면 명확한 한 가지 전략에 집중하면 실행 부담이 줄고, 작은 성과가 쌓이면서 자신감을 높일 수 있습니다. 심리적 안정감은 지속 가능한 경영의 기초가 됩니다.

이 전략은 특히 팀이 아닌 개인 창업자에게 더 유효합니다. 소규모 1인 기업이나 프리랜서, 파트타임 창업자는 자기 자신이 곧 기획자이자 마케터이자 운영자입니다. 이럴 경우, 전략의 분산은 곧 역량의 분산으로 이어지므로 절대적으로 한두 가지 전략에 몰입해야 합니다.

데이터로 읽고, 전략으로 움직여라

전략 분산 vs 전략 집중 성과 비교 그래프

측정 지표	다수 전략 분산 실행	핵심 전략 집중 실행	효과 차이
고객 유지율	35%	78%	+43%p
투자 대비 수익률 (ROI)	42%	95%	2.3배 향상
실행 완성도 평가 지표	48%	90%	+42%p
고객 피드백 반영	29%	75%	+46%p
브랜드 인지도 성장	64%	58%	−6%p

고객 유지율

단일 전략에 집중하는 접근법은 다양한 방식으로 고객 만족을 분산하는 경우보다 42% 더 높은 고객 유지율을 보입니다.

투자 대비 수익률

하나의 잔략적 집중 투자하여 여러 채널에 투자하는 것보다 ROI가 2.3배 더 높게 나타납니다.

실행 완성도

단일 전략에 집중하면 지속 가능성이 높고 장기적 효과가 발휘되어 월등히 향상됩니다.

지금 할 수 있는 일에서 시작하라

예를 들어, 블로그 글을 매주 1편씩만 꾸준히 써도 고객이 신뢰를 갖게 됩니다. 혹은 고객 관리에만 집중해 단골 확보에 성공한다면, 신규 유입 없이도 일정 매출을 유지할 수 있습니다. 무엇을 하느냐보다, 어떻게 반복하고, 얼마나 꾸준히 해내느냐가 핵심입니다.

선택과 집중은 '지금 할 수 있는 일'에서 시작됩니다. 자주 쓰는 도구, 잘 아는 고객, 가까운 시장, 익숙한 플랫폼 등 내가 현재 가진 모든 요소를 최대한 활용할 수 있는 전략을 선택하는 것이 가장 현실적입니다. 성과는 거창한 전략이 아니라, 작지만 날카로운 실행에서 비롯됩니다.

당신의 시간과 자원은 한정되어 있습니다. 그렇다면 지금 당장 전략의 목록을 줄이고, 가장 효과적인 한두 가지 전략에 전념하십시오. 그것이야말로 소상공인에게 주어진 가장 강력하고 현실적인 생존 전략입니다.

　'선택과 집중'은 단지 전략이 아니라, 사업 운영 전반에 흐르는 경영 철학이 되어야 합니다. 방향이 뚜렷하고, 에너지가 모이고, 반복이 축적될 때 비로소 브랜드가 탄생하고 고객의 신뢰가 쌓입니다. 그 순간이 바로 생존을 넘어 지속 가능한 성장의 출발점입니다.

선택과 집중 전략 실행 사례(카페)

❶ 문제 상황
- 제한된 마케팅 예산
- 충분하지 않은 인원
- 다양한 전략 동시 실행 불가
- 브랜드 인지도 부족

◎ 핵심 전략 선택
단골 고객 리텐션 프로그램
　"집중된 자원으로 최대 효과를 낼 수 있는 가장 실행 가능한 전략"

☑ 집중 실행 내용
- 손글씨 감사카드 제공
- 5회 방문 쿠폰 제작
- 고객 구매기록 관리
- 단골 고객 주간 소통

∿ 6개월 후 성과
- **2X** 매출 두 배 성장
- **↑** 기존 고객의 재방문율 증가
- **0원** 유기적 마케팅 효과
　　　추가 비용 없는 입소문

♀ 소상공인을 위한 핵심 교훈
단 하나의 전략이라도 집중해서 실행하면 제한된 자원으로도 강력한 성과를 낼 수 있습니다.

9

불필요한 전략은
과감히 버려라

성공적인 사업 운영을 위해서는 "무엇을 할 것인가?"를 고민하는 것만큼이나, "무엇을 하지 않을 것인가?"를 결정하는 것이 중요합니다. 특히 자원이 한정된 소상공인의 경우, 모든 전략을 다 시도하려는 욕심은 실패 확률만 높일 뿐입니다. 불필요한 전략을 과감히 버리고, 진짜 필요한 전략에 집중하는 것, 이것이 생존과 성장의 갈림길입니다.

전략이 많다고 성공하는 건 아니다

많은 예비 창업자들이 다양한 마케팅 전략과 운영 방법을 한꺼번에 시도합니다. 유튜브 콘텐츠 제작, 인스타그램 마케팅, 오프라인 행사, 체험단 모집, 쿠팡 입점, 자사몰 오픈 등 너무 많은 전략을 동시에 추진하다 보면 결국 아무것도 제대로 되지 않는 경우가 많습니다.

사업 초기에 가장 흔한 실수가 바로 이 '다 하려는 전략'입니다. 이는 마치 시험공부를 하면서 국어, 수학, 영어, 사회, 과학 교과서를 동시에 펼쳐 놓고 어느 것도 집중하지 못하는 것과 같습니다. 결국 시간과 에너지는 낭비되고, 정작 중요한 핵심 전략은 놓치게 됩니다. 따라서 전략은 많을수록 좋은 것이 아니라, 정확할수록 가치가 있습니다.

실행력이 낮은 전략부터 버려라

불필요한 전략을 구분하는 기준은 명확합니다.

- **지금 당장 실행 가능한가?**
- **효과를 검증할 수 있는가?**
- **우리 자원과 맞는가?**

이 세 가지 질문에 명확히 "예"라고 답할 수 없다면, 해당 전략은 보류하거나 과감히 버려야 합니다. 예를 들어, 고퀄리티 유튜브 콘텐츠를 제작하고 싶지만 영상 편집 기술이 없고, 콘텐츠 기획 경험도 없다면 이는 실행력이 낮은 전략입니다. 반면, 기존 고객의 구매 이력을 분석해 맞춤 혜택을 제공하는 전략은 당장 실행할 수 있는 현실적인 전략입니다. MPPA 분석을 통해 경쟁사의 전략을 파악했다 하더라도, 그것이 지금 내 상황과 맞지 않다면 선택하지 않아야 합니다.

실행력이 낮은 전략은 심리적으로 '하고 있다'는 안도감을 주지만, 실제 성과로 이어지는 경우는 드뭅니다. 이런 전략들은 자원과 시간을 소모하면서도 성과는 미미합니다. 결국 전략은 실행 가능성이 담보되지 않으면 '착시 효과'에 불과합니다.

데이터로 읽고, 전략으로 움직여라

전략 정리, 이렇게 하자

불필요한 전략을 제거하려면 다음과 같은 전략 정리 루틴을 적용해 보세요.

① 현재 추진 중인 모든 전략 목록화하기

무슨 채널을 운영 중인지, 어떤 마케팅을 진행 중인지, 어떤 콘텐츠를 제작 중인지 모두 적습니다.

② 각 전략별로 핵심 항목 체크하기

실행에 필요한 자원(시간, 비용, 기술), 성과 측정 가능 여부, 현재까지의 성과 또는 반응, 고객 니즈와의 일치도를 점검합니다.

③ 우선순위 매기고 비효율 전략 제거하기

우선순위를 매기고, 효과가 낮거나 자원 대비 효율이 떨어지는 전략은 과감히 제거합니다.

이러한 전략 정리 과정을 분기마다 반복하면, 리소스 낭비 없이 효과적인 전략만 남기고 운영의 민첩성을 높일 수 있습니다. 특히 팀원이 적거나 혼자 운영하는 경우, 전략 정리는 '살림 정리'만큼이나 중요합니다.

사례: 전략을 줄였더니 매출이 늘었다

한 건강식품 브랜드는 초기 운영 시 6개 이상의 전략을 병행했습니다. 네이버 스마트스토어 운영, 인스타그램 마케팅, 유튜브 브이로그 제작, 블로그 체험단, 오프라인 행사 참가, 지역 마켓 입점까지 모두 시도했지만, 매출은 정체되었습니다. 이후 이 브랜드는 다음과 같은 전략 정리를 진행했습니다.

- 영상 제작은 비용 대비 효과가 낮아 전면 중단
- 체험단은 고객 피드백이 낮아 중단
- 스마트스토어와 블로그 마케팅에만 집중
- 고객 상담 응대 품질을 높이는 데 리소스 재배치

그 결과, 3개월 만에 스마트스토어 방문자 수가 30% 증가했고, 반복 구매율이 2배 이상 높아졌습니다. 이 사례는 전략의 수를 줄이고 집중력을 높이는 것이 곧 성과로 이어질 수 있음을 보여 줍니다.

MPPA를 통한 전략 선택 기준 마련

불필요한 전략을 버리기 위한 기준은 감이 아니라 데이터여야 합니다. MPPA는 '시장검증상품 분석표'로, 실제 시장에서 효과가 검증된 속성을 기준으로 전략 우선순위를 판단하는 데 도움을 줍니다. 어떤 속성이 반복적으로 등장하는지, 어떤 채널에서 고객 반응이 높은지, 어떤 가격대가 경쟁력이 있는지 등을 통해 현실적 전략만 남길 수 있습니다.

특히 MPPA를 통해 '현재 시장에서 의미 있는 차별화 요소가 무엇인

데이터로 읽고, 전략으로 움직여라

지'를 판단하면, 그 외의 전략은 과감히 삭제할 수 있습니다. 모든 전략은 시장의 흐름 속에서만 의미가 있기 때문에, 시장이 요구하지 않는 전략은 아무리 멋져 보여도 실행할 필요가 없습니다.

전략을 버릴수록 성공이 선명해진다

사업 전략은 많이 아는 것이 중요한 게 아닙니다. 내가 실행할 수 있는 전략, 성과가 입증된 전략, 자원과 시장에 맞는 전략만 골라내는 것이 더 중요합니다. 불필요한 전략을 과감히 버릴수록, 당신의 전략은 더 날카롭고 명확해질 것입니다.

사업은 실천의 연속이며, 실천 가능한 전략만이 진짜 전략입니다. 실행이 어려운 전략, 효과가 미미한 전략, 고객 니즈와 동떨어진 전략은 과감히 정리하십시오. 그것이야말로 경영자의 현명한 결단이며, 지속 가능한 사업의 길입니다.

불필요한 전략을 버린다는 것은 단순한 '삭제'가 아니라, 나에게 맞는 전략을 더욱 돋보이게 만드는 과정입니다. 당신이 버리는 만큼, 당신의 전략은 강해지고, 당신의 사업은 더 단단해집니다.

c h a t e r 2

내 사업,
시장부터 알아보자

고객의 진짜 니즈를 어떻게 알 수 있을까요? 고객의 니즈를 정확히 파악하는 것이 사업 성공의 출발점입니다. 주관적인 감이나 직관보다는 객관적인 데이터를 통해 소비자가 원하는 바를 정확히 파악해야 합니다. 고객이 실제로 원하는 상품이 무엇인지, 어떤 속성을 선호하는지를 명확히 알아야 합니다. 고객의 니즈를 반영하지 못한 제품은 결국 시장에서 외면받게 됩니다. 소비자의 구매 데이터를 분석하여 고객의 선호도를 파악하고, 이를 바탕으로 의사결정을 해야 합니다.

[실행력 기반 전략 우선순위 평가표]

전략	실행 가능성	효과 검증	자원 적합성	총점	우선순위
기존 고객 대상 재구매 유도 프로그램	3	3	3	9	높음
인스타그램 계정 운영 및 광고	2	2	2	6	중간
유튜브 콘텐츠 제작	1	1	1	3	낮음
지역 고객 맞춤형 오프라인 이벤트	3	2	2	7	중간

우선순위 판단 기준: ■ 높음 (8~9점) ■ 중간 (5~7점) ■ 낮음 (3~4점)
ⓘ 시장 분석과 함께 전략 선택 시 더 객관적인 근거를 확보할 수 있습니다.

10

감이 아닌 데이터로
고객을 이해하라

소상공인이 시장에서 살아남고 성장하기 위해 반드시 갖춰야 할 역량 중 하나는 '고객 니즈 파악 능력'입니다. 이때 흔히 저지르는 실수가 바로 '감'과 '직관'에 의존하는 것입니다. 경험이 많은 사람일수록 자신의 감이 옳다고 믿는 경향이 있고, 초보 창업자일수록 본인의 취향이나 선호가 고객과 같을 거라 착각합니다. 그러나 비즈니스의 출발점은 내가 아닌 고객이고, 고객은 데이터로 말합니다.

고객은 무엇을 사고 있는가? 행동 데이터부터 보라

고객의 진짜 니즈는 말보다 행동에 나타납니다. "고객이 이런 걸 원하겠지?"라는 가정은 종종 비즈니스 실패의 원인이 됩니다. 대신, 고객이 실제로 구매한 상품, 반복 구매한 상품, 별점이 높은 상품, 리뷰에서 자주 언급되는 키워드 등 '행동 데이터'를 통해 니즈를 파악해야 합니다.

예를 들어, 복분자즙을 판매하려는 사업자라면 단순히 '건강에 좋다'

는 인식에 의존해 제품을 만들 것이 아니라, 현재 시장에서 잘 팔리고 있는 복분자즙 상품 10개를 직접 분석해 보는 것이 우선입니다. 이 제품들의 포장 형태는 어떤지, 가격대는 얼마 정도인지, 고객 리뷰에서 어떤 표현이 반복되는지를 확인하는 것이 고객 니즈를 읽는 시작입니다. '맛이 진하다', '파우치형이라 간편하다', '30포 구성이라 한 달 먹기 좋다' 같은 키워드는 실제 고객의 니즈를 가장 직관적으로 보여 줍니다.

주관이 아닌 객관으로: 감이 아닌 근거로 결정하라

고객을 이해할 때 직관이나 감이 아예 쓸모없는 것은 아닙니다. 하지만 그것은 어디까지나 가설 수립 단계에서만 의미가 있고, 실행 단계에서는 반드시 데이터를 기반으로 한 검증이 필요합니다. MPPA는 이러한 과정을 구조화하는 데 매우 유용합니다. MPPA를 통해 다음과 같은 항목을 확인할 수 있습니다.

- 어떤 브랜드 제품이 고객의 선택을 받고 있는가?
- 가격과 용량의 조합은 어떻게 구성되어 있는가?
- 어떤 포장 형태가 더 많은 리뷰와 고평가를 받고 있는가?
- 배송 방식, 판촉 방법, 상세페이지 구성 중 어떤 요소가 반복적으로 등장하는가?

이처럼 MPPA는 단순한 수집이 아닌 비즈니스 의사결정을 위한 정보 해석 도구로 작동하며, 감에 의존한 판단을 막아 주는 객관적 기준이 됩니다.

데이터는 읽는 것이 아니라 해석하는 것이다

고객 데이터를 단순히 수치로만 보는 것은 반쪽짜리 이해입니다. 진짜 중요한 것은 그 숫자들 이면에 숨겨진 맥락을 해석하는 능력입니다. 예를 들어, 두 상품이 같은 가격대에 같은 별점을 받고 있다 해도, 하나는 리뷰 키워드에 '빠른 배송', '친절한 응대'가 많고, 다른 하나는 '맛이 진하다', '디자인이 예쁘다'가 많다면 전략이 달라져야 합니다.

전자는 서비스 중심 전략이 필요하고, 후자는 제품 특화 마케팅이 효과적일 수 있습니다. 이처럼 데이터는 해석을 통해 인사이트가 되고, 인사이트는 전략이 되며, 전략은 결과로 이어집니다. 고객을 데이터로 읽을 줄 아는 사람은 시장 흐름을 타는 것이 아니라, 시장을 선도할 수 있습니다.

사례: 감에 의존한 실패, 데이터가 뒤집다

한 수제청 판매자는 '맛있고 건강한 수제청이라면 무조건 잘 팔릴 것'이라는 감을 믿고 다양한 과일로 만든 고급 수제청을 온라인에 출시했습니다. 포장도 예쁘게 하고, 가격도 자신이 생각하기에 합리적으로 책정했습니다. 하지만 판매량은 늘지 않았고, 리뷰도 거의 없었습니다.

그는 뒤늦게 데이터 분석에 나섰고, 잘 팔리는 경쟁사의 수제청 제품을 MPPA 방식으로 분석해 보았습니다. 그 결과, 고객이 가장 중요하게 여긴 것은 '간편한 사용(펌프형 용기)', '소용량 구성', '무료 배송'이었습니다. 이 분석에 따라 제품 용기와 구성을 전면 수정하고, 가격을 재조정했으며, 고객 후기 이벤트를 도입했습니다. 이후 3개월 만에 월평균 매출이 5배 증가했고, 재구매율도 꾸준히 상승했습니다.

데이터로 읽고, 전략으로 움직여라

이 사례는 고객이 원하는 것이 내가 만든 것과 다를 수 있다는 사실, 그리고 데이터를 통해 고객의 언어를 이해해야만 비즈니스가 성장한다는 점을 잘 보여 줍니다.

고객 구매 행동 흐름: 검색 → 전환

1. 검색/발견	2. 정보 탐색	3. 비교 평가	4. 구매 결정	5. 구매후 행동
고객이 상품이나 서비스를처음 접하는 단계	상품 정보를 수집하고 대안을 조사하는 단계	여러 제품을 비교하며 가치를 평가하는 단계	최종적으로 구매를 결정하고 실행하는 단계	최종적으로 구매를 결정하고 실행하는 단계
주요 데이터	**주요 데이터**	**주요 데이터**	**주요 데이터**	**주요 데이터**
검색어 데이터 트렌드 데이터	콘텐츠 소비 데이터 관심사 데이터	비교 행동 데이터 리뷰 분석 데이터	구매 전환 데이터 결제 데이터	사용 행동 데이터 리뷰 작성 데이터

감에 의존한 접근법	데이터 기반 접근법
"내 생각에 이런 제품이 인기 있을 거야" "경쟁 트렌드에 맞춰 가자" "이 가격이면 판매에 성공할 거야"	"검색량 데이터에 따르면 이 카테고리 30% 증가했다" "정보 상세 페이지에서 70% 이탈점이 발견됨" "구매 후 30일 내에 재방문율이 가장 높게 나타남"

고객은 말하지 않는다, 데이터가 말한다

고객은 언제나 자신의 니즈를 정확하게 말하지 않습니다. 그러나 그들의 '구매 행동', '검색 습관', '리뷰 키워드', '재구매 여부'는 모든 것을 말해 줍니다. 문제는 우리가 그것을 읽을 줄 아느냐의 차이입니다.

감은 출발점일 수 있지만, 데이터는 방향을 제시합니다. 소상공인은 감에 의존할 여유가 없습니다. 빠르게 검증하고, 반복적으로 개선하며, 시장에서 살아남기 위해선 객관적인 데이터 해석력이 필수입니다.

MPPA는 그런 데이터 해석의 기반을 만들어 주는 도구입니다. 고객은 말하지 않아도, 행동은 남깁니다. 그 행동을 읽는 사람만이 진짜 니즈를 이해하고, 실패하지 않는 제품과 전략을 설계할 수 있습니다.

당신의 비즈니스가 지금 막히고 있다면, 고객의 말이 아니라 행동을 다시 들여다보십시오. 그 안에 길이 있습니다.

리뷰 키워드 빈도 그래프 (복분자즙)

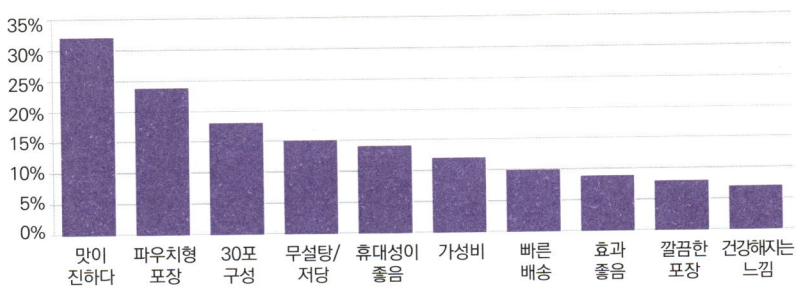

핵심 고객 니즈 인사이트
- **'맛이 진하다'** 키워드가 압도적으로 많음 (32%)
- **'파우치형 포장'** 편의성 중시 (24%)
- **'30포 구성'** 선호 (18%)

주요 비교 분석
- 제품 특성(맛, 효과)이 편의성(포장, 배송)보다 중요
- 무설탕/저당 선호도 상위권 차지 (15%)
- 가성비와 빠른 배송은 부가적 요소로 작용

데이터로 읽고, 전략으로 움직여라

11

고객이 무엇을 원하는가보다
왜 원하는가가 중요하다

많은 창업자들이 고객이 '무엇을 원한다'는 점에 집중합니다. 하지만 진정한 비즈니스 통찰은 고객이 왜 그것을 원하는지, 어떤 심리와 상황에서 그런 선택을 하는지 파악하는 데서 시작됩니다. 표면적인 니즈가 아닌, 근본적인 동기와 맥락을 이해해야만 제품과 서비스가 진짜 가치를 전달할 수 있습니다.

니즈는 드러난 것이 아니라 숨겨진 것이다

고객은 종종 본인도 인지하지 못한 니즈에 의해 구매 결정을 합니다. 예를 들어 "간편한 도시락을 원한다."는 고객의 말 속에는 실제로 다음과 같은 다양한 동기가 숨어 있습니다.

- 바쁜 아침에 빨리 해결하고 싶다.
- 혼자 밥 먹는 게 외롭다.
- 건강한 식단을 원하지만 요리할 시간은 없다.

이러한 동기를 이해하지 못한 채 단순히 제품을 '간편하게'만 만드는 것은 절반의 솔루션에 불과합니다. MPPA나 시장 조사 데이터를 분석할 때도 단순히 '포장 형태는 파우치', '배송은 무료' 같은 결과만 보지 말고, 그 결과 이면에 숨겨진 고객의 생활 패턴, 감정, 제약 조건을 함께 읽는 습관이 필요합니다.

"왜 고객은 작은 용량을 선호할까?", "왜 리뷰에 '선물용으로 좋다'는 말이 반복될까?"와 같은 질문을 던지면서 데이터를 해석하면, 단순한 기능을 넘어 고객의 경험 전체를 설계할 수 있게 됩니다.

제품보다 고객의 맥락을 보라

좋은 제품을 만든다고 해서 반드시 잘 팔리는 것은 아닙니다. 그 제품이 고객의 삶과 어떤 방식으로 연결되는가, 그것이 핵심입니다. 예를 들어 같은 복분자즙이라도 누군가는 '부모님 건강을 위한 선물'로 사고, 또 다른 누군가는 '다이어트를 위한 간편 음료'로 구매할 수 있습니다. 따라서 고객의 구매 목적과 상황을 고려한 마케팅 메시지, 상세페이지 구성, 패키징 디자인까지 모두 달라져야 합니다.

고객이 제품을 통해 어떤 문제를 해결하려 하는지를 알면, 단순한 제품 소개를 넘어 문제 해결 중심의 스토리텔링이 가능해집니다. 이는 고객의 신뢰를 높이고, 제품에 대한 감정적 연결을 강화합니다. 실제로 많은 브랜드들이 "우리 제품은 이러이러하다."에서 "당신의 문제를 이렇게 해결해 드립니다."라고 메시지를 고객 문제 중심으로 바꾸는 것만으로도 전환율이 크게 상승했습니다.

데이터로 읽고, 전략으로 움직여라

'왜'를 묻는 습관이 시장을 이긴다

데이터 분석은 단순히 수치를 확인하는 데 그치지 않고 "왜 그랬을까?"를 끊임없이 질문하는 탐구의 과정입니다. 이 질문을 통해 겉으로 드러난 니즈보다 더 깊은 고객 심리를 파악할 수 있습니다. 예를 들어, 고객이 특정 제품에 낮은 별점을 남겼다면, 단지 기능이 부족해서가 아니라 가격 대비 만족도가 낮았기 때문일 수도 있고, 배송 시간이 길었기 때문일 수도 있습니다.

따라서 단순히 '리뷰 수'나 '별점'만 보지 말고, 그 이면의 감정과 상황을 상상해 보는 연습이 필요합니다. 리뷰 키워드에서 '기대했던 것보다 작아요.'라는 표현이 반복된다면, 제품 크기가 문제라기보다 상세페이지 이미지가 실제보다 커 보였다는 의미일 수도 있습니다. 이처럼 고객의 표현을 곧이곧대로 받아들이지 말고, "왜 그렇게 느꼈을까?"를 질문하는 태도가 차별화된 전략을 만들게 합니다.

사례: '왜'를 분석해 성공한 여성용 건강식품 브랜드

한 여성 건강식품 브랜드는 처음에 '여성 호르몬에 좋은 식품'이라는 기능 위주 메시지를 내세웠습니다. 하지만 기대만큼의 매출이 나오지 않았습니다.

이후 이 브랜드는 고객 인터뷰와 리뷰 분석을 통해 고객의 숨은 니즈를 찾아냈습니다. 대부분의 고객은 "호르몬 균형을 위해" 제품을 구매한 것이 아니라, 감정 기복과 불면증, 생리 전 짜증 등 일상에서 겪는 불편함을 완화하고 싶은 마음으로 구매한 것이었습니다.

이를 바탕으로 브랜드는 메시지를 전면 수정했습니다. "감정의 파도를 부드럽게"라는 감성 문구를 추가하고, 후기 강조 방식도 '기분이 편해졌어요', '요즘 덜 예민해졌어요' 같은 정서적 표현 중심으로 전환했습니다. 그 결과, 3개월 만에 광고 클릭률과 전환율이 급격히 상승했습니다.

이 사례는 단순히 '무엇'을 팔 것인가보다, 고객이 '왜' 그것을 사는지를 이해했을 때 브랜드의 언어가 고객의 마음에 닿을 수 있다는 사실을 잘 보여 줍니다.

고객의 마음은 '왜'에 있다

고객은 제품이 아닌 '이유'를 삽니다. 고객이 진짜 원하는 건 상품 그 자체가 아니라, 그 상품을 통해 얻고 싶은 변화, 감정, 해결책입니다. 그래서 표면적인 니즈만 보고 제품을 설계하거나 마케팅 전략을 짜는 것은 매우 위험합니다.

MPPA와 같은 도구를 활용해 시장 데이터를 분석할 때도 단순히 "무엇이 인기인가?"가 아니라 "왜 그것이 인기인가?"를 해석할 수 있어야 합니다. 이런 질문과 통찰이 반복될수록, 제품은 고객에게 더 가까워지고, 브랜드는 더 진정성 있게 다가갈 수 있습니다.

이러한 관점은 단순히 제품 개발과 마케팅에만 국한되지 않습니다. 고객 상담, 사후관리, 프로모션 전략 등 사업의 모든 접점에서 '왜'를 중심에 두면, 고객 경험 전체를 한층 높일 수 있습니다. 예를 들어 고객이 자주 반품을 요청한다면, 단순히 '품질 문제'라고 결론짓기보다 "왜 반품을 결정했는가?"를 물어야 합니다. 그 이유가 패키징 불편, 상세페이지 오해, 심리적 거리감 때문이라면, 문제 해결 방식은 전혀 달라질 수

데이터로 읽고, 전략으로 움직여라

있습니다.

고객의 행동에는 감정과 상황이 얽혀 있습니다. 사람들은 제품을 선택할 때 논리보다 감정에 더 크게 좌우됩니다. 그리고 그 감정의 근거는 각자의 '왜'에 있습니다. 이 '왜'를 공감하고 해석할 수 있어야, 단순 판매자가 아닌 신뢰받는 브랜드로 자리매김할 수 있습니다.

궁극적으로, 고객이 제품을 구매하는 이유는 그 제품을 통해 자신의 삶을 개선하고 싶기 때문입니다. 그것이 감정적 안정을 위한 것이든, 사회적 지위를 위한 것이든, 실용적인 편의성이든 간에, 기업은 고객이 무엇을 구매했는지를 넘어, 왜 그 선택을 했는지를 중심으로 사고해야 합니다.

'왜'를 이해하면, 제품은 해결책이 되고 브랜드는 신뢰가 됩니다. 그것이야말로 고객 중심 사고의 진짜 시작점이며, 지속 가능한 성장의 가장 확실한 길입니다.

데이터 기반 전략 의사결정 루틴

고객의 '왜' – 진짜 동기 이해

무엇'과 '왜'의 차이	데이터 해석 접근법	적용 사례: 건강식품
무엇 (Surface) - 외부적인 선택 - 구매 구매 시점 - 사용량 제품 선택 **왜 (Deeper)** - 동기적 감정적/심리 - 상황 가치 의미 습관 - 데이터만 관찰 중	- 특정 시간에 구대가 왜 발생했나? - 두 상품을 함께 구매하는 이유는? - 소비자 선호가 형성되고 있음을 이해할 수 있는 신호는 무엇인가?	**발견된 패턴:** 매주 일요일 저녁에 건강식품 구매 급증 **표면적 해석:** 일요일 쇼핑에 시간적 여유가 있음 **심층 '왜' 분석:** 주간 계획 시점에 가족 건강을 위한 선택적 돌봄 행동

12

니즈 없는 제품은
팔릴 수 없다

시장에서 살아남고 싶다면 반드시 명심해야 할 사실이 있습니다. 그것은 바로 아무리 완성도가 높고 디자인이 뛰어나도, 고객 니즈를 충족하지 못하는 제품은 팔릴 수 없다는 점입니다. 고객이 필요로 하지 않는 상품은 존재의 이유가 없으며, 결국 창고에 쌓이거나 시장에서 사라질 운명에 처하게 됩니다. 따라서 제품 기획의 출발점은 언제나 '고객의 니즈'여야 합니다.

고객의 니즈를 무시한 제품은 실패한다

수많은 실패 사례에서 공통적으로 발견되는 요소가 있습니다. 바로 창업자가 자신의 '감'과 '기호'를 중심에 두고 상품을 기획했다는 점입니다. "나는 이게 좋다고 생각하니까 고객도 좋아하겠지.", "요즘 이게 트렌드니까 나도 만들어 보자."와 같은 접근은 실패로 이어지기 쉽습니다. 제품을 만드는 주체는 창업자이지만, 구매를 결정하는 주체는 고객입니다. 그 차이를 간과하는 순간, 제품은 고객에게 외면당하게

데이터로 읽고, 전략으로 움직여라

됩니다.

예를 들어, 한 청년 창업자가 '남성용 고급 양말'을 기획하며 고가의 천연 소재, 수입 원단, 유럽풍 디자인 등을 반영했습니다. 하지만 이 제품은 실제로 시장에서 거의 팔리지 않았습니다. 이유는 간단했습니다. 고객은 '디자인'보다 '착용감'과 '가격 대비 성능'을 더 중요하게 생각했고, '기능성'과 '내구성'을 우선으로 여겼기 때문입니다. 이 사례는 니즈 없는 제품이 어떻게 외면받는지를 보여 주는 대표적인 예입니다.

니즈는 트렌드가 아닌 반복 속에서 드러난다

진짜 고객의 니즈는 유행을 따르는 것이 아니라, 시장에서 지속적으로 반복되는 선택과 행동 속에서 드러납니다. 그렇기 때문에 단기적인 트렌드나 감성에 휘둘리지 않고, MPPA를 활용해 실제 판매 데이터와 고객 피드백을 분석하는 과정이 중요합니다.

예를 들어, 특정 식품 시장에서 매년 베스트셀러에 오르는 제품을 분석해 보면 몇 가지 공통점이 반복적으로 나타납니다. '30포 구성', '1일 1포 섭취', '무료 배송', '파우치 형태' 등이 그것입니다. 이것은 단순한 제품 속성이 아니라, 고객이 반복해서 선택한 결과이며, 그 자체로 니즈의 집합체입니다. 이러한 반복을 무시하고 '나만의 독특함'을 강조하면 고객에게 낯설고 비효율적인 제품으로 인식될 수 있습니다.

고객의 불만 속에 니즈가 숨어 있다

종종 창업자들은 고객 불만을 부정적으로만 받아들이곤 합니다. 하지만 잘 살펴보면, 그 안에 다음 제품 기획의 핵심 힌트가 들어 있습니다. 예를 들어, "뚜껑이 너무 뻑뻑해요."라는 말은 편의성에 대한 니즈를 보여 주는 것이고, "양이 너무 많아 다 못 먹겠어요."라는 리뷰는 '소용량 구성'에 대한 수요를 나타냅니다. 리뷰 데이터와 고객 클레임은 단순한 불만을 넘어, 고객의 니즈를 직접적으로 표현해 주는 피드백 채널입니다.

따라서 MPPA를 작성할 때는 '좋은 리뷰'뿐 아니라 '부정적 리뷰'도 적극적으로 분석해야 합니다. 오히려 부정적 리뷰가 더 진실되고, 개선해야 할 점을 명확히 알려 주기 때문입니다. 이 과정을 통해 우리는 고객이 무엇을 원하지 않는지, 동시에 무엇을 진짜 원하는지를 추론해 낼 수 있습니다.

사례: 니즈를 무시한 고급 주스 브랜드의 실패

서울 강남에서 출발한 한 프리미엄 주스 브랜드는 고급 원재료와 세련된 패키지, 깔끔한 매장을 앞세워 시장에 진입했습니다. 하지만 6개월 만에 매출 부진으로 대부분의 지점이 문을 닫게 되었습니다. 문제는 고객의 니즈를 오해한 데 있었습니다. 이 브랜드는 '건강'과 '브랜드 이미지'에 집중했지만, 실제 고객은 '가격 부담 없이 매일 마실 수 있는 실용성'을 원했던 것입니다.

고객은 하루 5천 원이 넘는 주스를 매일 사 마실 여유가 없었고, 특별한 날 외에는 재구매하지 않았습니다. 결과적으로 이 브랜드는 지속 가능한 고객의 니즈를 충족하지 못했기 때문에 실패한 것입니다. 이후 경쟁 브랜드는 동일한 콘셉트에 '1일 정기배송'과 '합리적 가격', '사은품 증정' 등의 고객 중심 전략을 추가해 빠르게 시장을 선점했습니다.

데이터로 읽고, 전략으로 움직여라

니즈 없는 제품은 시장에서 사라진다

제품은 만드는 것이 아니라, 고객의 필요를 해결하기 위해 존재하는 것입니다. 고객이 원하는 것이 아닌 제품은 아무리 완벽하게 만들어도 팔리지 않습니다. 그것이 '니즈 없는 제품은 팔릴 수 없다'는 진리입니다.

소상공인과 창업자는 이 점을 반드시 명심해야 합니다. 제품 기획 전에 반드시 MPPA를 통해 시장을 분석하고, 고객의 반복된 선택과 반응을 읽어야 합니다. 리뷰와 불만 속에서 진짜 고객의 목소리를 찾아야 하며, 겉으로 드러난 트렌드보다 지속적이고 실용적인 니즈를 파악하는 데 집중해야 합니다.

시장에는 수많은 제품이 넘쳐납니다. 그중 살아남는 것은 '멋진' 제품이 아니라, 고객이 필요로 하는 제품입니다. 당신의 제품이 지금 팔리지 않는다면, 그것은 제품이 나빠서가 아니라, 고객의 니즈를 제대로 반영하지 않았기 때문일 수 있습니다. 니즈 없는 제품은 팔릴 수 없습니다. 그 단순한 진실에서 벗어날 수 있는 사업은 없습니다.

실제로 많은 창업자들이 고객이 '무엇을 원한다'는 점에 집중합니다. 하지만 진정한 비즈니스 통찰은 고객이 왜 그것을 원하는지, 어떤 심리와 상황에서 그런 선택을 하는지 파악하는 데서 시작됩니다. 표면적인 니즈가 아닌, 근본적인 동기와 맥락을 이해해야만 제품과 서비스가 진짜 가치를 전달할 수 있습니다.

13

베스트셀러 목록이
곧 시장의 지도다

소상공인에게 시장 조사는 선택이 아닌 필수입니다. 하지만 많은 창업자들은 시장 조사가 어렵고 복잡하다고 생각합니다. 실제로 전문 리서치 기관에 의뢰하거나 복잡한 통계 도구를 사용하려 하면 진입 장벽이 높아질 수 있습니다. 그러나 우리가 매일 접하는 G마켓, 쿠팡, 네이버 쇼핑 등 온라인 플랫폼은 이미 수천만 소비자의 행동 데이터가 집약된 시장의 지도입니다. 이 데이터를 읽을 수 있다면, 누구나 효율적인 시장 조사자가 될 수 있습니다.

플랫폼 베스트셀러는 고객의 선택 결과다

G마켓, 쿠팡, 네이버 쇼핑 등 주요 이커머스 플랫폼은 각 카테고리별로 '베스트 상품'을 자동으로 노출합니다. 이 순위는 판매량, 리뷰수, 반응률 등 다양한 지표를 종합하여 산정됩니다. 다시 말해, 이 목록은 수많은 소비자들이 실제로 구매한 제품의 집합이자, 시장에서 검증된 제품들의 리스트입니다.

데이터로 읽고, 전략으로 움직여라

예를 들어, '복분자즙'이라는 키워드로 쿠팡 검색 시 나오는 상위 10개의 제품은 수만 명의 소비자 행동이 반영된 결과입니다. 여기에 나타난 포장 방식, 가격대, 구성 수량, 리뷰 패턴 등을 분석하면, 고객이 무엇을 선택하고 있는지뿐만 아니라, 왜 선택했는지까지 유추할 수 있습니다. 이는 단순한 참고가 아니라 실행 가능한 사업 전략의 기초 데이터가 됩니다.

리뷰와 평점, 고객의 목소리를 읽는 창

단순히 어떤 제품이 잘 팔리는지 보는 것에서 한 걸음 더 나아가야 합니다. '왜 그 제품이 잘 팔렸는가'를 이해하기 위해서는 리뷰와 평점을 분석해야 합니다. 리뷰는 고객의 만족 요소와 불만 요소를 동시에 드러냅니다. '맛이 진하다', '디자인이 마음에 든다', '배송이 빨랐다', '포장이 불편하다' 등은 모두 실시간으로 반영된 고객 경험의 기록입니다.

이 데이터를 통해 제품 기획 단계에서 어떤 속성을 반영해야 할지, 어떤 요소를 개선해야 할지 명확히 알 수 있습니다. 또한 평점은 단순 평균이 아닌 리뷰 수 대비 별점의 안정성, 긍정 리뷰와 부정 리뷰의 비율, 부정 리뷰의 빈도와 반복성까지 함께 고려해야 진정한 품질을 파악할 수 있습니다. 이런 분석을 통해, 단순히 베스트셀러를 따라 만드는 모방 상품이 아닌, 차별화되고 고객 지향적인 제품 기획이 가능해집니다.

카테고리별 트렌드를 한눈에 읽는 방법

이커머스 플랫폼의 '카테고리별 베스트'는 단기적 유행이 아니라 현재 시장에서 어떤 속성과 기능, 가격대가 가장 수요가 높은지를 보여 주는 강력한 지표입니다. 예를 들어 '건강식품 〉기능성음료' 카테고리의 베스트셀러 목록을 매주 추적하면, 시즌별 수요 변화, 신제품 등장, 브랜드 교체 현상 등을 파악할 수 있습니다.

이러한 변화 추적을 정기적으로 기록하면 나만의 시장 관찰 데이터베이스가 됩니다. MPPA를 활용하여 이 데이터를 정리하고 시각화하면, 제품의 속성과 시장 흐름의 연결 고리를 명확히 할 수 있습니다. 특히 제품 출시 전, 또는 경쟁사 분석 시 이러한 정보는 막연한 감이 아닌 데이터 기반의 확신을 제공합니다.

베스트셀러 분석으로 성공한 중소 브랜드

한 중소 생활용품 브랜드는 시장 조사 예산이 없었기 때문에, 쿠팡 베스트셀러 목록을 중심으로 경쟁 제품을 분석했습니다. 특히 '세탁세제' 카테고리에서 상위 제품 20개를 선정하여 포장 형태, 용량, 가격, 리뷰 키워드, 색상 등을 비교 분석했습니다.

이 분석을 통해 '리필형 파우치', '중성세제', '향기 지속력 강조', '무료 배송', '1+1 구성'이 공통적으로 나타나는 속성임을 확인하고, 이를 반영한 신제품을 출시했습니다. 그 결과, 출시 3개월 만에 해당 브랜드는 쿠팡 내 '신제품 인기 순위'에 올랐고, 네이버 쇼핑 검색량도 크게 증가했습니다. 이 사례는 단순한 베스트셀러 복제나 모방이 아닌, 시장 흐름에 맞춘 전략적 기획이 어떤 결과를 낳을 수 있는지를 보여 줍니다.

시장은 이미 말하고 있다, 듣기만 하면 된다

G마켓, 쿠팡, 네이버는 단순한 판매 채널이 아니라 거대한 시장 리서치 플랫폼입니다. 고객의 선택이 실시간으로 반영되고, 리뷰와 평점으로 고객의 목소리가 가감 없이 기록되며, 판매 순위로 시장 흐름이 투명하게 드러나는 공간입니다.

이러한 시장의 목소리를 읽을 줄 아는 창업자는 실패하지 않습니다. MPPA와 같은 분석표로 정리하고, 일정 주기마다 이커머스 베스트셀러를 모니터링하는 습관을 들이면, 별도의 리서치 비용 없이도 실전형 시장 분석이 가능해집니다.

고객은 끊임없이 선택하고, 시장은 끊임없이 변화합니다. 그 변화는 베스트셀러 목록 속에 고스란히 담겨 있습니다. 이제 시장의 지도를 손에 들고, 당신의 비즈니스를 어디로 이끌지 결정할 시간입니다.

시장에서 살아남고 싶다면 반드시 명심해야 할 사실이 있습니다. 그것은 바로 아무리 완성도가 높고 디자인이 뛰어나도, 고객 니즈를 충족하지 못하는 제품은 팔릴 수 없다는 점입니다. 고객이 필요로 하지 않는 상품은 존재의 이유가 없으며, 결국 창고에 쌓이거나 시장에서 사라질 운명에 처하게 됩니다. 따라서 제품 기획의 출발점은 언제나 '고객의 니즈'여야 합니다.

14

판매량과 리뷰에 숨겨진
고객의 진심을 찾아라

온라인 플랫폼에서 쏟아지는 수많은 숫자 속에서, 가장 현실적이면서도 직접적인 고객의 '목소리'는 바로 판매량과 리뷰에 담겨 있습니다. 그러나 많은 창업자들이 이 숫자를 단순한 통계로만 보거나, 깊이 있는 분석 없이 넘어갑니다. 하지만 이 두 데이터는 단순한 수치를 넘어 고객의 감정과 기대, 실망과 만족이 집약된 결과물입니다. 이를 단순히 계량적 수치로만 다루는 것이 아니라, 그 안의 진심을 읽어 내는 통찰력이 필요합니다.

판매량은 숫자가 아닌 신뢰의 누적이다

판매량은 한 제품에 대해 얼마나 많은 고객이 실제로 지갑을 열었는지를 보여 주는 가장 강력한 지표입니다. 그것은 광고 효과, 노출 빈도, 가격 정책 등의 결과이기도 하지만, 근본적으로는 그 제품이 시장의 신뢰를 얻었다는 뜻입니다. 일정 기간 동안 안정적인 판매량을 기록했다면, 이는 단발성 유행이 아니라 지속 가능한 니즈에 기반한 결과일 가능성이 큽니다.

예를 들어, 두 제품이 비슷한 시기에 출시되어 비슷한 마케팅을 진행했다 하더라도, 한 제품은 판매량이 지속 증가하고 다른 제품은 일정 시점부터 감소세를 보인다면 이는 고객의 재구매 의사, 구전 효과, 체험 후 만족도에 대한 차이가 있다는 신호입니다. 이처럼 단순 수치 그 이상의 해석이 요구됩니다.

리뷰는 고객의 일기장이다

고객이 자발적으로 남긴 리뷰는 말 그대로 그들의 경험 보고서입니다. 간단한 감탄사 하나에도 감정이 담겨 있으며, 긴 문장의 불만 속에는 제품 개선의 실마리가 숨겨져 있습니다. 특히 리뷰의 어조, 사용된 단어, 반복적으로 언급되는 문구 등을 살펴보면 고객이 제품을 사용하는 장면이나 감정 상태까지 유추할 수 있습니다.

예를 들어 "포장이 깔끔해요."라는 문장이 여러 리뷰에서 발견된다면, 이는 단순한 포장에 대한 칭찬이 아닌, 해당 제품이 선물용으로 적합하다는 숨은 의미를 내포하고 있을 수 있습니다. 또는 "배송이 늦었지만 제품은 괜찮아요."라는 문장에서는, 제품에 대한 관용적인 신뢰가 감지되며, 이는 향후 배송 체계를 개선했을 때 전체 만족도를 급격히 끌어올릴 수 있는 기회로 작용합니다.

고객의 말보다 고객의 반복에 주목하라

리뷰를 수치화하는 것도 중요하지만, 그보다 중요한 것은 반복적으로 나타나는 키워드와 표현들입니다. 어떤 한두 사람의 의견보다, 다수의 고객이 동일하게 언급하는 표현은 제품 기획과 개선에 있어 매우 중요한 데이터입니다. 예컨대 '파우치가 휴대하기 좋다', '양이 너무 많다', '향이 자극적이다'와 같은 반복 표현은 시장이 지금 무엇을 기대하고 있는지를 보여 주는 강력한 단서입니다.

이 반복은 MPPA 지표 작성에서도 유의미한 기준이 됩니다. 리뷰의 키워드가 특정 속성에 몰려 있다면, 그것은 단순한 특징이 아닌 고객의 의사결정에 실제로 영향을 준 요인이라는 뜻입니다. MPPA 항목 중 '포장 형태', '용량', '상품 주요 색상'과 같은 항목은 실제로 고객 리뷰 속에서 가장 많이 언급되는 요소이기도 하며, 이러한 데이터는 상품 기획 및 리뉴얼에 있어 핵심적 기준이 될 수 있습니다.

숫자보다 감정의 흐름을 추적하라

판매량은 고객의 '선택'이고, 리뷰는 그 선택 후의 '반응'입니다. 그렇기에 이 두 데이터를 종합하면 고객이 어떤 기대를 품고 제품을 구매했고, 그 기대가 충족되었는지 혹은 실망으로 바뀌었는지를 입체적으로 분석할 수 있습니다.

예를 들어, 판매량은 높지만 부정 리뷰 비중이 큰 경우는 '첫 구매는 끌렸지만 재구매는 힘든 상품'일 가능성이 높습니다. 반대로 리뷰 수는 적더라도 리뷰 내용이 극도로 긍정적이며, 상세한 사용 후기가 많다면 '충성도 높은 소수 고객이 형성된 제품'일 가능성이 있습니다.

이처럼 단순히 많이 팔렸다고 무조건 좋은 제품이라고 단정하기보다, 판매량과 리뷰의 상호 관계를 분석하는 것이 중요합니다.

데이터로 읽고, 전략으로 움직여라

리뷰의 언어를 바꾼 전략적 리포지셔닝

한 중소 화장품 브랜드는 제품 출시 후 기대했던 만큼의 반응을 얻지 못했습니다. 하지만 리뷰를 분석해 보니, '흡수는 빠른데 수분감이 오래 가지 않는다', '바른 직후는 좋은데 건조해짐' 같은 표현들이 다수 발견됐습니다.

브랜드는 이를 통해 제품의 강점(빠른 흡수)과 약점(지속력 부족)을 파악하고, 제품명을 '즉각 수분'에서 '지속 보습'으로 변경하고, 설명 문구도 '바르는 순간 촉촉함이 오래 지속된다'로 조정했습니다. 리뷰 어휘를 그대로 차용하여 소비자 언어로 커뮤니케이션한 결과, 클릭률과 구매전환율 모두 개선되었습니다.

이처럼 리뷰는 제품 개선뿐 아니라, 마케팅 언어와 포지셔닝 전략까지 바꿀 수 있는 실질적 도구입니다.

고객은 숫자보다 먼저 감정을 남긴다

판매량과 리뷰는 고객의 감정이 숫자로 드러나는 방식입니다. 그들이 왜 샀고, 어떻게 느꼈는지를 정제되지 않은 날것 그대로 보여 주는 이 데이터들은 사업자에게 금광과도 같습니다. 문제는 그것을 단순히 숫자로만 보느냐, 아니면 의미로 해석할 수 있느냐의 차이입니다.

리뷰 한 줄, 판매 수치 한 건 속에도 고객의 기대, 실망, 희망 그리고 신뢰가 숨어 있습니다. 그것을 발견해 내는 창업자는 성공에 가까워집니다. 판매량과 리뷰 속에 숨겨진 고객의 진심을 읽을 수 있다면, 그 어떤 통계나 리서치보다 더 정확한 시장 나침반을 갖게 되는 것입니다.

온라인 쇼핑 플랫폼이 제공하는 수많은 데이터 중에서 가장 직관적이면서도 강력한 정보는 '판매량'과 '리뷰'입니다. 이 두 가지는 고객의 실제 구매 행동을 기반으로 하며, 고객의 마음과 만족도, 불만까지도 그대로 드러나는 정보입니다. 단순히 숫자로 보는 것이 아니라, 그 안에 담긴 맥락을 읽을 수 있어야 시장에서 통찰을 얻을 수 있습니다.

판매량과 리뷰 데이터 통합 대시보드

데이터 해석의 핵심

판매량은 단순한 숫자가 아닌 고객 신뢰의 축적이며, 리뷰는 고객의 감정회로입니다.
두 데이터를 통한 분석을 하면 고객의 기대, 선호, 만족을 입체적으로 파악할 수 있습니다.

〰 판매량 데이터 분석	🐟 리뷰 데이터 분석

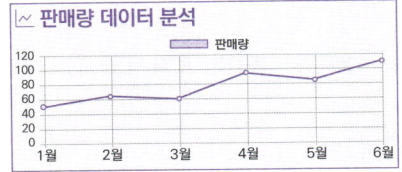

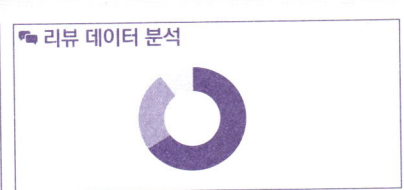

⌕ 판매 데이터 분석	↻ 재구매율 해석
판매량의 급상승 지점은 고객 심리 변화나 구매 의사 표현 시점. '더 알고 싶다' 심리가 발생한 순간.	단순 판매가 아닌 "제품 만족도"의 지표. 재구매는 소비자의 로열티를 가장 잘 반영한 행동.

♥ 리뷰 감정 해석	🏷 리뷰 감정 해석
리뷰에서 자주 등장하는 표현과 핵심 키워드 분석. "불만" 표현 부분 집중 검토 필요.	성능 분석 기능 검토 제품 직관

🔗 판매량-리뷰 상관관계	❓ 데이터 분석 핵심 질문
• 감정적 요인 파악 → 판매 전략 구축 • 제품 경쟁력 개선점 발굴	1. 리뷰와 재구매율 사이의 상관관계 2. 고객 기대와 만족도 간 격차 3. 숫자에서 읽을 수 있는 감정 요소

데이터로 읽고, 전략으로 움직여라

15

누구나 할 수 있는 시장 조사,
실행이 답이다

시장 조사는 그 자체로 복잡하고 어려운 것이 아닙니다. 오히려 가장 단순하고 반복적인 데이터 확인에서부터 시작됩니다. 많은 창업자들이 시장 조사를 마치 전문가만이 할 수 있는 영역처럼 느끼고, 분석을 미루거나 아예 포기하곤 합니다. 하지만 지금 이 순간에도 수천 명의 고객이 G마켓, 쿠팡, 네이버 쇼핑 등에서 클릭하고, 장바구니에 담고, 구매를 진행하고 있습니다. 그 모든 데이터는 창업자 누구나 접근할 수 있으며, 실행만 하면 누구든 '시장 조사자'가 될 수 있습니다.

전문 지식보다 필요한 것은 관찰력이다

시장 조사를 어렵게 만드는 가장 큰 요인은 '데이터 해석 능력이 부족하다'는 인식입니다. 하지만 실제로 필요한 것은 복잡한 통계 지식이 아니라 '관찰력'입니다. 예를 들어 쿠팡에서 특정 키워드를 검색한 뒤, 상위 노출 상품들의 특징을 관찰하고 비교하는 것만으로도 충분한 인사이트를 얻을 수 있습니다. 상품 제목, 대표 이미지, 가격, 리뷰 수, 별점,

구성 옵션 등은 모두 고객의 선택이 반영된 결과이자 미래 사업의 힌트입니다.

이러한 정보를 하루에 10분씩만 반복해서 기록하면, 일주일 후에는 나만의 데이터베이스가 완성됩니다. 결국 중요한 것은 지식의 유무가 아니라, 일상 속에서 관찰하고 정리하는 실천력입니다. 이 관찰력은 한두 번의 시도로 끝나는 것이 아니라, 꾸준한 반복을 통해 축적되며, 점점 더 예리해지는 '시장 감각'으로 발전합니다.

검색, 정리, 비교: 누구나 가능한 3단계 시장 조사

온라인에서 가장 쉽게 시작할 수 있는 시장 조사는 '키워드 검색 → 데이터 정리 → 제품 간 비교'의 3단계입니다. 예를 들어, '청결티슈'라는 키워드로 검색해 보면 상위에 어떤 제품이 뜨는지 확인할 수 있습니다. 이후 각 제품의 가격, 구성, 포장 형태, 리뷰 수, 주요 리뷰 키워드 등을 표로 정리합니다. 이 표가 바로 MPPA의 기초가 됩니다.

정리된 데이터를 기반으로 공통점을 추출하면 됩니다. 상위 10개 제품 중 절반 이상이 '캡형 포장'을 사용하고 있다면, 그것이 현재 시장의 표준일 수 있습니다. 또는 '무향', '휴대용', '3개 묶음 할인'이라는 키워드가 반복된다면, 그것이 고객이 가장 민감하게 반응하는 속성일 수 있습니다. 이 모든 것이 시장 조사이며, 특별한 소프트웨어나 툴 없이도 엑셀과 노트만 있으면 누구나 시작할 수 있습니다.

이러한 방식은 단기 유행을 좇는 것이 아니라, 고객의 반복된 선택을 읽는 데 목적이 있습니다. 즉, 수치 너머의 고객 니즈를 발견하는 것이며, 이는 단순히 '잘 팔리는 제품'을 찾는 것이 아닌, '왜 잘 팔리는가'를

데이터로 읽고, 전략으로 움직여라

이해하고 활용하는 능력입니다.

조사보다 실행이 먼저다

많은 창업자들이 데이터를 충분히 수집하지 않아서가 아니라, 수집한 데이터를 어떻게 쓸지 몰라 실행하지 못하는 경우가 많습니다. 시장 조사는 정보 수집 자체가 목적이 아닙니다. 가설을 세우고, 실행하고, 반응을 측정하기 위한 준비 과정일 뿐입니다. 데이터를 보고 "이렇게 하면 팔릴 것 같다."는 판단이 섰다면, 작은 단위로라도 실험해 보는 것이 중요합니다.

예를 들어, '무료 배송' 제품이 베스트셀러의 다수를 차지한다는 사실을 알았다면, 당장 일주일간 무료 배송을 적용해 보고 반응을 확인해야 합니다. 또는 리뷰 키워드에 '선물용'이라는 단어가 많았다면, 제품 상세페이지에 '소중한 사람을 위한 선물'이라는 문구를 추가해 보는 것부터 시작할 수 있습니다. 시장은 분석보다 실행에 더 많은 보상을 제공합니다.

작은 테스트를 반복하면서 실제 고객의 반응을 수집하고, 그 결과를 기반으로 점진적으로 전략을 다듬는 방식은 비용 대비 효율이 가장 높은 실행 방식입니다. 이는 소상공인처럼 자원이 제한된 환경에서 특히 유효한 방법이기도 합니다.

'시장 조사' 한 줄 없이 시작한 반려동물 용품 창업자

경기도의 한 소상공인은 반려동물 용품 사업을 시작하며 처음부터 전문가에게 의뢰하지 않았습니다. 대신 쿠팡, 스마트스토어, 네이버 쇼핑 등에서 '강아지 배변패드', '고양이 간식' 등 키워드로 30일간 꾸준히 제품을 검색하고, 베스트 순위 변동과 리뷰 키워드를 엑셀로 기록했습니다. 하루 20분씩 투자한 결과, 어떤 브랜드가 상위에 계속 머무는지, 고객이 어떤 단어에 반응하는지 스스로 체득할 수 있었습니다.

그는 그 데이터를 기반으로 '흡수력', '향 없음', '리필형'이라는 공통 키워드를 반영한 제품을 기획했고, 론칭 2개월 만에 스토어찜 1천 명을 넘겼습니다. 그는 말합니다. "시장 조사는 전문가가 하는 게 아니라, 매일 조금씩 해 보는 사람이 가장 잘하게 된다." 이 사례는 실행 중심의 시장 조사가 얼마나 강력한 성과로 이어질 수 있는지를 보여 줍니다.

또한 이 창업자는 데이터 기록 노트를 SNS에 공유하며 '성장의 과정'을 마케팅 자산으로 전환하는 효과까지 얻었습니다. 이처럼 시장 조사는 정보 수집과 실행만으로 끝나지 않고, 고객과의 소통 채널이 될 수도 있습니다.

실행은 가장 빠르고 정확한 조사 방법이다

아무리 데이터를 모아도 실행하지 않으면 시장의 반응을 알 수 없습니다. 하지만 작은 실행이라도 한다면, 그 반응 자체가 데이터가 되어 다시 새로운 전략의 밑거름이 됩니다. 중요한 것은 완벽한 조사나 예측이 아니라, 시장에 손을 담그는 것입니다.

지금 이 순간에도 고객은 무언가를 클릭하고 구매하고 리뷰를 남기고 있습니다. 그들의 행동은 시장의 방향을 말해 주고 있고, 그것을 읽는 방법은 어렵지 않습니다. 누구나 할 수 있는 시장 조사, 그리고 그보다 더 중요한 실행. 이것이 바로 생존의 출발점입니다.

데이터로 읽고, 전략으로 움직여라

이제 중요한 것은 단순히 아는 것이 아니라, 해 보는 것입니다. 시장은 늘 말하고 있습니다. 문제는 그 말에 귀 기울이고 있는가입니다. 당신이 직접 움직이는 순간, 시장은 당신에게 대답해 줄 것입니다. 시장조사는 그 자체로 복잡하고 어려운 것이 아닙니다. 오히려 가장 단순하고 반복적인 데이터 확인에서부터 시작됩니다.

많은 창업자들이 시장 조사를 마치 전문가만이 할 수 있는 영역처럼 느끼고, 분석을 미루거나 아예 포기하는 경우가 많습니다. 하지만 지금 이 순간에도 수천 명의 고객이 G마켓, 쿠팡, 네이버 쇼핑 등에서 클릭하고, 장바구니에 담고, 구매를 진행하고 있습니다. 그 모든 데이터는 창업자 누구나 접근할 수 있으며, 실행만 하면 누구든 '시장 조사자'가 될 수 있습니다.

16

직접 보고, 직접 만져라: 데이터는 현장에 있다

온라인상의 숫자와 그래프만으로는 절대 알 수 없는 것이 있습니다. 바로 제품의 진짜 속성과 고객이 실제로 어떻게 느끼는가 하는 것입니다. 수치화된 데이터도 중요하지만, 현장에서 제품을 직접 체험하고 분석하는 행위 자체가 진정한 시장 이해의 시작입니다. 이처럼 현실 기반의 의사결정을 위해서는 책상 앞에서 리서치만 하는 것이 아니라, 몸을 움직이고 눈으로 확인하며 오감으로 데이터를 받아들이는 자세가 필요합니다.

숫자보다 빠른 통찰은 손끝에서 나온다

MPPA는 데이터를 기반으로 시장을 분석하는 도구지만, 그 데이터의 근본은 현장에서 나옵니다. 시장에서 검증된 상품 10개를 직접 구매해 보면, 단순히 온라인 설명만으로는 파악할 수 없었던 디테일이 눈에 들어옵니다. 예컨대 같은 복분자즙이라도 포장재의 재질감, 파우치 개봉 시의 편의성, 실제 용량 대비 체감 무게, 뚜껑의 개폐 강도 등은 소비자 경험의 전반을 좌우하는 요소입니다.

이러한 체험은 텍스트와 숫자가 전달하지 못하는 비정량적 감각 데이터를 제공합니다. 이 감각은 창업자의 제품 설계, 포장 결정, 상세페이지 구성, 고객 응대 톤에까지 영향을 주며, 결국 전체 브랜드의 방향성을 결정짓습니다. 책상 앞에 앉아서는 절대 알 수 없는 정보가 직접 체험하는 손끝에 담겨 있는 것입니다.

고객이 보는 것과 내가 보는 것을 일치시켜야 한다

제품을 직접 경험해 보는 과정은 '내가 만든 제품'이 아닌 '고객이 선택한 제품'을 보는 관점을 길러 줍니다. 실제 구매자의 시선에서 제품을 뜯어보고, 사용하고, 보관하며 느끼는 불편과 만족은 사업자가 제품 기획 시 간과하기 쉬운 요소를 채워 주는 역할을 합니다.

예를 들어, 어떤 제품의 뚜껑이 너무 뻑뻑해서 손으로 열기 어렵다는 사실은 온라인 이미지나 설명에서는 전혀 드러나지 않지만, 실제 구매자들이 리뷰에서 자주 지적하는 부분일 수 있습니다. 이를 미리 체험하고 인지했다면, 유사 제품 개발 시 차별점이 될 수 있고, 상세페이지나 광고 문구에도 적용할 수 있습니다.

결국 이는 소비자와의 감각적 공감대를 형성하는 것이며, 데이터를 사람의 감정과 경험으로 확장하는 실천입니다. 고객이 느낄 체감 품질과 기대 수준을 창업자가 미리 경험하고 예측할 수 있어야, 제품이 출시된 후 반응을 왜곡 없이 받아들일 수 있습니다.

현장에서 수집한 데이터로 MPPA를 채워라

MPPA는 용량, 가격, 포장 형태, 색상 등 다양한 항목을 체계적으로 비교 분석하는 도구입니다. 하지만 그 항목 하나하나를 진짜 의미 있게 채우려면, 단순히 온라인 정보만으로는 부족합니다. 직접 구매하여 현장에서 제품을 보고 만져 보는 것이야말로 각 항목을 진실하게 기록할 수 있는 유일한 방법입니다.

예를 들어, 포장 형태 항목을 작성할 때 '스탠딩 파우치'라고만 기입하는 것이 아니라, 해당 파우치가 실제로 얼마나 안정적으로 세워지는지, 흐름성은 어떤지, 시각적 효과는 어떤지를 함께 기록할 수 있습니다. 이런 '현장성'이 결합된 데이터가 쌓일수록 MPPA는 종이 위의 표가 아닌 사업 전략의 로드맵으로 기능하게 됩니다.

사례: 눈으로 확인한 포장이 매출을 바꾸다

경남 지역에서 건강식품을 판매하던 한 소상공인은 복분자즙 경쟁사 제품을 10개 구매해 직접 테스트했습니다. MPPA 양식에 맞춰 구성, 가격, 포장 상태, 맛, 배송 속도, 고객 대응까지 비교 분석하던 그는 한 가지 특이점을 발견했습니다. 상위권 제품일수록 파우치 색상이 밝고, 직관적 이미지가 크며, 파우치 재질이 매끈하다는 것이었습니다.

반면 자사 제품은 어두운 색상에 고급스러움을 강조했지만 실제 손에 쥐었을 때 느낌이 무겁고 투박하다는 피드백이 많았습니다. 그는 즉시 제품 포장 재질과 디자인을 변경했고, 동시에 상세페이지에 '밝고 산뜻한 디자인으로 기분까지 상쾌하게'라는 카피를 반영했습니다. 변경 1개월 후, 재방문 고객 비율이 20% 증가했고, 구매 후기 수 또한 두 배로 증가했습니다.

이 사례에서 성공 요인은 단순한 디자인 개선에 있는 것이 아니라, 고객 체험 기반 데이터를 실질적으로 적용한 데 있습니다. 직접 보고 만진 결과가 제품의 성능을 바꾼 것이 아니라, 소비자가 제품을 대하는 감정을 바꾼 것이 매출 향상의 결정적 요인이었습니다.

데이터는 책상이 아닌 시장 현장에 있다

현장을 무시하고 책상 위에서만 데이터를 수집하려는 태도는 실제 시장에서의 시행착오로 이어질 수 있습니다. 눈으로 보고, 손으로 만져보고, 실제 사용해 보는 경험이야말로 창업자의 직감을 현실로 검증하는 과정이며, 동시에 가장 정직한 데이터 수집 방식입니다.

소상공인에게 있어서 자원은 언제나 부족합니다. 그렇기에 더더욱 직접 체험을 통한 데이터 확보와 직관의 보완이 필요합니다. 이 과정을 생략하고 얻은 숫자는 표면만 반영한 수치일 뿐이며, 실제 고객의 마음을 움직이는 제품은 그런 숫자 너머에서 만들어집니다.

시장 조사의 마지막 단계는 서류 작업이 아니라, 제품을 손에 들고 "이건 팔릴 것 같다."는 확신을 품게 되는 순간입니다. 그리고 그 확신은 직접 보고, 직접 만져 본 사람만이 가질 수 있는 것입니다.

17

표로 보는 시장의 진짜 얼굴: MPPA의 실전 활용법

MPPA(Market-Proven Product Analysis)는 단순히 데이터를 나열하는 표가 아닙니다. 그것은 시장에서 실제로 '잘 팔리는 상품'들이 지닌 공통점과 차이점을 시각적으로 정리하고, 이를 바탕으로 나만의 전략을 수립하기 위한 핵심 도구입니다. 특히 소상공인과 같은 자원이 한정된 창업자에게는 감이나 직관에 의존하지 않고 객관적인 판단을 내릴 수 있는 현실적 기반이 되어 줍니다.

MPPA는 왜 시각화되어야 하는가?

사람은 텍스트보다 이미지나 구조화된 표를 통해 정보를 더 빠르게 인식합니다. 텍스트로만 정리한 정보는 종종 흐름이나 패턴을 놓치게 만들지만, MPPA는 항목별로 나란히 비교함으로써 무엇이 공통적이고, 무엇이 차별적인지를 한눈에 보여 줍니다.

예를 들어, 복분자즙 시장에서 상위 10개 제품을 비교했을 때, '가격대는 대부분 3만 원대', '용량은 30포 구성', '포장 형태는 파우치', '색상은 보라색 계열' 등과 같이 반복되는 속성들이 나타날 수 있습니다. 이 반복은 시장이 소비자에게 무엇을 익숙하게 인식시키고 있는지를 보여주며, 신제품 출시 시 벤치마킹의 기준이 됩니다.

항목별 비교는 단순 수치 이상이다

MPPA는 상품명, 브랜드 유무, 가격, 용량, 포장 형태, 포장 단위, 주요 색상, 품질 특성 등 15개 이상의 항목을 기반으로 비교합니다. 이 중 어느 한 항목이라도 소홀히 작성되면 전체 분석의 질이 떨어집니다. 따라서 단순히 숫자를 채우는 것이 아니라, 맥락과 설명을 포함한 정성적 분석이 중요합니다.

예를 들어, 가격이 모두 29,900원으로 비슷하게 보이더라도, 어떤 제품은 '무료 배송', 어떤 제품은 '배송비 3,000원 별도'라는 차이가 있습니다. 이 작은 차이는 실제 구매 결정에 큰 영향을 미치며, MPPA에는 단순 가격 외에도 배송 정책까지 함께 기록해야 보다 실효성 있는 분석이 가능합니다.

또한 리뷰 키워드 항목에는 단순히 '맛있다', '좋아요'라고 적기보다는, '맛이 진하다', '선물용으로 만족', '30포 구성이라 관리 편리' 등 소비자가 반복해서 언급한 핵심 문구를 그대로 인용하는 것이 좋습니다. 이렇게 하면 소비자의 실제 언어가 제품 기획과 마케팅 메시지에 직접 반영될 수 있습니다.

MPPA는 '통찰의 프레임'이다

MPPA는 창업자의 주관을 보완해 주는 프레임 역할을 합니다. "나는 이 제품이 더 고급스럽다고 생각한다."는 감각이 있다고 해도, MPPA를 작성하다 보면 다른 제품들의 디자인이나 포장, 가격 전략이 어떻게 소비자에게 어필되고 있는지를 객관적으로 바라보게 됩니다.

또한 MPPA는 경쟁사의 전략을 해체하고 나만의 전략을 조립하는 도구가 되기도 합니다. 예컨대 경쟁사 A는 '무료 배송'과 '1+1 프로모션'을 함께 활용하고, 경쟁사 B는 '리뷰 마케팅'에 집중하며, 경쟁사 C는 '네이버 톡톡 응대율 100%'로 신뢰를 쌓고 있다면, 나는 이 중 어느 전략을 취하고 어느 전략은 버릴 것인지를 판단할 수 있습니다.

이처럼 MPPA는 단순한 표가 아니라, 선택과 집중을 위한 프레임워크입니다.

MPPA로 상품을 기획한다면

예를 들어 한 건강식품 스타트업이 '도라지배즙' 시장에 진입하기 위해 MPPA를 작성한다고 가정해 보겠습니다. 각각의 경쟁 제품을 비교 분석한 결과, 다수의 제품이 '갈색 계열 포장', '낮은 가격 경쟁력', '리뷰 키워드 다양성 부족' 등의 공통점을 보였고, 반면 '휴대용 파우치 + 기능성 강조' 제품은 상대적으로 적다는 것을 확인할 수 있었습니다.

이에 이 스타트업은 '하얀색 파우치 + 면역 강화 기능성 + 3중 멸균 포장'이라는 차별화 전략을 수립했습니다. 또한 MPPA에서 나타난 리뷰 키워드 빈도를 바탕으로 상세페이지 문구를 구성하여, '답답할 때 찾는 도라지배즙', '깔끔한 맛', '선물용 최고' 등의 표현을 반복 노출했습니다.

이처럼 MPPA는 데이터를 정리하는 도구를 넘어서, 시장 공략 전략을 시각화하고, 실행력 있는 계획으로 구체화시키는 역할을 합니다.

숫자가 말해 주는 전략을 읽어라

시장은 언제나 데이터로 말하고 있습니다. 성공적인 제품은 시장의 언어를 잘 해석한 결과이며, 실패한 제품은 시장의 언어를 오해하거나 무시한 결과입니다. MPPA는 이 시장의 언어를 읽기 위한 사전이자 해석 도구입니다.

숫자 뒤에 숨어 있는 고객의 선택, 반복되는 속성, 사라진 트렌드를 읽을 수 있다면, 표는 단순한 정보가 아니라 전략의 설계도가 됩니다. 오늘 당신의 책상 위에 있는 MPPA 한 장이, 내일의 성공적인 신상품 기획서가 될 수 있습니다.

온라인상의 숫자와 그래프만으로는 절대 알 수 없는 것이 있습니다. 바로 제품의 진짜 속성과 고객이 실제로 어떻게 느끼는지입니다. 수치로 된 데이터도 중요하지만, 현장에서 제품을 직접 체험하고 분석하는 행위 자체가 진정한 시장 이해의 시작입니다. 이처럼 현실 기반의 의사결정을 위해서는 책상 앞에서 리서치만 하는 것이 아니라, 몸을 움직이고 눈으로 확인하며 오감으로 데이터를 받아들이는 자세가 필요합니다.

18

데이터로 말하라:
감보다 객관이 강하다

사업에서 감각은 분명 중요합니다. 직관적으로 '될 것 같은' 아이디어가 번뜩이기도 하고, 시장 흐름을 빠르게 읽는 사람은 흔히 감이 좋다고 평가받습니다. 그러나 그 감이 언제나 맞는 것은 아닙니다. 특히 자원이 부족한 소상공인에게 감은 '모험'일 수 있습니다. 감이 틀렸을 때 감당해야 할 비용과 시간의 손실이 너무 크기 때문입니다. 그래서 창업자에게 필요한 것은 '좋은 감'이 아니라, '객관적으로 판단하는 습관'입니다.

데이터는 결과가 아닌 출발점이다

많은 사람들이 데이터를 과거의 결과로만 생각합니다. "그 제품이 잘 팔렸대."라는 말은 이미 지나간 현상을 이야기할 뿐입니다. 하지만 올바른 방식으로 데이터를 바라보면, 그것은 '결과'가 아닌 '다음 선택의 출발점'이 됩니다.

예를 들어, 특정 카테고리 내 상위 10개 제품의 평균 가격, 리뷰 수,

데이터로 읽고, 전략으로 움직여라

주요 키워드 등을 비교하면, "왜 이 제품이 잘 팔렸을까?"보다 "어떻게 하면 나도 비슷한 선택을 받을 수 있을까?"를 고민하게 됩니다. 즉, 데이터는 분석 그 자체로 끝나는 것이 아니라, 실행으로 이어져야 가치가 생깁니다. 단순한 참고 자료로 남겨 두는 것이 아니라, 의사결정의 중심에 데이터를 놓는 것이 중요합니다.

숫자는 냉정하다, 그래서 믿을 수 있다

사람은 자신이 보고 싶은 것만 보려는 경향이 있습니다. "이 제품은 예쁘니까 잘 팔릴 거야.", "고객들이 이런 걸 좋아할 것 같아." 같은 말은 실제 구매 데이터를 들여다보면 쉽게 깨질 수 있습니다. MPPA를 통해 수집된 데이터는 이러한 착각을 깨 주는 냉정한 거울과도 같습니다.

예를 들어, 자기가 고안한 상품 패키지가 훨씬 더 감각적으로 보일지라도, 시장에서 검증된 제품 대부분이 심플한 흰색 계열을 택했다면, 거기에는 분명한 이유가 있을 수 있습니다. 숫자는 감정을 섞지 않기 때문에 신뢰할 수 있습니다. 그리고 소상공인처럼 판단의 오차가 치명적인 환경에서는, 신뢰 가능한 기준이 반드시 필요합니다.

감을 보완하는 구조적 프레임, MPPA

MPPA는 창업자가 자신의 감을 완전히 버리라는 것이 아닙니다. 오히려 감을 보완하고, 보다 객관적인 시선으로 자신의 판단을 검증해 보는 과정입니다. MPPA 양식을 작성해 보면 처음에는 불편함을 느낄 수 있습니다. "이걸 왜 일일이 정리해야 하지?"라는 생각이 들기도 합니다. 하지만 그 과정을 통해 '감에만 의존하던 사고의 틀'을 한 단계 넘어서는 경험을 하게 됩니다.

데이터 정리는 단순 반복 작업처럼 보일 수 있지만, 그 속에서 반복되는 패턴을 인식하게 되고, 자신만의 논리를 세우는 능력이 길러집니다. 이처럼 MPPA는 데이터 기반의 생각 훈련 도구이자, 감을 구조화하는 훈련장입니다.

감과 데이터가 충돌할 때, 누가 맞았는가

한 청년 창업가는 유기농 원료로 만든 디저트를 기획하면서, '빈티지 감성의 패키지'가 먹힐 거라는 확신을 가졌습니다. 자신이 자주 가는 카페의 감성, 친구들의 반응, SNS 감성 게시글 등을 기반으로 판단했기 때문입니다.

하지만 MPPA를 작성하면서 그는 시장에서 상위권을 차지한 제품들의 패키지가 '단순하고 명료하며, 영양 성분을 전면에 드러내는 디자인' 이라는 공통점을 발견했습니다. 그는 고민 끝에, 디자인을 두 가지 버전으로 테스트 광고를 진행했고, 결과는 명확했습니다. 감성 패키지보다 정보 중심 패키지가 클릭률과 전환율 모두 우세했던 것입니다.

이 사례가 말해 주는 교훈은 감이 완전히 틀렸다는 뜻이 아닙니다. 오히려 데이터가 없었다면 자신이 만든 제품을 출시하고도 그 결과가 어디서 잘못된 건지 몰랐을 것입니다. 데이터는 실패를 피하게 해 주는 것이 아니라, 실패를 해도 원인을 정확히 분석하게 해 주는 도구입니다.

데이터로 읽고, 전략으로 움직여라

감은 시작일 수 있으나, 데이터는 끝을 책임진다

감은 창업자에게 있어 중요한 무기입니다. 하지만 그 감은 언제나 검증되어야 하며, 데이터로 보완되어야 합니다. 감으로 시작하되, 데이터로 판단하고 결정하는 습관이 몸에 배어야 지속 가능한 성장이 가능합니다. MPPA는 그 출발점이자 훈련 도구입니다.

우리는 더 이상 '될 것 같아서 시작한 사업'이 실패하는 모습을 반복적으로 봐서는 안 됩니다. 이제는 '될 가능성을 숫자로 검증하고, 그 가능성 위에 전략을 설계하는 방식'이 필요합니다. 그 전략의 중심에는 언제나 객관성이 있어야 하며, 그 객관성은 오직 데이터에서만 나옵니다.

MPPA는 단순히 데이터를 나열하는 표가 아닙니다. 그것은 시장에서 실제로 '잘 팔리는 상품'들이 지닌 공통점과 차이점을 시각적으로 정리하고, 이를 바탕으로 나만의 전략을 수립하기 위한 핵심 도구입니다. 특히 소상공인과 같은 자원이 한정된 창업자에게는 감이나 직관에 의존하지 않고 객관적인 판단을 내릴 수 있는 현실적 기반이 되어 줍니다.

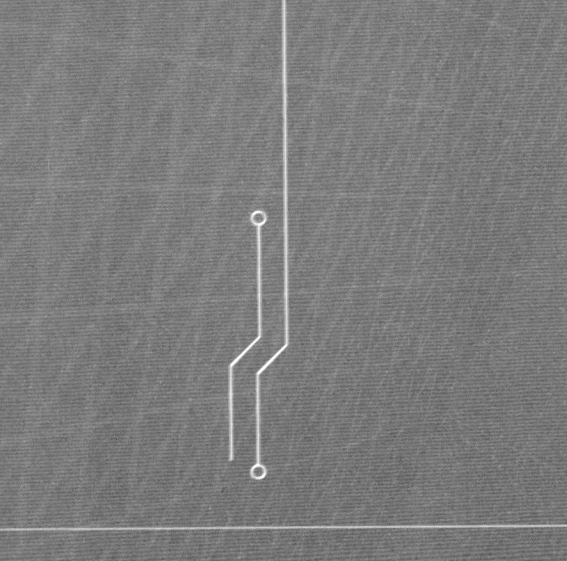

c   h   a   t   e   r   3

상품 기획,
어렵지 않아요

상품의 크기와 포장 방식은 소비자 구매 결정에 큰 영향을 미칩니다. 시장에서 검증된 데이터를 기반으로 소비자들이 선호하는 형태를 파악하여 상품을 기획해야 합니다. 비용 효율성을 고려하여 가장 합리적인 제품 구성과 포장 방식을 선택해야 합니다. 경쟁 제품 분석을 통해 효율적인 상품 기획을 실현하는 것이 중요합니다. 그렇다면, 비용을 줄이면서 효율적인 상품 구성은 어떻게 기획할 수 있을까요?

[감 vs 데이터 기반 의사결정 비교 매트릭스]

의사결정 기준	감 기반 의사결정	데이터 기반 의사결정
특징	직관과 경험에 의존	객관적 증거와 데이터 기반
리스크	편향된 판단 가능성	검증 가능한 의사결정
소요 시간	즉각적인 판단 가능	자료 수집 및 분석 시간 필요
확장성	개인의 경험에 국한됨	축적된 데이터로 지속적 개선
적합한 상황	긴급한 의사결정 필요 시	체계적인 전략 수립 시

19

작지만 강하게:
구성과 포장이 승부를 가른다

제품의 크기와 포장 방식은 단순한 외형 이상의 의미를 갖습니다. 특히 온라인 시장에서는 제품의 첫인상이 곧 구매 결정과 직결됩니다. 이때 중요한 것은 무조건 작거나 저렴하게 만드는 것이 아니라, 소비자의 입장에서 가장 편리하고 합리적인 구성을 기획하는 것입니다. 소상공인의 입장에서는 생산비용을 최소화하면서도 경쟁력을 갖추기 위해, 상품의 구성과 포장에 전략적으로 접근해야 합니다.

포장도 전략이다

소비자가 제품을 처음 접하는 순간은 사진 속 이미지나 패키지 디자인을 보는 시점입니다. 이는 오프라인 매장에서는 진열대의 시각적 노출로, 온라인에서는 썸네일 이미지로 대체됩니다. 이때 제품의 크기와 포장 방식은 '이 제품은 어떤 사람을 위한 것인지', '어떻게 사용하면 되는지'를 직관적으로 전달해야 합니다.

예를 들어 복분자즙을 판매한다고 할 때, 30포 구성의 파우치 제품과

900ml 유리병 제품은 같은 제품군이지만 소비자에게 전달하는 메시지가 전혀 다릅니다. 전자는 '간편하게 매일 섭취할 수 있다'는 인식을 주고, 후자는 '선물용 또는 가족 공동 사용'이라는 이미지를 줍니다. 이처럼 포장은 제품의 정체성을 강화하고, 동시에 타깃 고객의 기대에 부합해야 합니다.

작지만 강하게, 소비자 여정의 설계

'작다'는 것은 물리적인 크기만을 말하지 않습니다. '단순하고 명확하다', '핵심만 담았다', '쓸데없이 부담스럽지 않다'는 인식까지 포함됩니다. 소비자는 점점 더 다양한 상품 중에서 '가장 나에게 맞는 구성'을 찾으려 하며, '가성비' 못지않게 '편의성'을 중시합니다.

예를 들어 세제 제품이라면 '리필형 소포장', 화장품이라면 '3일 체험 키트', 건강식품이라면 '1일 1포 휴대용' 같은 구성이 소비자에게 매력적으로 다가갈 수 있습니다. 이 구성은 단가 절감에도 도움이 되며, '체험-확신-재구매'로 이어지는 소비자 여정을 설계할 수 있는 기반이 됩니다. 즉, 작지만 강한 구성은 고객에게는 부담 없는 시작점, 사업자에게는 재구매 유도 전략의 출발입니다.

경쟁 제품을 분석하라

경쟁 제품 분석은 효율적인 상품 기획의 출발점입니다. MPPA를 기반으로 경쟁 제품의 크기, 포장 방식, 구성 수량, 가격대를 비교하면, '시장 표준'과 '차별화 포인트'를 동시에 도출할 수 있습니다. 특히 베스트셀러 제품들의 공통 포장 패턴을 보면, 왜 소비자들이 그것을 선택했

느지 유추할 수 있습니다.

예를 들어 파우치형 제품의 경우, '입구의 위치', '파우치 재질의 투명도', '라벨의 컬러톤' 등 작은 요소들이 실제 소비자 리뷰에서 높은 언급률을 보이는 경우가 많습니다. 단순히 보기 좋은 디자인을 넘어서, 사용 시의 불편함을 줄여 주는 구성이 반복 구매를 유도하는 핵심이라는 것을 데이터 분석으로 확인할 수 있습니다.

사례: 리패키징으로 매출 견인

한 생활용품 스타트업은 천연세제를 대용량 용기로 판매하다가 매출 정체를 겪고 있었습니다. 소비자 인터뷰와 시장 분석을 진행한 후, "제품은 좋은 것 같은데 크고 무거워서 사용이 불편하다."는 의견이 많다는 사실을 발견했습니다.

이에 따라 해당 제품을 1회 사용량 기준으로 리필형 파우치 10개 세트로 리패키징하고, '휴대와 보관이 편리한 1일 세제'라는 슬로건을 앞세운 마케팅을 시작했습니다. 이 전략은 '작지만 강한' 구성의 대표적인 예로, 제품의 본질은 그대로 두고 사용성과 포장 방식만 바꾼 결과 2개월 만에 월 매출이 3배 가까이 증가했습니다.

이 사례는 상품 구성이 고객의 구매 결정에 얼마나 큰 영향을 미치는지를 보여 주는 동시에, 포장이 단지 '외형'이 아니라 '기획 전략'임을 증명합니다.

시대가 요구하는 상품 기획의 방향

상품의 크기나 포장 형태는 단순한 외형적 요소가 아닙니다. 그것은 제품의 메시지를 전달하는 언어이자, 고객의 구매 결정에 영향을 주는 핵심 변수입니다. '작다'는 것은 저렴하거나 가볍다는 의미를 넘어서, 명확하고, 편리하며, 반복 구매를 유도하는 전략적 요소로서 기능해야 합니다.

소상공인에게 있어 한 번의 상품 기획은 사업 성패를 좌우할 수 있습니다. 그렇기에 제품을 기획할 때는 "얼마나 크게 만들 것인가?"가 아니라, "얼마나 똑똑하게 구성할 것인가?"를 먼저 고민해야 합니다. 그리고 그 구성의 핵심은 고객의 사용 맥락과 기대에 얼마나 정확히 대응하느냐에 달려 있습니다.

작지만 강하게. 그것이 지금 시대의 소비자가 기대하는 상품 기획의 미덕입니다.

20

비용은 줄이고
가치는 키우는 상품 설계법

비용을 줄이면서도 소비자에게 충분한 가치를 전달할 수 있는 상품을 설계하는 일은, 많은 소상공인이 창업 초기에 마주하는 가장 중요한 과제 중 하나입니다. 하지만 이 과제는 단순히 가격을 낮추는 문제가 아니라, 고객이 체감하는 '가치'를 어떻게 보존하거나 증대시킬 수 있는지에 대한 전략적 사고가 요구되는 영역입니다. 특히 제한된 자원 안에서 창의적이고 합리적인 판단을 내려야 하는 소상공인의 현실을 고려한다면, 비용 절감과 가치 전달의 균형은 더욱 신중하게 다뤄져야 할 주제입니다.

상품 설계의 포인트, 가격보다는 니즈

상품 하나를 기획할 때, 대부분은 먼저 단가를 계산하고 어떻게 하면 원가를 줄일 수 있을지를 고민합니다. 물론 이는 당연한 출발점입니다. 하지만 단가를 낮추기 위해 중요한 요소들을 무작정 제거하거나 축소한다면, 그 제품은 고객에게 선택받기 어려울 수 있습니다.

특히 요즘 소비자들은 가격뿐 아니라 편의성, 디자인, 환경 요소 등 다양한 가치를 동시에 고려하기 때문에, 단순히 '저렴한 제품'으로는 니즈를 충족시키기 어렵습니다. 그렇기 때문에 가장 먼저 해야 할 일은 "고객이 이 제품에서 무엇을 가장 중요하게 생각할까?"를 정밀하게 파악하는 일입니다.

고객의 중요 포인트를 파악한 후에는, 그 부분에 예산과 자원을 집중하고, 덜 중요하거나 대체 가능한 요소에 대해서는 과감히 축소해야 합니다. 예를 들어 건강보조식품을 기획한다고 가정했을 때, 고객이 가장 신경 쓰는 부분이 '섭취의 간편함'이라면, 굳이 고급스러운 외포장보다는 '휴대하기 좋은 파우치형 포장'에 초점을 맞추는 것이 좋습니다. 이렇게 하면 고객이 원하는 핵심 가치는 충족시키면서도 불필요한 부자재 비용은 줄일 수 있습니다.

MPPA로 시장을 읽고 차별화하라

이러한 설계에 있어서 매우 유용한 도구가 바로 MPPA입니다. MPPA는 단순히 상품을 비교하는 도구가 아니라, 고객이 실제로 선택한 제품의 속성과 그 이유를 분석할 수 있도록 도와주는 전략적 판단 도구입니다.

예를 들어 유사한 제품 10개를 선정하여 포장 방식, 용량, 가격, 리뷰 키워드, 평점 등을 비교해 보면, 고객이 어떤 속성에 반응했는지 명확하게 보일 것입니다. 이를 바탕으로 자사 제품 기획에 반영하면, 시장의 흐름을 반영한 동시에 차별화된 구성을 갖춘 제품을 만들 수 있습니다.

그뿐만 아니라, 제품의 구성 방식 또한 비용을 줄이면서 가치를 높이는 데 큰 영향을 미칩니다. 최근에는 '체험용 소포장', '1일 1포', '정기배송 키트'처럼 고객이 부담 없이 시작할 수 있는 상품 구성이 인기를 끌고 있습니다. 이러한 방식은 소비자에게는 진입 장벽을 낮추고, 사업자에게는 재구매 유도 및 고객 확보라는 이점을 동시에 제공합니다. 특히 체험형 구성은 제품에 대한 긍정적인 경험을 통해 장기적인 팬층을 만드는 데 효과적인 전략입니다.

생산부터 마케팅까지, 실행 단계의 효율화

생산 단계에서도 효율화를 추구할 수 있습니다. 자재 낭비를 줄이기 위한 소량 생산 테스트, 반응 좋은 상품만 집중 생산하는 방식, 포장 자재를 표준화하여 재고 관리 비용을 줄이는 전략 등은 모두 비용 절감에 직접적으로 기여할 수 있는 실천 방법들입니다. 초기에는 약간의 시행착오가 따를 수 있으나, 데이터를 기반으로 반복 테스트를 거치면 궁극적으로 높은 효율성을 얻을 수 있습니다.

마케팅 전략 또한 비용과 가치를 동시에 고려해야 할 중요한 분야입니다. 전통적인 광고에 많은 비용을 쓰기보다는, 제품의 핵심 메시지를 소비자에게 직관적으로 전달하는 콘텐츠 기획이 더욱 중요해졌습니다. 고객에게 "왜 이 제품을 사야 하는가?"를 명확히 알려 주는 문구와 이미지, 실제 사용 사례 중심의 리뷰 유도 전략은 저비용 고효율의 마케팅 수단이 될 수 있습니다. 예를 들어 "한 포로 하루를 채운다"는 메시지는 제품의 구성, 가치, 편의성을 동시에 전달하며 고객의 구매 결정을 돕는 강력한 표현입니다.

상품 기획의 중심은 고객에 있다

결국 상품을 기획할 때 가장 중요한 것은 "무엇을 줄일 것인가?"가 아니라 "무엇을 남길 것인가?"를 먼저 고민하는 일입니다. 고객에게 필요한 핵심 가치를 지키는 것이야말로, 제한된 자원 속에서도 경쟁력을 유지할 수 있는 가장 현실적이고 효과적인 방법입니다. 그리고 그 중심에는 언제나 고객의 입장에서 생각하는 사고방식이 자리해야 합니다.

만일 지금 제품을 구상 중이라면, 고객이 가장 중요하게 여기는 포인트가 무엇인지부터 데이터를 기반으로 분석해 보기 바랍니다. 그리고 그 분석 결과를 바탕으로, 자원은 집중하고, 불필요한 요소는 덜어 내는 설계 전략을 세워야 합니다. 비용을 줄이면서도 가치를 높일 수 있는 설계는 가능합니다. 단, 그것은 반드시 고객을 중심에 둘 때에만 실현됩니다.

21

경쟁 제품 분석이 답이다:
효율적 기획의 출발점

경쟁 제품을 분석하는 일은 상품 기획의 시작이자, 실패 확률을 낮추는 가장 현실적인 전략입니다. 소상공인이 새로운 상품을 시장에 내놓는다는 것은, 이미 치열하게 경쟁 중인 무대에 뒤늦게 진입하는 것과 같습니다. 그만큼 시행착오의 여지가 크고, 실수 한 번이 곧 자금과 시간의 손실로 이어질 수 있습니다. 이때 경쟁 제품 분석은 단순히 따라하기 위한 수단이 아니라, 시장 흐름을 읽고 소비자의 반응을 간접적으로 체험할 수 있는 귀중한 학습 도구가 됩니다.

경쟁 제품 분석의 목적 명확히 하기

경쟁 제품 분석을 시작하려면, 먼저 분석의 목적을 명확히 해야 합니다. 목적이 명확하지 않으면, 분석은 방향 없이 흘러가고 결국에는 데이터만 쌓일 뿐 인사이트는 얻지 못하게 됩니다. 분석의 목적은 크게 두 가지로 나뉩니다.

데이터로 읽고, 전략으로 움직여라

- 시장에서 현재 잘 팔리고 있는 상품의 공통 요소를 파악하여 내 상품의 기본 설계를 정하는 것
- 잘 팔리는 상품에도 불구하고 소비자들이 느끼는 불편이나 아쉬운 점을 찾아내 내 상품의 차별화 전략을 수립하는 것

이러한 분석은 표면적인 정보만 가지고 판단해서는 안 됩니다. 판매량이 높은 제품을 선정했다면 그 제품이 실제로 어떤 점에서 소비자의 선택을 받았는지, 리뷰를 통해 반복적으로 언급되는 특징은 무엇인지, 포장 방식이나 구성 단위는 어떤지 등 구체적인 지표들을 중심으로 분석해야 합니다.

네이버 스마트스토어, 쿠팡, G마켓, 11번가 같은 오픈마켓 플랫폼은 이러한 정보를 얻기에 매우 유용한 도구입니다. 예를 들어, 리뷰 수가 많은 상품은 단순히 판매량이 높다는 의미일 수도 있지만, 동시에 고객의 피드백을 통해 다양한 개선 방향을 엿볼 수 있다는 장점도 갖고 있습니다.

체계적, 반복적으로 분석하라

분석의 방식은 주관적 인상에 의존하지 말고 체계적인 프레임으로 접근해야 합니다. 이를 위해 시장검증상품 분석표, 즉 MPPA를 활용하는 것이 효과적입니다. MPPA는 경쟁 상품의 가격, 용량, 포장 형태, 브랜드 유무, 품질 특성, 색상, 판촉 방법, 주요 리뷰 키워드 등 구체적인 항목별로 상품을 나란히 놓고 비교할 수 있도록 도와줍니다. 이 비교를 통해 우리는 시장 내에서 어떤 속성이 주요 구매 결정 요소로 작용하는

지를 직관적으로 파악할 수 있습니다.

MPPA를 활용한 분석의 진가는 반복 분석에서 더욱 빛을 발합니다. 한두 개 상품이 아니라 동일 카테고리 내 8개에서 10개 이상의 제품을 비교 분석하면 특정한 패턴이 눈에 들어오기 시작합니다.

예를 들어, 건강즙 제품을 분석했더니 대부분의 인기 상품은 30포 구성에 파우치형 포장을 선택하고 있다는 결과가 나왔다고 가정해 봅시다. 이는 단순히 제조사의 편의 때문이 아니라, 소비자가 일상에서 섭취하기 편리하다고 인식하는 구성이 30포 파우치임을 의미합니다. 이런 정보는 나중에 자사 제품을 구성할 때 어떤 방향성을 가져야 할지를 명확하게 해 줍니다.

차별화의 포인트, 감성 분석

경쟁 제품 분석의 또 다른 핵심은 차별화 포인트를 찾는 데 있습니다. 동일한 시장에서 같은 유형의 상품을 출시하는 이상, 단순히 따라가는 것만으로는 고객의 시선을 끌기 어렵습니다.

이때 소비자 리뷰를 통한 감성 분석이 큰 도움이 됩니다. 리뷰 속에서 반복적으로 등장하는 불만이나 요구 사항을 분석해 보면, 아직 충족되지 않은 소비자의 니즈를 발견할 수 있습니다. 이를 바탕으로 경쟁 제품이 제공하지 못하는 경험을 설계할 수 있다면, 그 자체로 시장에서의 차별화가 가능해집니다.

　　　　　　　　　　　　　데이터로 읽고, 전략으로 움직여라

마케팅 전략까지 분석하라

경쟁 제품 분석은 단지 제품의 물리적인 특징만을 비교하는 데서 그쳐서는 안 됩니다. 마케팅 전략까지 포함한 전반적인 접근 방식에 대한 분석이 필요합니다.

예를 들어, 어떤 제품이 온라인 광고 없이도 검색 유입이 높다면 그 제품의 상세페이지 구성, 제목 키워드, 이미지 배치 등이 고객의 관심을 끌었을 가능성이 있습니다. 또는 어떤 제품은 SNS에서 자연스럽게 회자되며 입소문을 타는 경우도 있는데, 이는 그 제품이 감성적인 코드, 예를 들면 '선물하기 좋은 포장', '부모님께 드리는 건강식' 같은 문구를 전략적으로 활용하고 있음을 보여 줍니다.

이러한 분석은 소상공인에게 특히 중요한 의미를 갖습니다. 대기업과는 달리 대규모 설문조사나 별도의 마케팅 리서치를 진행하기 어려운 입장에서, 이미 시장에서 검증된 데이터를 해석하고 자신의 전략에 맞게 적용하는 것이 가장 실현 가능한 조사 방식이기 때문입니다.

경쟁 제품 분석, 모방이 아닌 창의의 출발점이다

경쟁 제품 분석은 창업자의 감에만 의존하지 않고, 구체적인 수치를 기반으로 객관적인 판단을 가능하게 합니다. 또한 초기 투자 비용을 줄이고 시장 반응을 예측할 수 있는 기반을 마련해 줍니다.

결론적으로, 경쟁 제품 분석은 단순한 모방이 아니라 창의적인 기획의 기초가 됩니다. 분석을 통해 확인한 시장의 흐름, 고객의 기대, 경쟁사의 강점과 약점을 종합적으로 고려하면, 그 자체로 강력한 기획 전략이 탄생하게 됩니다.

이것은 특별한 기술이나 비용이 필요한 작업이 아니라, 누구나 시작할 수 있는 실행 중심의 전략입니다. 중요한 것은 분석 결과를 자신의 사업 환경과 고객층에 맞춰 유연하게 적용하고, 꾸준히 반복해서 시장의 변화에 대응할 수 있도록 준비하는 자세입니다.

22

싼 게 능사는 아니다, 가치를 기준으로 가격을 잡아라

소상공인이 상품을 기획할 때 가장 많은 고민을 하게 되는 항목 중 하나가 바로 가격입니다. 많은 창업자들이 "조금이라도 더 싸게 팔면 잘 팔리지 않을까?"라는 생각으로 가격을 설정합니다. 그러나 가격은 단순히 숫자가 아니라, 고객이 상품을 인식하고 판단하는 기준이자, 제품의 '가치'를 상징하는 신호이기도 합니다.

다시 말해, 가격이 낮다고 해서 반드시 소비자의 선택을 받는 것은 아니며, 오히려 "왜 이렇게 싸지?"라는 의구심을 불러일으켜 구매를 주저하게 만들 수 있습니다. 이런 현상은 특히 건강식품, 뷰티제품, 유아용품, 식품류와 같이 품질에 대한 신뢰가 중요한 제품군에서 더 뚜렷하게 나타납니다.

'적정한 가격'의 기준은 어디에 있는가?

가격은 고객에게 해당 제품이 어느 정도 수준의 품질을 갖추고 있는지를 간접적으로 전달하는 역할을 합니다. 어떤 상품이 너무 저렴하다면, 고객은 품질에 대해 의심하게 됩니다. 반면, 가격이 너무 높다면 구매 장벽이 생기게 됩니다.

그렇기 때문에 가격을 결정할 때는 단순한 원가 기반이 아니라, 고객이 느끼는 가치와 시장이 받아들일 수 있는 범위를 고려해야 합니다. 즉, '적정한 가격'이란 원가 대비 수익률만이 아니라, 소비자의 심리적 수용 범위를 동시에 만족시키는 선을 찾아내는 것을 의미합니다.

가치를 중심으로 가격을 설정하기 위해서는 먼저 고객이 중요하게 여기는 핵심 요소가 무엇인지 파악하는 것이 중요합니다. 고객은 단순히 제품 하나만을 보고 판단하는 것이 아니라, 브랜드의 이미지, 제품의 포장, 리뷰의 신뢰도, 배송 속도 등 다양한 요소를 종합적으로 평가합니다. 그리고 이러한 평가의 총합이 "이 제품은 이 가격을 낼 만한 가치가 있다."는 결론으로 이어지는 것입니다.

따라서 상품을 설계할 때부터 고객이 어떤 가치를 중요하게 여길지를 염두에 두고, 그 가치를 중심으로 가격 전략을 수립해야 합니다.

가치 중심의 가격을 설정하는 방법

예를 들어, 같은 종류의 건강즙이라고 해도 어떤 제품은 '국산 100% 원료', '무첨가', '착즙 방식' 등 프리미엄 요소를 강조하면서도 3만 원 이상 가격대를 유지합니다. 반면, 다른 제품은 원산지를 명시하지 않고 단가 경쟁 위주로 1만 원대에 판매되기도 합니다.

이 두 제품의 타깃 고객층은 분명히 다릅니다. 전자는 품질과 신뢰를 중시하는 고객을 대상으로 하고, 후자는 가격 민감도가 높은 대중적인 소비자를 대상으로 하는 것입니다. 여기서 중요한 점은, 어느 쪽이 정

데이터로 읽고, 전략으로 움직여라

답이냐가 아니라, 자신의 상품이 어떤 가치를 중심으로 기획되었는지를 명확히 해야 한다는 것입니다.

가치 중심의 가격 설정을 위해 다음과 같은 질문을 스스로에게 던져 보는 것이 좋습니다.

- 내 제품은 어떤 점에서 차별화되어 있는가?
- 그 차별화 요소는 소비자가 가격을 지불할 만큼 충분히 매력적인가?
- 경쟁 제품과 비교했을 때 내 제품이 더 낫다고 느낄 수 있는 근거는 무엇인가?

이 질문에 대한 답을 확보한 상태에서 가격을 설정해야, 고객에게 설득력 있는 메시지를 전달할 수 있습니다. 단순히 '싼 게 장땡'이라는 사고방식은 결국 가격 경쟁에 휘말리게 만들고, 지속 가능한 수익 구조를 무너뜨릴 수 있습니다. 오히려 너무 싸게 책정한 가격은 장기적인 사업 운영에 부정적인 영향을 미치게 됩니다. 마케팅 비용, 포장 단가, 유통 수수료 등 다양한 운영 비용이 발생하는 상황에서, 일정 수준 이상의 수익 구조가 보장되지 않는 가격은 사업을 지속 가능하게 만들지 못합니다.

상대적인 가치를 극대화하는 전략

현명한 가격 전략은 고객에게 '지불할 만한 이유'를 제공하는 것입니다. 고객은 가격을 보자마자 그 제품이 자신에게 얼마나 유용한지를 직관적으로 판단합니다. 이때 중요한 것은, 가격 그 자체가 아니라, 가격에 부합하는 가치가 명확히 전달되는가입니다.

그러기 위해서는 상세페이지의 설명, 리뷰 관리, 브랜드 이미지, 포장 구성 등 모든 요소가 가격과 어울리는 수준으로 설계되어야 합니다. 만약 3만 원짜리 제품이 1만 원짜리 제품과 비슷한 설명과 이미지를 갖고 있다면, 고객은 높은 가격을 납득하지 못할 것입니다.

소상공인에게 가격 전략은 마케팅 전략과도 밀접하게 연결되어 있습니다. 예를 들어 '한정 수량', '초기 체험가', '정기구매 전용 혜택'과 같은 마케팅 메시지는 가격이 단순히 금액이 아닌 '조건'에 따라 달라질 수 있다는 인식을 만들어 줍니다.

이는 고객에게 일종의 선택권을 주는 방식이며, 상대적인 가치를 극대화하는 전략이기도 합니다. 단일 가격이 아닌, 구성 옵션이나 세트 구성, 정기 배송 프로그램 등 다양한 가격 계층을 운영함으로써 고객의 니즈에 맞는 유연한 대응이 가능합니다.

싼 가격이 경쟁력이던 시대는 지났다

결론적으로, 상품의 가격은 단지 숫자가 아니라 고객에게 전달하는 신호이자 메시지입니다. '싼 가격'이 경쟁력이 되던 시대는 이미 지났습니다. 지금은 '납득 가능한 가격', '가치에 맞는 가격'이 소비자의 선택 기준이 되었습니다.

따라서 가격을 설정할 때는 철저히 고객의 입장에서 생각하고, 내 제품이 주는 가치가 어느 정도인지, 그 가치가 가격에 어떻게 반영되고 있는지를 스스로 점검해야 합니다. 그 판단의 중심에 있을 때, 비로소 가격은 설득력을 갖게 되고, 상품은 시장에서 살아남을 수 있는 힘을 얻게 됩니다.

가격 설정 전략: 가치 기반 vs 저가 경쟁

가치 기반 가격 전략	비용 경쟁 전략
특징 • 제품의 '가치'를 중심으로 가격 책정 • 고객 심리적 소비 범위 고려 • 브랜드 이미지와 일관성 유지	**특징** • '싸게 팔면 잘 팔릴 것'이라는 가정 • 외가 경쟁 중심의 제품 설계 • 경쟁사보다 낮은 가격 책정
적합한 제품군 • 건강식품, 뷰티제품, 유아용품 • 물질과 신뢰가 중요한 제품군	**적합한 제품군** • 일상 소모품, 저관여 제품 • 가격 민감도가 높은 대중 제품
장점 • 높은 수익률 가능 • 고객 충성도와 재무매율 증가 • 단순 가격 경쟁에서 차별화	**위험성** • 품질 의심 → "왜 이렇게 싸지?" • 낮은 수익률로 마케팅 비용 확보 어려움 • 지속 가능한 수익 구조 취약
사례 • 프리미엄 요소 강조(국산 100%, 무첨가) • 3만 원대 가격대 유지, 신뢰 중시 고객 타깃	**사례** • 원가 절감 위주 개발 방식 • 1만 원대 가격대, 가격 민감도 높은 고객 타깃

23

고객이 수긍할 수 있는
'심리적 가격대'를 찾아라

소비자가 어떤 상품의 가격을 보고 구매를 결정할지 말지는, 단순히 금액만으로 결정되는 것이 아닙니다. 같은 가격이라도 어떤 제품은 비싸 보이고, 어떤 제품은 오히려 저렴하게 느껴지기도 합니다. 이 차이는 바로 '심리적 가격대'에서 비롯됩니다. 심리적 가격대란 소비자가 특정 상품에 대해 "이 정도면 괜찮다." 혹은 "이 이상이면 망설여진다."고 느끼는 마음속의 기준을 말합니다. 이 기준은 명확하게 드러나지는 않지만, 대부분의 소비자는 상품을 보는 순간 무의식적으로 이 기준선을 적용하고 있습니다.

심리적 가격대의 기준선 파악하기

심리적 가격대는 제품 카테고리마다, 그리고 타깃 고객층에 따라 달라집니다. 예를 들어 휴대용 손세정제의 경우 3천 원대까지는 '편의점에서 쉽게 구매 가능한 일상품'으로 여겨지지만, 같은 제품이 7천 원 이상일 경우 소비자는 고급 브랜드이거나 특수 기능이 있는 제품으로 인

데이터로 읽고, 전략으로 움직여라

식하기 시작합니다.

반면, 건강기능식품은 1만 원 이하이면 품질에 대해 의심을 품게 되고, 2만 원~3만 원 사이에서 '적당한 가격'이라는 인식을 갖는 경우가 많습니다. 이처럼 가격은 절대적인 숫자가 아니라, 소비자가 해당 제품군에서 기대하는 기준선에 따라 상대적으로 평가된다는 점을 이해하는 것이 중요합니다.

이 기준선을 파악하기 위해 가장 먼저 해야 할 일은, 유사한 제품군에 대한 가격 분포를 조사하는 것입니다. 단순히 평균 가격을 확인하는 것이 아니라, 어떤 가격대에 제품이 가장 몰려 있는지를 보는 것이 핵심입니다.

예를 들어 네이버 쇼핑, 쿠팡, G마켓 등 주요 온라인 플랫폼에서 '홍삼정'이라는 키워드로 검색하면, 1만 원대 제품부터 10만 원대 제품까지 다양하게 분포되어 있습니다. 하지만 실제로 리뷰 수가 많고 상위 노출되는 제품들은 대부분 2만~4만 원대에 포지셔닝되어 있습니다. 이것이 바로 시장에서 형성된 심리적 가격대입니다.

고객의 시선에서 포지셔닝하라

심리적 가격대를 파악한 후에는 그 안에서 어떤 포지셔닝 전략을 취할지를 결정해야 합니다. 예를 들어, 동일한 제품이라도 29,000원과 30,500원은 소비자에게 주는 인상이 전혀 다릅니다. 전자는 '2만 원대 제품'으로 분류되고, 후자는 '3만 원대 제품'으로 여겨집니다. 단지 1,500원 차이일 뿐인데도 소비자의 인식은 급격히 달라지며, 이 차이는 구매 결정에 직접적인 영향을 미칩니다.

특히 9,900원, 19,800원, 29,900원처럼 '마지막 자리를 900원으로 설정하는' 방식은 오랫동안 심리적 가격 설정의 대표적인 전략으로 활용되어 왔습니다. 이는 소비자가 가격을 정수 단위로 인식하기 때문이며, 심리적으로 더 저렴하게 느끼게 만드는 효과를 가집니다.

높은 가격도 납득시키는 가치를 제시하라

하지만 항상 가격을 낮추는 것이 정답은 아닙니다. 오히려 특정 가격대 이상을 유지해야 제품의 신뢰도가 유지되는 경우도 많습니다. 예를 들어, 천연 화장품을 5천 원에 판매할 경우 소비자는 "이 가격에 천연 원료를 썼을 리 없다."고 판단하여 오히려 외면할 수 있습니다.

이럴 때는 심리적 기준선 위에서 제품의 가치를 설득하는 전략이 필요합니다. 예를 들어, '무방부제 원료', '피부 자극 테스트 완료', '천연 유래 성분 95% 이상'과 같은 문구를 통해 제품의 고유한 가치를 명확히 전달함으로써, 심리적 가격대 이상의 금액도 납득할 수 있도록 만드는 것이 핵심입니다.

가격 설정: 정교하게, 때론 유연하게

이러한 심리적 가격대를 제대로 설정하기 위해서는, 고객의 구매 경험 전체를 고려한 설계가 필요합니다. 상품 이미지, 상세페이지 구성, 포장 디자인, 브랜드 네이밍, 리뷰의 분위기, 배송 서비스 등 모든 요소가 제품 가격에 대한 수용도에 영향을 미칩니다.

예를 들어 같은 2만 9천 원짜리 제품이라도, 상세페이지가 허술하고 리뷰가 부족하면 고객은 가격에 대한 의심을 품게 되고, 반대로 이미지

데이터로 읽고, 전략으로 움직여라

와 설명이 깔끔하게 정돈되어 있고, 실사용 후기가 잘 정리되어 있다면 고객은 "이 정도면 납득된다."고 판단하게 됩니다. 즉, 심리적 가격대를 활용하려면 단순히 숫자만 조정할 것이 아니라, 고객이 보는 모든 경험을 정교하게 설계해야 합니다.

또한 제품 구성에 따라 심리적 가격대를 유연하게 확장할 수도 있습니다. 기본 제품 외에 체험용 소포장, 정기배송 패키지, 2+1 구성 등 다양한 옵션을 함께 제시하면, 소비자는 "내가 선택할 수 있다."는 인식을 갖게 되며, 전체적인 가격대에 대해 유연하게 반응하게 됩니다. 특히 체험형 상품의 가격은 심리적 진입 장벽을 낮추는 효과가 있어, 본 상품 구매로 이어지는 전환율을 높이는 데 유리합니다.

가격, 약점이 아닌 강력한 무기로

결론적으로, 심리적 가격대란 숫자의 영역이 아니라 고객의 인식 속에서 작동하는 판단 기준입니다. 따라서 가격 설정은 고객의 시선으로 재구성되어야 하며, 이 기준을 무시하면 아무리 품질이 뛰어난 제품이라도 외면받을 수 있습니다. 성공적인 가격 전략은 "얼마에 팔 것인가?"가 아니라 "고객이 얼마에 납득할 것인가?"를 기준으로 삼는 데서 시작합니다. 이 기준을 이해하고, 그 안에서 전략적으로 움직일 수 있을 때 비로소 가격은 제품의 약점이 아니라 강력한 무기가 될 수 있습니다.

24

경쟁 제품보다 싸게가 아니라, 납득할 수 있게

소상공인의 가격 전략에서 가장 흔한 실수 중 하나는 '경쟁 제품보다 싸게만 팔면 팔릴 것'이라는 단순한 가정입니다. 물론 가격 경쟁력은 중요한 요소입니다. 하지만 단지 가격을 더 낮추는 것이 고객의 구매를 이끌어낼 수 있는 가장 효과적인 전략이라고 믿는 것은 오산입니다. 시장은 더 이상 가격 하나로만 움직이지 않습니다. 소비자들은 이제 가격이 아닌 "이 제품이 왜 이 가격을 받는가?"에 주목합니다. 그 가격이 얼마냐보다, 왜 그만큼인지에 설득력이 있을 때 비로소 지갑을 엽니다. 즉, 가격은 낮추는 것이 아니라 납득시키는 것입니다.

가격이 아닌 '신뢰'가 판매를 만든다

고객의 납득은 제품의 '기능'이나 '성능'만으로 얻어지는 것이 아닙니다. 브랜드의 이미지, 판매자가 제공하는 정보의 신뢰성, 사용자 리뷰의 진정성, 포장 상태, 배송 품질, 그리고 고객 응대까지 모두 포함된 종합적인 경험을 통해 형성됩니다. 고객은 무의식적으로 질문합니다.

- 왜 이 제품이 이 가격일까?
- 이 가격에 정말 이 제품이 어울리는가?
- 다른 비슷한 제품들과 비교했을 때 더 나은 점이 무엇인가?

이 질문에 제대로 답하지 못하면, 아무리 가격을 낮춰도 구매로 이어지지 않습니다.

특히 온라인 시장에서는 제품을 직접 만져 볼 수 없기 때문에, 가격에 대한 설득이 더 중요합니다. 소비자는 텍스트, 이미지, 후기, 설명 영상 등을 통해 제품의 가치를 간접적으로 경험합니다. 이때 가격이 지나치게 낮으면 오히려 "왜 이렇게 싸지?", "무슨 문제가 있는 건 아닐까?"라는 불안감을 유발할 수 있습니다. 반대로 경쟁 제품보다 다소 비싸더라도, 상품 페이지에 정리된 정보가 깔끔하고, 설명이 충분하며, 고객 후기에서 진정성이 느껴진다면 고객은 그 가격을 충분히 수용할 수 있습니다.

실제 사례를 보면, 국내 한 수제 간식 브랜드는 경쟁 제품보다 평균 20% 높은 가격에도 불구하고 매달 매출이 상승하고 있습니다. 이 브랜드는 가격을 낮추는 대신, 패키지에 사용된 원재료의 산지, 생산자 정보, 제조일자까지 투명하게 공개하고, 모든 제품에 '고객 감사 메시지'와 함께 손으로 쓴 포장 스티커를 부착합니다. 그 결과 고객들은 단순히 간식을 사는 것이 아니라, 믿을 수 있는 먹거리를 선택했다는 만족감을 얻게 됩니다. 이 브랜드가 증명하는 사실은, '가격이 아니라 신뢰가 판매를 만든다'는 것입니다.

명확한 기준이 설득력을 이끈다

가격을 설득력 있게 만드는 또 하나의 전략은 명확한 기준 제시입니다. 가격을 설명할 수 있어야 한다는 말은, 단지 말로 '좋다'고 하는 것이 아니라, 소비자가 이해할 수 있도록 그 근거를 제시해야 한다는 뜻입니다.

예를 들어 "이 제품은 유기농 원료만 사용하여 생산비가 일반 제품보다 1.5배 높습니다.", "전체 생산 공정에서 일회용 플라스틱을 사용하지 않기 때문에 단가는 높지만 환경을 생각한 제품입니다."와 같은 구체적인 설명은 소비자의 납득을 끌어냅니다. 이러한 기준 제시는 제품의 브랜드 가치를 지키면서도 가격을 방어하는 효과를 줍니다.

'가성비'보다는 '가치비'

또한 '가성비'만 강조하기보다는 '가치비'를 설계하는 것이 중요합니다. 가성비는 가격 대비 성능을 강조하지만, 가치비는 가격 대비 경험과 만족도를 평가하는 개념입니다.

예를 들어 고객이 한 끼 대체식품을 구매한다고 할 때, "이 제품은 1,500원입니다."보다 "이 제품은 하루 한 끼의 건강을 책임집니다."라는 메시지가 훨씬 더 설득력 있게 다가옵니다. 고객은 단순히 물건을 사는 것이 아니라, 자신에게 의미 있는 '경험'을 산다고 느끼기 때문입니다. 그 경험이 설득력을 가질수록, 고객은 더 높은 가격에도 기꺼이 반응합니다.

데이터로 읽고, 전략으로 움직여라

경쟁 제품보다 저렴한 가격을 내세우는 전략은 단기적인 판매 촉진에는 도움이 될 수 있지만, 지속 가능한 성장 전략은 되기 어렵습니다. 가격을 내리면, 동일한 시장에 있는 경쟁자들은 이를 곧 따라 하게 되고, 이는 결국 무의미해지는 소모전이 되기 쉽습니다. 오히려 가격을 유지하거나 올리면서도 고객을 설득할 수 있는 메시지와 시스템을 갖춘 브랜드는 시간이 지날수록 신뢰를 얻고 안정적인 고객층을 확보하게 됩니다.

가격을 납득하는 환경의 설계

더불어 가격에 대한 납득을 돕는 환경을 설계하는 것도 중요합니다. 예를 들어 제품이 단일 포장일 때는 부담이 될 수 있는 가격도, 체험 구성이나 정기 배송 옵션으로 나누어 제시하면 고객이 "이 정도면 부담 없다."고 느낄 수 있습니다. 소포장 옵션, 세트 구성 할인, 무료 배송, 후기 등록 시 포인트 지급 등도 모두 가격에 대한 심리적 부담을 완화시켜 주는 장치입니다. 납득할 수 있는 구조를 설계하면 고객은 스스로 합리적인 선택을 했다고 느끼게 되고, 이는 브랜드에 대한 만족도와 충성도로 이어집니다.

가격 전략에서 중요한 질문

결론적으로, 가격은 단순한 숫자가 아니라 고객의 신뢰를 획득하는 수단입니다. 가격을 낮추는 것이 전략의 전부가 아닙니다. 오히려 가격을 어떻게 설명하고, 어떻게 전달하고, 어떻게 경험시키느냐가 중요합니다. 고객이 납득하는 가격에는 신뢰가 깃들어 있고, 납득이 된 제품은 경쟁이 치열한 시장 속에서도 오래 살아남습니다. 그러므로 소상공인의 가격 전략은 언제나 이렇게 물어야 합니다. "나는 가격을 낮췄는가?"가 아니라, "나는 가격을 설명할 수 있는가?"

25

기억에 남는 이름이
반복 구매를 만든다

소비자들이 수많은 제품 중에서 특정 브랜드를 다시 찾게 만드는 이유는 무엇일까요? 품질이나 가격, 서비스 등 다양한 요소가 있지만, 그 중에서도 브랜드 이름이 주는 '기억 효과'는 매우 강력한 요소입니다. 사람은 익숙한 것을 다시 찾으려는 성향이 강합니다. 한 번 들어 본 이름, 쉽게 떠오르는 이름, 발음하기 쉬운 이름은 자연스럽게 재구매와 연결됩니다. 따라서 브랜드 이름을 짓는 일은 단순히 제품에 '이름표'를 붙이는 것을 넘어, 소비자의 기억 속에 자리를 잡고 관계를 이어 가는 첫 단추라고 할 수 있습니다.

이름은 기억되어야 의미 있다

실제로 소비자들은 브랜드명을 기억하고 제품을 찾는 경우가 많습니다. 예를 들어 '고려홍삼', '하늘담은 복분자', '비비고 만두'처럼 이름만으로도 제품의 이미지와 내용을 유추할 수 있는 브랜드는 반복 노출과 함께 쉽게 기억에 남습니다. 반면 발음이 어렵거나, 의미가 불분명한 브랜드는 아무리 품질이 좋아도 소비자 기억 속에 남기 어렵습니다.

특히 초기에 고객과 접점을 만들고 있는 소상공인의 입장에서는 브랜드명을 통해 제품의 성격을 직관적으로 전달하는 것이 매우 중요합니다. 소비자들은 '한 번 듣고 바로 기억되는 이름'에 훨씬 더 호감을 느끼며, 이런 이름은 자연스럽게 재구매를 유도하는 유리한 발판이 됩니다.

브랜드명 설계를 위한 기본 기준

브랜드 이름을 짓기 위해 많은 분들이 감각이나 유행에만 의존하는 경우가 많습니다. 하지만 실질적인 효과를 보기 위해서는 몇 가지 검증 기준이 필요합니다.

① 발음의 쉬움과 명확성

입에 잘 붙고 쉽게 말할 수 있는 이름일수록 구전 마케팅에 유리합니다.

② 제품 카테고리와의 연관성

예를 들어 건강식품 브랜드라면 '맑은', '진한', '바른'과 같은 이미지 단어가 긍정적인 효과를 줄 수 있습니다.

③ 차별성과 중복 회피

이미 시장에서 쓰이고 있는 이름과 유사한 브랜드는 혼동을 줄 뿐 아니라, 검색에서도 불리합니다.

데이터로 읽고, 전략으로 움직여라

이름에 메시지를 담아라

이러한 기준을 고려하면서도 중요한 것은 이름이 담고 있는 메시지입니다. 소비자는 브랜드 이름을 통해 제품의 철학, 정체성, 신뢰도를 직관적으로 느낍니다. 예를 들어 '정직한 농부'라는 이름은 제품의 원료가 신선하고 믿을 수 있을 것이라는 이미지를 줍니다. '삼일한방원'이라는 브랜드는 한방과 전통, 정통성 있는 이미지를 부여받습니다. 이런 이름은 소비자에게 메시지를 단번에 전달하고, 한번 인식되면 오래 기억됩니다. 이름이 곧 브랜드의 이야기이자, 고객과의 약속이 되는 셈입니다.

재구매와 브랜드명 사이의 연결 고리는 '신뢰'라는 감정과 깊이 연결되어 있습니다. 고객은 이미 신뢰한 브랜드의 이름을 기억하고, 다른 선택지보다 먼저 떠올립니다. 이는 편의점에서 음료를 고를 때, 수많은 제품 사이에서도 "이 브랜드가 익숙하다."는 이유로 손이 먼저 가는 소비자 심리를 보면 명확히 드러납니다. '브랜드명은 곧 경험의 축적'이라는 말처럼, 브랜드명은 그동안의 제품 경험, 서비스 만족도, 포장 인상 등 고객의 모든 인식을 한데 묶어 전달하는 가장 압축적인 단어입니다.

브랜드명 설계 시 놓치지 말아야 할 것들

소상공인에게 있어 브랜드명을 짓는 일은 어렵고 부담스러울 수 있습니다. 전문 작명소나 브랜드 전문가의 도움 없이도, 시장에서 검증된 원칙과 사례를 기반으로 좋은 이름을 만들 수 있습니다. 이를 위해 실제 판매 중인 베스트셀러 브랜드명을 수집하고, 공통되는 언어적 특징을 분석해 보는 것도 좋은 출발점이 될 수 있습니다. 또한, 온라인 검색과 SNS 해시태그를 활용해 내가 만든 이름이 이미 사용 중인지, 또는 부정적 이미지와 연결될 가능성이 있는지도 반드시 점검해야 합니다.

한 가지 주의할 점은, 브랜드 이름에 너무 많은 시간과 비용을 들이는 것도 비효율적일 수 있다는 것입니다. 이름은 분명히 중요하지만, 그것이 제품의 본질을 대체할 수는 없습니다. 초기에는 이름보다 제품력과 고객 경험에 집중하고, 브랜드가 어느 정도 자리 잡은 후에 리브랜딩이나 확장 전략을 고민하는 것이 실질적입니다. 하지만 최소한의 기준(쉽고, 기억에 남고, 제품 이미지와 연결되는 이름)은 반드시 충족되어야 합니다.

브랜드 이름, 재구매를 이끄는 강력한 무기

결론적으로, 브랜드 이름은 소비자와의 첫 접점이자 마지막까지 남는 흔적입니다. 고객이 다시 찾고 싶게 만드는 브랜드는, 기억에 남는 이름에서 시작됩니다. 이름을 기억한다는 것은 단순한 단어의 암기가 아니라, 제품에 대한 경험, 신뢰, 만족이 내재된 결과입니다.

그러므로 이름 짓기는 단지 '예쁘고 센스 있는 단어를 고르는 일'이 아니라, 소비자 입장에서 얼마나 쉽게 기억되고 불릴 수 있는지를 중심으로 설계되어야 합니다. 기억에 남는 이름이 곧 브랜드의 자산이며, 그것이 반복 구매를 이끄는 가장 경제적이고 강력한 무기입니다.

데이터로 읽고, 전략으로 움직여라

26

디자인은 말 없는
세일즈맨이다

소비자가 제품을 처음 만나는 순간, 그들의 의사결정에 가장 먼저 영향을 미치는 것은 품질도, 가격도 아닙니다. 바로 '디자인'입니다. 특히 오프라인 매장에서는 제품이 진열대에 놓여 있을 때의 시각적 인상이 구매로 이어질지 아닐지를 결정짓는 핵심 요소이며, 온라인 시장에서는 썸네일 이미지와 상세페이지의 첫 화면이 그 역할을 대신합니다. 그래서 디자인은 흔히 "말 없는 세일즈맨"이라 불립니다. 소비자와 한마디 대화도 하지 않고도, 단 몇 초 만에 제품의 첫인상을 전달하고, 브랜드의 정체성을 설명하며, 구매 의욕을 자극하기 때문입니다.

디자인, 스토리텔링 도구이자 판매 전략

제품의 디자인은 단순히 '예쁜 것'이 아닙니다. 그것은 브랜드의 철학과 가치, 제품의 포지션, 타깃 고객의 라이프스타일까지 모두 함축하고 있는 시각적 언어입니다. 예를 들어 프리미엄 홍삼 제품이라면, 전통성과 고급스러움을 표현하기 위해 무광 골드 컬러와 고서체 스타일을 활용하는 경우가 많습니다. 반면 어린이 건강음료라면, 밝고 경쾌한 색감과 귀여운 캐릭터 디자인이 주요 요소가 됩니다. 이처럼 디자인은 제품이 담고 있는 메시지를 시각적으로 해석해 주는 '스토리텔링 도구'이자 '판매 전략'입니다.

실제로 많은 소비자들은 비슷한 기능과 가격의 제품들 중, 디자인이 더 마음에 드는 제품을 선택하는 경향이 있습니다. 이는 단순히 취향의 문제가 아니라, 디자인이 소비자에게 '더 잘 만들어진 제품', '신뢰할 수 있는 브랜드'라는 인상을 심어 주기 때문입니다.

또한 디자인이 뛰어난 제품은 사진을 찍고 공유하고 싶게 만들며, 이는 자연스럽게 바이럴 효과로 이어지기도 합니다. 특히 요즘 소비자들은 '브랜드를 소비하는 것'뿐 아니라 '브랜드를 경험하고 표현하는 것'에 큰 의미를 두고 있기 때문에, 패키지 디자인의 중요성은 갈수록 커지고 있습니다.

소상공인을 위한 현실적인 디자인 전략

그렇다면 소상공인 입장에서 디자인에 얼마나 신경을 써야 할까요? 물론 예산이나 인력 등의 제약으로 인해 고퀄리티의 브랜딩 디자인을 전문 업체에 의뢰하기는 쉽지 않습니다.

디자인의 핵심은 '완벽한 디자인'이 아니라, '일관성 있고, 타깃에 맞으며, 브랜드 메시지를 명확하게 전달하는 디자인'입니다. 즉, 거창하거나 복잡하지 않아도 괜찮습니다. 중요한 건 소비자가 그 제품을 보자마자 '이 제품이 어떤 가치를 담고 있는지'를 직관적으로 느낄 수 있도록 만드는 것입니다. 디자인 기획 시 반드시 고려해야 할 요소는 크게 세

데이터로 읽고, 전략으로 움직여라

가지입니다.

① 타깃 고객의 시선에서 생각하기

내가 좋아하는 색, 내가 선호하는 스타일이 아니라, 내 제품을 구매할 고객이 무엇을 보고 신뢰할지를 우선으로 고려해야 합니다. 예를 들어 30~40대 여성 고객을 타깃으로 한다면, 차분하고 안정감 있는 컬러와 직관적인 제품 정보 전달이 중요할 수 있습니다.

② 카테고리 내 경쟁 제품과의 차별성 확보

디자인을 통해 "이 제품은 다르다."는 인상을 줄 수 있어야 합니다.

③ 브랜드 전체와 연결된 일관성 유지

로고, 색상, 포장 디자인, 상세페이지 등 모든 시각 요소들이 하나의 메시지를 통일되게 전달할 수 있어야 고객의 신뢰가 쌓입니다.

소상공인을 위한 현실적인 디자인 전략 중 하나는, 초기에는 핵심 포인트에 집중하는 방식입니다. 예를 들어 로고는 깔끔한 텍스트 기반으로 구성하고, 패키지에는 브랜드 컬러와 핵심 메시지를 간결하게 담아내는 식입니다. 너무 많은 정보를 담으려 하지 말고, 고객이 가장 먼저 봐야 할 내용만 명확하게 강조하는 것이 오히려 더 효과적일 수 있습니다.

또한 온라인 플랫폼에서는 썸네일 이미지를 특별히 신경 써야 합니다. 스마트폰 화면에서 한눈에 제품의 콘셉트와 강점을 드러낼 수 있도록 간결한 구성과 색상 대비를 활용하는 것이 좋습니다.

디자인 리뉴얼이 매출 상승으로 이어진 사례

실제 시장에서도 디자인 개선만으로 매출을 상승시킨 사례는 많습니다. 한 식품 브랜드는 기존에 투박한 포장지로 인해 유통 매장에서 잘 눈에 띄지 않았던 제품을, 패키지 재질과 컬러를 새롭게 리뉴얼한 이후 매대 노출률과 고객 반응이 크게 개선되었습니다.

또 다른 건강기능식품 업체는 제품명이 길고 복잡해 고객이 혼동하기 쉬운 문제가 있었지만, 라벨 디자인을 통해 주요 성분과 효과를 직관적으로 강조하고, 아이콘과 색상으로 용도를 구분하면서 고객의 반응률이 눈에 띄게 높아졌습니다.

이처럼 디자인은 단순한 시각 요소를 넘어 실질적인 매출에 직접적인 영향을 미치는 요소입니다.

디자인에 전략적으로 집중하라

디자인은 단순히 '보기에 좋은 요소'가 아니라, 고객과 대화를 시작하는 가장 강력한 수단입니다. 아무 말도 하지 않아도, 디자인 하나로 브랜드의 철학을 설명하고, 제품의 특징을 보여 주며, 고객의 마음을 움직일 수 있습니다. 소상공인에게 디자인은 과잉 투자해야 할 대상이 아니라, 전략적으로 집중해야 할 필수 무기입니다. '말 없는 세일즈맨'이 제대로 역할을 하도록 하기 위해서는, 고객의 시선과 감정을 먼저 이해하고, 그에 맞춰 디자인을 기획하는 것이 무엇보다 중요합니다.

27

브랜딩도 전략이다,
감각보다 데이터로 판단하라

소상공인들이 창업을 준비할 때 가장 자주 듣는 말 중 하나가 "브랜딩이 중요하다."는 말입니다. 그런데 여기서 문제는 많은 이들이 '브랜딩'을 '감각'이나 '감성'의 영역으로 오해하고 있다는 점입니다. 물론 브랜딩에는 창의성과 감각이 필요합니다. 하지만 진짜 성공적인 브랜딩은 철저한 시장 분석, 데이터 기반의 판단, 소비자의 반응에 대한 깊은 이해를 바탕으로 구축되는 전략적 작업입니다. 감각만으로 만든 브랜드는 주관적인 만족에 그칠 가능성이 높지만, 데이터와 고객 인사이트 위에 세워진 브랜딩은 시장에서 살아남을 수 있는 경쟁력이 됩니다.

진정한 브랜딩의 의미

브랜딩은 단순히 로고나 패키지, 슬로건을 만드는 작업이 아닙니다. 그것은 고객이 브랜드를 떠올릴 때 느끼는 전체적인 인상과 신뢰, 경험을 모두 아우르는 개념입니다.

예를 들어, '정직한 먹거리', '가족이 먹는 마음으로 만든 식품'이라는 메시지를 내세운 브랜드라면, 그 메시지가 제품 구성, 포장, 상세페이지, 고객 응대, 심지어 가격 정책에까지 일관되게 반영되어야 비로소 진정한 브랜딩이 됩니다. 즉, 브랜딩은 감각적인 표현이 아니라, 브랜드가 추구하는 가치를 시장과 고객의 언어로 풀어내는 전략 그 자체인 것입니다.

데이터 기반의 브랜딩 전략

이러한 브랜딩 전략은 데이터로부터 출발해야 합니다.

① 경쟁 브랜드 분석

같은 카테고리에서 잘 팔리는 브랜드들이 어떤 색을 쓰고, 어떤 톤으로 말하며, 어떤 키워드를 중심으로 홍보하는지 관찰하는 것만으로도 많은 인사이트를 얻을 수 있습니다. 예를 들어 건강식품 브랜드라면 '정직', '청정', '국산', '전통' 같은 단어들이 반복적으로 등장할 수 있습니다. 이 반복은 단순한 유행이 아니라, 시장에서 검증된 소비자 언어의 결과물입니다. 이 데이터를 분석하면 내 브랜드가 어떤 포지셔닝을 취해야 차별화될 수 있는지를 판단할 수 있습니다.

② 검색 데이터와 플랫폼 통계 적극 활용

네이버 데이터랩, 쿠팡 파트너스, 스마트스토어 트렌드 등은 소비자들이 실제로 어떤 키워드를 검색하고, 어떤 이미지에 반응하며, 어떤 카테고리에 관심을 갖고 있는지를 보여 주는 도구입니다. 이 데이터를 보면 고객들이 자주 검색하는 단어가 곧 브랜드 언어가 되어야 한다는

데이터로 읽고, 전략으로 움직여라

사실을 확인할 수 있습니다. 예컨대 '간편', '1일 1포', '무첨가' 같은 키워드는 단순히 제품의 특성을 넘어서, 소비자가 제품을 선택할 때 가장 중요하게 여기는 포인트라는 뜻입니다.

③ 고객의 실제 반응 데이터 분석

리뷰, 구매 전환율, 체류 시간, 장바구니 담기 비율 같은 지표들은 모두 고객의 브랜드 인식과 구매 행동을 보여 주는 중요한 데이터입니다. 어떤 제품 상세페이지에서 이탈률이 높다면 디자인보다 메시지 전달이 문제일 수 있고, 리뷰에서 '믿음 간다', '포장이 신뢰감 준다'는 표현이 많다면 그것이 그 브랜드의 핵심 강점일 수 있습니다. 이런 반응 데이터를 꾸준히 모니터링하고, 이를 브랜딩의 언어로 재해석하는 작업이 필요합니다.

"무엇을 사는가?"가 아닌 "왜 이 브랜드에서 사는가?"

또한 감각이 아닌 데이터 기반의 브랜딩이 중요한 이유는, 고객은 생각보다 빠르게 브랜드를 판단하기 때문입니다. 소비자는 제품 하나를 사기 위해 수십 개의 옵션을 동시에 비교합니다. 이때 브랜드가 가진 인지성과 신뢰도는 매우 빠르게 작동합니다.

감각만으로 만든 브랜드는 일관성이 부족해 보일 수 있으며, 시장의 흐름을 따르지 못하고 단기 유행에 휩쓸릴 수 있습니다. 반면, 시장 데이터를 기반으로 타깃에 맞게 정교하게 설계된 브랜드는 시간이 지날수록 강해지고, 자연스럽게 고객의 기억 속에 자리 잡습니다.

실제로 국내에서 성공한 많은 브랜드들도 초기에는 화려한 감각보다, 시장의 흐름을 읽고 고객의 언어를 분석하여 전략적으로 브랜딩을 구축했습니다. 예를 들어 반찬 배달 브랜드 '프레시지'는 '신선함', '간편함', '식탁 위 시간 절약'이라는 키워드를 브랜드 언어로 끌어와 디자인과 패키지, 서비스 경험 전반에 녹여 냈습니다. 이 브랜드는 고객이 "무엇을 사는가?"보다 "왜 이 브랜드에서 사는가?"를 명확히 전달한 대표적 사례입니다.

감각과 전략이 균형을 이루는 진짜 강한 브랜드

소상공인에게 있어 브랜딩은 큰 비용을 들이지 않더라도, 명확한 기준과 시장 데이터를 바탕으로 설계할 수 있습니다. 내가 팔고자 하는 제품이 누구를 위한 것이며, 그들이 어떤 키워드와 이미지를 신뢰하는지를 먼저 파악해야 합니다. 그 후 내 브랜드가 그 언어와 경험 안에서 얼마나 일관성 있게 메시지를 전달할 수 있을지를 판단해야 합니다. 그 판단이 바로 브랜딩 전략의 시작입니다.

결론적으로 브랜딩은 더 이상 감각에만 의존할 수 없는 시대에 접어들었습니다. 고객은 정보를 비교하고, 데이터로 행동하며, 경험을 기반으로 브랜드를 선택합니다. 그러므로 브랜딩은 반드시 전략이어야 하며, 그 전략의 핵심은 시장과 고객 데이터를 바탕으로 한 합리적 판단입니다. 감각은 브랜드를 꾸미지만, 데이터는 브랜드를 성장시킵니다. 감각과 전략이 균형을 이루는 그 지점에 진짜 강한 브랜드가 탄생합니다.

데이터로 읽고, 전략으로 움직여라

소상공인을 위한 데이터 기반 브랜딩 전략

감각 기반 브랜딩	데이터 기반 브랜딩
• 주관적인 만족감 추구 • 일관성 부족 위험 • 단기 유행 추종 • 로고, 패키지 중심 접근	• 시장 경쟁력 확보 • 전체적인 고객 경험 설계 • 시간 경과에 따른 강화 • 장기적 성장 전략 수립

경쟁 브랜드 분석
경쟁사 브랜드 키워드 분석을 통한 시장 인사이트 파악

검색 데이터 활용
소비자 검색어 패턴에서 브랜드 언어 추출 및 적용

고객 반응 데이터
리뷰, 구매 전환율 등 고객 반응 모니터링 및 분석

감각과 데이터가 균형을 이루는 **전략적 브랜드**가 장기적으로 성공합니다.

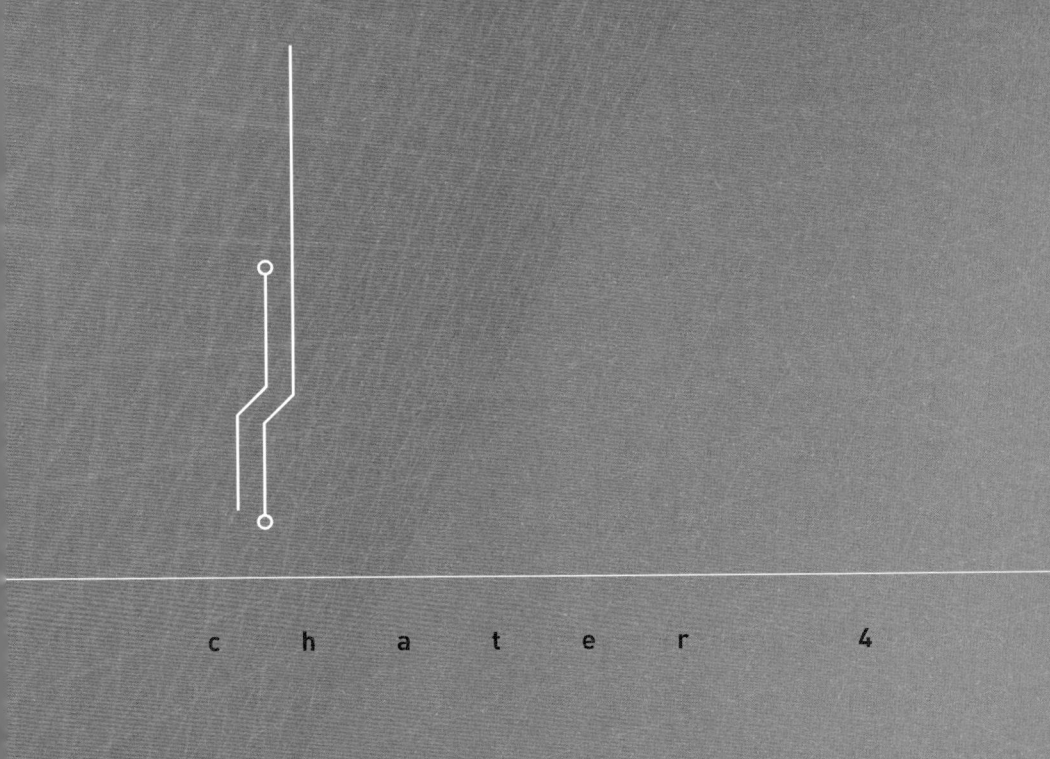

chater 4

실패를 줄이는 핵심 도구
: 시장검증상품 분석표(MPPA)

소상공인이 사업을 시작할 때 가장 두려워하는 것은 실패입니다. 실패는 단순히 금전적 손실을 의미하는 것이 아니라, 시간과 에너지, 기회, 자신감까지 모두 위협합니다. 하지만 이 두려움을 극복할 수 있는 현실적이고 효과적인 방법이 있습니다. 바로 MPPA, 시장검증상품 분석표를 활용하는 것입니다. MPPA는 감이나 직관이 아닌, 데이터와 구조화된 분석을 기반으로 고객의 선택 기준을 읽고, 시장 흐름을 이해하며, 실패 가능성을 최소화하는 핵심 도구입니다. 이제 MPPA가 왜 중요한지, 어떻게 작성하고 활용해야 하는지를 단계별로 살펴보고, 이를 통해 사업자가 데이터 기반 전략가로 성장할 수 있는 방법을 알아봅시다.

28

직감이 아닌
데이터로 결정하라

소상공인이 시장에 진입할 때 가장 흔히 저지르는 실수 중 하나는 '직감'에 의존한 결정입니다. "주변에서 이 제품 잘 팔린다더라.", "내가 써 보니 좋더라." 이런 식의 판단으로 제품을 정하고 구성과 가격을 정하며 판매 전략을 세우는 경우가 많습니다. 하지만 사업이라는 것은 개인적인 감정이나 느낌으로만 풀 수 있는 게임이 아닙니다. 고객의 선택은 언제나 합리성을 바탕으로 이루어지며, 시장은 감정이 아닌 데이터에 반응합니다. 그렇기에 직감보다 정확한 정보를 기반으로 한 의사결정이 필요하며, 이를 위한 핵심 도구가 바로 MPPA, 즉 시장검증상품 분석표입니다.

MPPA는 현실의 나침반이다

MPPA는 시장에서 이미 팔리고 있는 상품, 다시 말해 검증된 상품을 기반으로 구성 요소를 체계적으로 분석하는 도구입니다. 제품명, 브랜드 유무, 가격, 용량, 포장 형태, 색상, 리뷰 수, 평균 평점, 배송 방식, 판매 채널 등 총 15개 이상의 항목을 표로 정리해 비교함으로써, 시장에서 실제로 어떤 속성이 고객의 선택을 받고 있는지를 한눈에 파악할 수 있게 해 줍니다. 이 과정에서 얻을 수 있는 인사이트는 단순한 벤치마킹이 아닌, 나만의 전략 수립으로 이어지는 핵심 자료가 됩니다.

감에 의한 결정은 쉽게 할 수 있지만, 그만큼 위험합니다. 어떤 포장 방식이 좋을지, 어떤 가격이 경쟁력이 있을지, 어떤 구성이 고객을 끌어들일 수 있을지를 주관적으로 판단하면, 실제 시장 반응과 어긋나는 경우가 많습니다. 반면 MPPA는 실적이 검증된 제품들을 기준으로 수치와 패턴을 도출하기 때문에, 감에 의한 추측보다 훨씬 정교하고 신뢰할 수 있는 판단을 가능하게 합니다.

예를 들어 특정 건강식품의 베스트셀러 10개를 분석해 보면 대부분이 30포 구성, 파우치 형태, 3만 원 전후의 가격대를 형성하고 있다는 결과가 나올 수 있습니다. 이는 단순한 우연이 아니라, 소비자 니즈에 맞춰 형성된 시장의 공식에 가까운 데이터입니다.

'괜찮은 제품'을 넘어서 '팔리는 제품'으로

또한 MPPA는 자원이 제한된 소상공인에게 매우 현실적인 도구입니다. 대기업처럼 정밀한 리서치나 시장 테스트를 진행할 여력이 없는 상황에서, 기존 시장에서 검증된 데이터를 수집하고 정리하는 것은 가장 실현 가능하고 효율적인 전략입니다. 조사 비용은 거의 들지 않으며, 온라인 플랫폼에서 누구나 접근 가능한 정보로 충분히 분석을 시작할 수 있습니다. 리뷰 수, 평점, 포장 단위, 가격대 같은 항목은 쿠팡, 네이버 쇼핑, G마켓 등에서 비교적 쉽게 수집할 수 있고, 이를 엑셀이나 표 형태로 정리하면 MPPA가 완성됩니다.

의사결정 과정에서 MPPA의 가치는 단순한 정보 수집에 그치지 않습니다. 그것은 제품 기획의 핵심 방향성을 제시하고, 사업자가 스스로를 객관화할 수 있는 기준점을 마련해 줍니다. 자신이 생각하는 '괜찮은 제품'과 시장이 반응하는 '팔리는 제품' 사이에 존재하는 간극을 발견하고, 그 차이를 데이터로 메워 나가는 과정이 바로 MPPA를 활용하는 진짜 이유입니다. 이 과정을 반복하면 소상공인은 단순히 감에 의존하는 창업자가 아니라, 데이터를 바탕으로 판단하는 전략가로 변하게 됩니다.

데이터를 보는 눈이 생기면 기획력이 좋아진다

MPPA는 또한 변화하는 시장 트렌드를 따라갈 수 있도록 도와줍니다. 예를 들어 한 시즌에 인기 있었던 포장 형태나 가격대가 다음 시즌에는 더 이상 먹히지 않을 수 있습니다. 이럴 때 MPPA를 분기별로 다시 작성해 보면 새로운 흐름을 빠르게 감지할 수 있습니다.

이를테면 예전에는 유리병 패키지가 고급스러워 보인다고 여겨졌지만, 최근에는 휴대성과 안전성 때문에 파우치형이 더 많은 선택을 받는다는 데이터가 드러날 수 있습니다. 이런 흐름을 놓치지 않고 빠르게 전략을 수정할 수 있는 능력은 결국 지속 가능한 사업 운영의 핵심이 됩니다.

MPPA를 활용하는 데 있어서 가장 중요한 자세는 열린 마음과 반복입니다. 한 번의 분석으로 모든 정답을 얻으려 하기보다는, 꾸준히 업데이트하고, 작은 시장 변화에도 민감하게 반응할 수 있는 시스템으로 만들어야 합니다. 표를 작성하는 일이 단순한 행정 작업처럼 느껴질 수

데이터로 읽고, 전략으로 움직여라

있지만, 그 안에는 고객의 반응, 경쟁사의 전략, 시장의 흐름이라는 살아 있는 정보가 담겨 있습니다.

데이터를 바라보는 눈이 생기면, 같은 정보라도 더 많은 의미를 읽어 낼 수 있게 되고, 이는 자연스럽게 기획력과 판단력으로 이어지게 됩니다.

소상공인을 위한, 작지만 정확한 걸음

결론적으로, MPPA는 감이 아닌 데이터를 기반으로 한 의사결정을 가능하게 해 주는 도구이며, 소상공인이 사업을 안정적으로 성장시키는 데 있어 매우 핵심적인 역할을 합니다. 직감은 출발점이 될 수는 있지만, 그것만으로 방향을 정할 수는 없습니다. 나침반 없이 바다를 항해할 수 없듯, MPPA 없이 시장을 읽는 것은 어둠 속에서 손전등 없이 길을 찾는 것과 같습니다.

소상공인에게 필요한 것은 대단한 자금도, 화려한 기술도 아닌, 올바른 방향을 향한 작지만 정확한 걸음입니다. MPPA는 그 걸음을 위한 현실적인 나침반이 되어 줄 수 있습니다. 이제 사업을 시작하거나 확장하고자 한다면, 감보다 데이터를, 추측보다 분석을 선택해야 할 때입니다.

29
실패를 줄이는 가장 확실한 도구, MPPA

소상공인이 새로운 사업을 시작할 때 가장 두려워하는 것은 단 하나, 실패입니다. 실패는 단순히 손해를 의미하지 않습니다. 금전적인 손실 뿐 아니라, 시간, 에너지, 기회, 자신감까지 모두 무너지는 복합적인 결과를 동반합니다.

많은 소상공인이 창업 초기에 겪는 실패는 대부분 '몰라서'가 아니라 '제대로 확인하지 않아서' 발생합니다. 수요가 있는 줄 알았던 상품이 시장에서 외면받고, 경쟁력이 있다고 믿었던 전략이 실제로는 경쟁 포화 상태에 있었던 경우도 허다합니다.

이처럼 막연한 기대나 단편적인 정보에 의존한 결정은 실패의 가장 큰 원인이 됩니다. 그래서 필요한 것이 바로 MPPA입니다. MPPA는 실패 확률을 낮추기 위한 가장 구체적이고 실행 가능한 도구입니다.

데이터로 읽고, 전략으로 움직여라

모방을 넘어 시장을 이해하고 사업의 방향을 잡다

사업 초기에 실패를 줄이기 위해서는 반드시 시장을 이해하고, 소비자 니즈를 객관적으로 파악해야 합니다. MPPA는 이 과정을 도와주는 체계적인 분석 도구입니다.

이미 시장에서 팔리고 있는 상품들을 표본으로 삼아, 그들의 가격, 용량, 포장 형태, 브랜드 유무, 색상, 배송 방식, 리뷰 수와 평점, 주요 키워드 등을 표로 정리하면, 단순히 인기 제품을 '모방'하는 것을 넘어, 실제 소비자가 어떤 요소에 반응하고 있는지를 구체적으로 이해할 수 있습니다. 이는 감에 의존한 기획보다 훨씬 명확하고 실용적인 결과를 제공합니다. 특히 초기에는 의사결정의 기준이 명확하지 않기 때문에, 이러한 표준화된 분석 툴은 방향을 잡는 데 큰 도움이 됩니다.

처음부터 '팔릴 수 있는' 조건으로

실패의 많은 원인은 상품 자체가 문제가 있어서가 아니라, '시장과 맞지 않는 기획'에서 발생합니다. 여기에는 고객의 니즈와 어긋난 구성, 경쟁 제품보다 매력이 떨어지는 가격 설정, 소비자 리뷰와 정반대의 제품 전략 등이 포함됩니다. MPPA는 이러한 위험 요소를 사전에 발견하고, 이를 개선하거나 피할 수 있도록 돕습니다.

예를 들어 MPPA를 통해 확인한 결과, 경쟁 제품들이 대부분 30포 구성, 파우치 포장, 3만 원 전후의 가격대를 형성하고 있다면, 50포 유리병 구성의 자사 제품은 진입 장벽이 생길 수밖에 없습니다. 이런 분석이 없다면, 사업자는 나중에 판매 부진의 원인을 찾느라 다시 시간을 낭비하게 될 것입니다. 하지만 MPPA를 통해 이러한 부분을 미리 점검하면, 처음부터 '팔릴 수 있는 조건'을 갖춘 상품으로 시장에 진입할 수 있습니다.

MPPA, 소상공인을 위한 선택이 아닌 필수

소상공인은 대체로 적은 자본과 인력, 한정된 시간 속에서 사업을 전개합니다. 그렇기에 MPPA는 선택이 아니라 필수입니다. 실패를 줄이기 위해 고가의 마케팅이나 리서치를 진행하기는 어렵지만, 이미 팔리고 있는 제품을 분석하는 일은 누구나 시작할 수 있습니다. 중요한 것은 그 정보를 '분석 가능한 형태'로 가공해 내는 것입니다. MPPA는 이런 정보를 구조화하고, 의미를 찾아내는 틀을 제공합니다. 감각이나 직관에만 의존하지 않고, 소비자의 실질적 반응을 데이터로 확인함으로써, 객관적인 판단을 가능하게 합니다.

또한 MPPA는 단발성 분석에서 끝나는 것이 아니라, 반복과 개선을 통해 더욱 강력한 도구로 진화합니다. 처음엔 단순히 10개 제품을 비교했다면, 이후엔 특정 요소에 가중치를 두어 분석하거나, 채널별(쿠팡, 네이버, 자사몰 등)로 따로 분석하는 방식으로 정교화할 수 있습니다. 이를 통해 '우리 고객은 이 속성에 민감하다', '리뷰에서 이 표현이 자주 등장한다', '포장에 이 특징이 있으면 반응이 좋다'는 식의 실질적인 전략 도출이 가능해집니다. 이처럼 MPPA는 실전에서 사용할수록 세밀해지고, 사업자는 실패 확률을 그만큼 줄일 수 있습니다.

데이터로 읽고, 전략으로 움직여라

막막함에서 벗어나 자신감을 얻다

무엇보다 MPPA의 가장 큰 장점은, 사업자 스스로 판단할 수 있는 힘을 길러 준다는 데 있습니다. 실패는 피할 수 없는 요소처럼 느껴지지만, 준비된 사람에게는 통제 가능한 위험입니다. MPPA는 그 준비를 구체화하고, 감에 의존하지 않는 사고방식을 체득하게 만드는 훈련 도구이기도 합니다. "어떻게 해야 할지 모르겠다."는 막막함에서 벗어나, "이 데이터를 보니 이런 선택이 낫겠다."는 자신감 있는 판단이 가능해집니다. 이것이야말로 소상공인이 처음부터 실패하지 않고, 적은 비용으로도 경쟁력 있는 사업을 만들 수 있는 핵심 조건입니다.

실패를 피하는 가장 확실한 방법

결론적으로, MPPA는 실패를 줄이는 가장 확실한 도구입니다. 사업이란 결국 확률 게임이고, 그 확률을 높이기 위해서는 감보다는 데이터, 추측보다는 구조화된 분석이 필요합니다. 특히 소상공인처럼 리소스가 제한된 상황에서는, 시행착오를 줄이는 것만으로도 사업의 지속 가능성을 크게 높일 수 있습니다. MPPA는 그 시행착오를 미리 줄이고, 위험을 통제할 수 있는 구체적인 시스템입니다. 실패를 피하는 가장 확실한 방법은, 실패하지 않을 만큼 충분히 준비하는 것입니다. MPPA는 그 준비의 시작점이 되어 줄 수 있습니다.

30

소상공인의 자산은
'정보력'이다

소상공인이 시장에 진입할 때 가장 크게 두려워하는 요소는 '실패'일 것입니다. 하지만 실패는 단지 손해로만 끝나는 것이 아닙니다. 자금의 손실뿐 아니라, 시간과 에너지, 그리고 앞으로의 기회와 자신감까지 위협하게 됩니다. 많은 경우, 이러한 실패는 '몰라서'가 아니라 '제대로 확인하지 않아서' 발생합니다. 수요가 있을 줄 알고 출시한 상품이 시장에서 외면받고, 경쟁력이 있다고 생각한 전략이 실제로는 포화된 시장 안에서 빛을 잃는 일이 반복됩니다. 이처럼 막연한 기대나 단편적인 감에 의존한 결정은 실패로 이어지기 쉽습니다. 그렇기 때문에 지금 이 시대의 소상공인에게 반드시 필요한 자산은 바로 '정보력'입니다.

정보를 읽고 해석하는 능력이 중요하다

예전에는 경험이 곧 정보였습니다. 오랜 영업을 통해 얻은 감각이나, 거래처와의 관계, 지역 내 입소문 등 정성적인 정보들이 주요한 의사결정 기준이 되곤 했습니다. 하지만 디지털 시대에 들어선 지금, 소비자

데이터로 읽고, 전략으로 움직여라

데이터와 시장 트렌드는 누구에게나 열려 있으며, 그 흐름을 읽을 줄 아는 사업자만이 빠르게 반응하고 성장할 수 있습니다. 네이버 쇼핑 트렌드, 쿠팡 인기순위, 인스타그램 해시태그, 유튜브 검색량, 리뷰 수와 평점 등은 이제 더 이상 전문가의 전유물이 아닙니다. 누구든 이 정보를 활용해 전략을 세우고, 사업의 방향을 가늠할 수 있는 시대가 되었습니다.

이렇듯 접근 가능한 정보가 많아진 만큼, 그 정보를 읽고 해석하는 능력이 더욱 중요해졌습니다. 단순히 '리뷰가 많다'는 사실을 아는 것에서 그치지 않고, 리뷰 안에 반복적으로 등장하는 키워드나 표현을 파악하고, 그것이 고객의 구매 결정에 어떤 영향을 주는지를 분석해야 합니다.

또, 인기 상품의 구성을 수치화해 정리해 보면 가격대, 포장 형태, 색상, 용량 등의 공통된 패턴을 발견할 수 있습니다. 이러한 패턴은 단지 우연이 아니라, 소비자의 선택 기준이 축적된 결과입니다. 이처럼 정보는 단순한 참고 자료가 아니라, 사업 방향을 정하는 기준으로 활용되어야 합니다.

매일 조금씩 정보력을 높이는 방법

정보력은 또한 시장 변화에 민감하게 대응할 수 있도록 도와줍니다. 최근에는 제품 수명 주기가 짧아지고 있으며, 트렌드가 매우 빠르게 바뀌고 있습니다. 이러한 흐름을 놓치지 않기 위해서는 지속적인 정보 수집과 분석이 필요합니다. 계절이 바뀌면 수요 제품이 달라지고, 플랫폼 정책이 변경되면 노출 방식이나 마케팅 전략도 수정되어야 합니다. 이를 민감하게 감지하고 선제적으로 대응할 수 있는 사람이 시장에서 더 오래 살아남게 됩니다. 그리고 이러한 대응은 감각이 아니라 정보에서 나옵니다.

정보력을 높이기 위해 거창한 장비나 시스템이 필요한 것은 아닙니다. 중요한 것은 매일, 작게라도 시장을 관찰하고 기록하며, 반복적으로 비교하고 패턴을 발견하는 습관입니다. 매일 30분에서 1시간 정도 시간을 투자하여 베스트셀러 리스트를 살펴보고, 경쟁 제품의 구성과 리뷰를 정리하고, 고객들이 어떤 단어에 반응하는지를 체크한다면, 어느 순간부터는 소비자의 심리와 시장의 흐름이 읽히기 시작할 것입니다. 이처럼 데이터는 쌓이고, 해석력은 훈련됩니다.

정확한 정보가 자산이자 경쟁력이다

정보는 대기업만이 소유할 수 있는 자산이 아닙니다. 오히려 자금과 인력이 부족한 소상공인에게는 정보력이 가장 실현 가능한 경쟁력이며, 가장 값진 자산입니다. 그리고 이 정보력은 사업에 적용되었을 때 진짜 힘을 발휘합니다.

어떤 제품을 만들어야 할지, 어떤 가격대에 포지셔닝해야 할지, 어떤 언어로 마케팅해야 고객의 마음을 움직일 수 있을지에 대한 모든 해답이 정보 안에 들어 있습니다. 실제로 정보를 분석하여 타깃 고객에 맞는 구성과 메시지를 개발한 브랜드들은, 자본 규모와 무관하게 시장에서 주목받고 안정적인 매출을 기록하고 있습니다.

결론적으로, 소상공인에게 있어서 가장 중요한 자산은 정보력입니다. 자금이 많지 않아도, 대단한 기술이나 인력이 없어도, 정확한 정보

데이터로 읽고, 전략으로 움직여라

를 바탕으로 방향을 설정하고 실행에 옮길 수 있다면 그 자체로 충분한 경쟁력이 됩니다.

정보는 생각보다 가까운 곳에 있고, 그것을 읽을 줄 아는 눈을 가지는 것에서부터 모든 변화는 시작됩니다. 감이 아닌 근거, 추측이 아닌 구조화된 분석이 필요합니다. 결국 정보를 가진 사람이 선택받고, 정보를 해석할 줄 아는 사람만 살아남습니다. 지금 이 시대의 가장 강력한 무기이자 자산은, 바로 정보력입니다.

31

숫자보다 패턴:
15가지 지표가 보여 주는 시장의 흐름

상품을 기획하거나 사업을 준비할 때, 많은 사람들이 데이터를 수집하는 것에만 집중합니다. 하지만 데이터는 수집만 한다고 의미가 생기는 것이 아닙니다. 중요한 것은 그 숫자들 속에서 어떤 '패턴'을 읽어 내는가 하는 것입니다. 시장에서 잘 팔리는 상품에는 공통된 구조가 있고, 그 구조를 해석하는 눈이 바로 성공적인 상품 기획의 핵심입니다. 이를 가능하게 해 주는 도구가 바로 MPPA, 시장검증상품 분석표이며, MPPA의 15가지 핵심 지표는 단순한 숫자열이 아니라 시장의 흐름과 소비자의 행동 패턴을 드러내는 지도와도 같습니다.

반드시 체크해야 할 15가지 지표

먼저 MPPA에서 반드시 체크해야 할 15가지 지표는 다음과 같습니다. 상품명, 브랜드 유무, 가격, 용량, 포장 형태, 포장 단위, 상품 주요 색상, 품질 특성, 리뷰 개수, 평균 별점, 주요 리뷰 키워드, 판매 채널, 배송 방식, 판촉 방법, 상품 상세페이지 특이사항.

데이터로 읽고, 전략으로 움직여라

이 항목들은 따로 보면 각각의 정보에 불과하지만, 여러 상품을 나란히 비교하면 의미 있는 흐름과 공통점이 드러납니다. 예를 들어, 건강즙 상위 10개 제품을 이 항목에 따라 표로 비교하면, 70% 이상이 30포 구성, 파우치 형태, 3만 원 내외의 가격대를 형성하고 있다는 결과가 나타날 수 있습니다. 이는 단순한 우연이 아니라 소비자의 니즈가 반영된 '패턴'입니다.

소비자의 니즈가 반영된 '패턴'을 읽는 방법

이런 패턴을 읽기 위해 가장 먼저 해야 할 일은 제품을 단순 비교하는 것이 아니라, 지표를 정리해 시각화하는 것입니다. 표 형태로 데이터를 배열하면 비슷한 속성을 가진 항목들이 눈에 띄게 모이기 시작하고, 공통된 특성이 무엇인지 파악하기 쉬워집니다. 가격이 높아도 리뷰 평점이 높은 제품이 있다면, 그것이 어떤 포장이나 품질 특성을 가지고 있는지 살펴보는 식으로 분석의 깊이를 확장할 수 있습니다. 단순히 숫자만 보았다면 놓쳤을 관계성이 표 안에서는 명확히 드러납니다.

예를 들어 가격과 용량의 비율을 살펴보다 보면, 단가가 낮은 제품이 항상 잘 팔리는 것이 아니라는 사실을 확인할 수 있습니다. 오히려 일정 가격대 이상을 유지하면서 리뷰 점수가 높은 제품은, 포장 방식이나 판촉 메시지에서 소비자의 신뢰를 얻고 있다는 것을 유추할 수 있습니다.

이렇게 지표를 상호 비교하는 과정에서 시장의 실제 흐름이 모습을 드러냅니다. '가격은 평균보다 높지만 리뷰 평점은 가장 높다'거나 '포장 형태가 파우치형인 제품이 리뷰 수가 압도적으로 많다'는 식의 데이터 기반 인사이트는 감으로는 얻을 수 없는 정보입니다.

구조적인 흐름을 보는 눈

또한 MPPA는 단일 제품이 아니라 상품군 전체의 구조를 이해하는데 큰 도움이 됩니다. MPPA를 작성하다 보면, 다음과 같은 구조적인 흐름을 발견하게 됩니다.

– 이 시장에서는 어떤 속성이 기본값처럼 자리 잡고 있는가?
– 경쟁사들은 어떤 전략을 반복적으로 사용하고 있는가?

이는 단순한 모방을 넘어서, 자신만의 상품 전략을 세우는 데 중요한 기초가 됩니다. 예를 들어 대부분의 경쟁사가 리뷰 키워드에 '진하다', '깔끔하다' 같은 표현을 포함시켰다면, 자사 제품의 리뷰 유도 문구나 상세페이지 구성에서도 이런 키워드를 전략적으로 활용할 수 있습니다.

중요한 것은 '숫자'가 아니라 '패턴'이다

중요한 것은, 이 모든 흐름을 만들어 내는 출발점이 '숫자'가 아니라 '패턴'이라는 점입니다. MPPA는 숫자를 나열하는 것이 아니라, 숫자들이 무엇을 말하고 있는지를 듣는 작업입니다. 평점이 높은 제품은 왜 그런 평가를 받았는가, 배송 방식이 빠른 제품이 과연 리뷰에도 긍정적 영향을 미쳤는가, 포장 색상이 어두운 제품은 구매율에 어떤 영향을 주었는가 등을 스스로 질문하고, 지표를 통해 그 답을 찾아야 합니다. 그

데이터로 읽고, 전략으로 움직여라

과정에서 "고객이 무엇에 반응하는가?"를 구체적으로 이해하게 되고, 이는 사업 전체 전략의 방향을 바꾸는 계기가 될 수 있습니다.

한편, MPPA의 지표는 정량적인 정보뿐만 아니라 정성적인 해석을 가능하게 하는 자료이기도 합니다. 예를 들어 상품 상세페이지 특이사항은 숫자로 표현되기 어렵지만, 특정 제품만의 독특한 표현 방식이나 레이아웃, 문구의 톤앤매너가 소비자 반응에 어떻게 영향을 미쳤는지를 정리해 볼 수 있습니다. 이러한 작업은 브랜드 메시지나 디자인 전략을 세우는 데 큰 도움이 됩니다. 이처럼 표 안에는 숫자만 있는 것이 아니라, 브랜드의 철학과 고객의 감정도 함께 들어 있습니다.

결론적으로 MPPA의 15가지 지표는 단순한 수치 모음이 아닙니다. 그것은 시장의 흐름, 소비자의 선택 기준, 경쟁사의 전략, 제품의 포지셔닝 방식 등 수많은 힌트를 제공하는 시장 탐색 지도입니다. 이 지도에서 중요한 것은 숫자를 얼마나 많이 모았는가가 아니라, 그 숫자 사이에서 반복적으로 나타나는 패턴을 얼마나 정확하게 읽을 수 있는가입니다. MPPA를 통해 감이 아닌 구조적 인식으로 시장을 바라보는 훈련을 해 보십시오. 데이터를 보는 눈이 달라지면, 사업의 방향도 달라질 수 있습니다.

32

잘 파는 상품엔
공통점이 있다

사업을 막 시작하는 소상공인 여러분에게 가장 중요한 질문 중 하나는 이것일 것입니다. "어떤 제품이 잘 팔릴까?" 이 질문은 단순한 호기심이 아니라, 사업의 방향을 결정짓는 핵심적인 기준이 됩니다. 잘 팔리는 상품을 파악하고, 그 특징을 내 사업에 반영하는 것은 실패를 줄이고 성공 가능성을 높이기 위한 가장 빠른 길입니다. 그리고 이때 반드시 필요한 것이 바로 시장에서 실질적으로 반응이 좋았던 상품들을 분석하는 것입니다. 특히 MPPA를 활용하면 겉으로는 보이지 않던 '잘 팔리는 상품의 공통점'을 명확히 드러낼 수 있습니다.

잘 팔리는 상품의 공통점

MPPA는 단순히 제품 하나의 데이터를 보는 것이 아니라, 동일 카테고리 내 여러 인기 상품을 나란히 비교해 공통된 속성과 전략을 찾아내는 도구입니다. 수많은 상품 중에서도 특히 고객의 선택을 많이 받은 베스트셀러 10~15개 정도를 선정해, 동일한 기준으로 비교해 보면 놀

라울 정도로 일관된 패턴이 나타납니다.

가격, 용량, 포장 형태

그중에서도 가장 기본이 되는 요소는 가격, 용량, 포장 형태입니다. 예를 들어 건강즙 시장에서는 '30포 구성', '3만 원 내외 가격', '파우치 형태'가 주류를 이루고 있다면, 이는 단순한 우연이 아니라 고객이 이미 익숙하게 받아들이는 구매 기준이라는 의미입니다.

브랜드 유무, 리뷰 수, 평균 별점

잘 팔리는 상품의 또 다른 공통점은 브랜드 유무와 리뷰 수, 그리고 평균 별점입니다. 브랜드가 명확하게 자리 잡은 제품은 이름만으로도 신뢰를 주기 때문에, 소비자는 선택에 대한 불안이 줄어듭니다. 또 리뷰 수가 많고 별점이 일정 이상인 제품은 '다른 소비자들도 만족했다'는 신호로 작용하여 구매 전환율을 높이는 데 기여합니다. 이러한 정보는 숫자 하나하나로 보면 별 의미가 없을 수 있지만, MPPA로 표 형태로 정리했을 때 비로소 공통된 흐름이 드러납니다. 이 흐름을 이해하지 못하면, 제품의 포장이나 구성, 가격을 어떻게 설정해야 할지에 대한 명확한 기준이 없어 시행착오를 겪게 됩니다.

상품 상세페이지 특이사항

또한 상품 상세페이지 특이사항도 잘 팔리는 상품의 주요 요소 중 하나입니다. 단순히 제품 정보를 나열하는 것이 아니라, 어떤 방식으로 설명하고 어떤 문구를 사용하는지가 소비자의 신뢰와 구매욕구에 큰 영향을 줍니다. MPPA 분석을 통해 확인해 보면, 상위권 제품들의 상세페이지는 대부분 공통적으로 '시각적 강조'가 강하고, 고객 입장에서 궁금할 법한 질문에 선제적으로 답하고 있음을 알 수 있습니다. 예를 들어 '섭취 방법을 큰 아이콘으로 설명', '배송 포장 사진 포함', '리뷰 요약 강조' 등이 이에 해당합니다. 이런 요소들은 감으로 파악하기 어렵지만, 다수의 제품을 나란히 비교할 때 명확하게 확인할 수 있는 특징입니다.

판매 채널, 판촉 방법

판매 채널과 판촉 방법도 중요한 공통점으로 작용합니다. 예를 들어 잘 팔리는 제품 대부분이 네이버 스마트스토어나 쿠팡에서 판매되고 있고, '첫 구매 할인', '리뷰 작성 시 사은품 증정', '세트 구성 할인' 같은 프로모션을 운영하고 있다면, 이러한 방식이 구매 유도에 효과적이라는 뜻이 됩니다. 또한, 배송 방식에서 '무료 배송' 혹은 '당일 발송' 같은 문구를 강조하는 제품일수록 리뷰에서 긍정적인 평가를 받을 확률이 높습니다. 이는 제품 자체의 특성과 별개로 '판매 전략'이 구매 행동에 미치는 영향을 보여 주는 사례입니다.

나만의 방식으로 적용하라

소상공인 입장에서 중요한 것은 이 모든 데이터를 기반으로 자신의 제품 기획과 운영 방식에 반영할 수 있느냐 하는 점입니다. 단순히 "아, 이런 게 잘 팔리는구나." 하고 넘어가는 것이 아니라, "그럼 내 상품은 이 중 어떤 속성을 반영할 수 있을까?", "이 시장의 기준선 안에 있으면서도 어떤 차별화를 둘 수 있을까?"를 고민해야 합니다.

데이터로 읽고, 전략으로 움직여라

예를 들어 용량이나 구성은 동일하게 하되, 포장의 시각적 차별성을 강화하거나, 배송 속도를 경쟁사보다 앞당기는 전략으로 접근하는 방식입니다. 그렇게 공통점을 이해한 후, '나만의 방식'으로 적용해야 비로소 MPPA의 진짜 효과를 얻을 수 있습니다.

체계적인 분석만이 답이다

결국 잘 팔리는 상품에는 분명한 이유가 있습니다. 그리고 그 이유는 하나가 아니라, 다양한 요소가 복합적으로 작용하는 구조입니다. 상품 구성, 가격, 브랜드, 리뷰, 상세페이지, 판매 채널, 판촉 전략 등 하나하나가 모두 영향을 주고받으며 최종 구매로 이어집니다.

MPPA는 이 요소들을 한눈에 정리하고, 서로의 관계를 파악할 수 있도록 돕는 구조화된 틀입니다. 이 틀을 통해 소상공인은 베스트셀러의 표면이 아니라, 그 이면의 전략과 흐름을 읽을 수 있게 됩니다.

잘 팔리는 상품에는 분명한 공통점이 존재합니다. 그 공통점은 감으로는 발견하기 어렵지만, MPPA로 체계적으로 접근하면 누구나 확인할 수 있습니다. 제품을 기획하기 전, 또는 리뉴얼이나 신제품 출시를 앞두고 있는 시점이라면, 반드시 이 항목들을 분석해 보아야 합니다. 그것이 바로 시장과 소비자의 눈높이에 맞는 상품을 만드는 첫 번째 출발점이며, 불필요한 실패를 줄이는 가장 현실적인 방법입니다.

33

표로 드러나는 고객의 마음: 디테일이 승부를 가른다

시장에는 수많은 상품이 존재하고, 소비자들은 그중 하나를 선택해야 합니다. 이 선택은 어떤 기준으로 이뤄질까요? 많은 분들이 가격이나 브랜드를 가장 큰 결정 요인으로 생각하지만, 실제로 소비자의 선택은 훨씬 더 섬세하고 복합적인 요소에 의해 좌우됩니다. 눈에 잘 띄지 않는 포장 색상, 구성 단위, 상세페이지에 포함된 한 줄 문구까지. 결국 디테일이 승부를 가릅니다. 그리고 그 디테일을 한눈에 정리하고 분석할 수 있는 도구가 바로 MPPA, 시장검증상품 분석표입니다. MPPA는 표라는 구조를 통해 고객의 마음을 '보이게' 만듭니다.

고객의 마음이 '보이게' 만드는 분석

소비자는 이성적인 듯 보이지만, 실제로는 감성과 심리에 따라 움직이는 경우가 많습니다. MPPA의 15가지 항목은 바로 그 소비자의 심리를 수치와 항목으로 드러내는 역할을 합니다. 몇 가지 항목을 예로 들어 설명해 보도록 하겠습니다.

데이터로 읽고, 전략으로 움직여라

① 상품 주요 색상

'상품 주요 색상'은 단순한 디자인 요소처럼 보일 수 있지만, 실제로는 구매자의 정서적 반응을 유도하는 핵심 요소 중 하나입니다. 건강식품의 경우 초록색 계열이 많고, 프리미엄 제품은 무광 블랙이나 금색 포장이 많은 이유는, 소비자들이 각 색상에 대해 특정한 기대를 갖고 있기 때문입니다. MPPA에서 이 항목을 정리해 보면, 어떤 톤과 스타일이 반복적으로 등장하는지 쉽게 파악할 수 있습니다.

② 포장 단위, 구성

또한 '포장 단위'와 '구성' 역시 매우 중요한 소비자 심리의 반영입니다. 소비자들은 자신이 부담 없이 소비할 수 있는 양, 혹은 한번에 사용하거나 섭취할 수 있는 분량을 선호합니다. MPPA로 여러 제품의 포장 단위를 비교해 보면, 인기 제품들이 대부분 1일 1포 기준, 혹은 30포 구성으로 설계되어 있다는 것을 확인할 수 있습니다. 이는 소비자의 '소비 주기'와 '섭취 루틴'에 맞춘 전략입니다. 같은 제품이라도 50포, 70포 구성은 부담스럽게 느껴지고, 10포 미만은 너무 짧게 느껴지는 등, 디테일한 구성 차이가 구매 여부에 결정적인 영향을 줍니다.

③ 소비자 리뷰, 키워드

소비자 리뷰와 키워드 또한 고객의 감정이 가장 잘 드러나는 부분입니다. MPPA 항목 중 '주요 리뷰 키워드'를 정리하다 보면, 자주 반복되는 표현들이 눈에 띕니다. "간편해요", "맛이 진해요", "포장이 깔끔해요", "배송이 빨라요" 등은 제품의 물리적 속성뿐 아니라, 고객이 중요하게 여기는 '경험'이 무엇인지를 보여 줍니다. 이러한 표현들은 마케팅 문구나 상세페이지 구성에도 그대로 반영할 수 있으며, 결과적으로 고객과의 감정적 연결을 만드는 데 큰 역할을 합니다.

④ 상품 상세페이지 특이사항

더불어 '상품 상세페이지 특이사항'은 소비자의 불안감을 줄이는 데 중요한 요소입니다. 예를 들어 제품 보관 방법, 알레르기 유발 성분, 섭취 방법 등이 상세페이지에 명확히 기재되어 있는 상품은, 소비자에게 신뢰를 주고 구매를 유도합니다. 반대로 아무리 유명 브랜드라 해도, 정보가 부족하거나 중복된 내용으로만 구성된 상세페이지는 구매 전환율이 떨어질 수 있습니다. MPPA를 통해 각 제품이 상세페이지에서 어떤 정보를 강조하고 어떤 순서로 전달하고 있는지를 비교하면, 효과적인 정보 구조와 설득 포인트를 파악할 수 있습니다.

⑤ 배송 방식

'배송 방식' 역시 디테일의 영역입니다. 소비자들은 단순히 빠른 배송을 선호하는 것이 아니라, 배송 과정이 신뢰할 수 있고 예측 가능하기를 원합니다. '무료 배송', '당일 출고', '정기 배송 가능' 등의 문구는 실제로 리뷰 반응에서도 자주 언급됩니다.

⑥ 판촉 방법

또 '판촉 방법'에서 '리뷰 작성 시 사은품 증정', '첫 구매 할인', '포인트 적립' 등의 방식이 반복적으로 등장한다면, 이는 단순히 비용을 줄이

데이터로 읽고, 전략으로 움직여라

려는 전략이 아니라 소비자의 '행동을 유도하는 설계'라는 의미가 됩니다. MPPA는 이런 작은 요소들이 어떻게 실제 반응과 연결되어 있는지를 보여 주는 중요한 분석 도구입니다.

디테일이 구매를 결정한다

표로 정리된 숫자와 항목 하나하나는 그 자체로는 큰 의미가 없을 수 있습니다. 하지만 여러 개의 제품을 나란히 비교하고, 그 안에서 공통된 표현, 반복되는 형식, 유사한 전략을 찾아내면, 소비자가 어떤 기준으로 선택하고 있는지를 명확히 이해할 수 있게 됩니다. 특히 소상공인에게는 이 작은 차이가 사업 성패를 가르는 결정적인 포인트가 될 수 있습니다. 대기업처럼 막대한 마케팅 자원이나 브랜드 파워가 없기 때문에, 소비자의 마음을 읽고, 그에 맞는 디테일을 구성하는 것이야말로 최고의 전략이 됩니다.

소비자의 마음은 겉으로 보이지 않지만, 표로 정리된 지표 안에 분명히 드러납니다. MPPA는 그 마음을 숫자와 항목 속에서 찾아내고, 구조적으로 해석할 수 있도록 도와주는 도구입니다. 감으로 파악할 수 없는 디테일, 반복되는 소비자 반응, 숨겨진 패턴을 찾고자 한다면, 반드시 MPPA를 통해 다양한 항목을 정리해 보시길 권합니다. 결국 디테일이 구매를 결정합니다. 그리고 그 디테일은 '고객의 입장에서 바라본 분석'에서 시작됩니다.

MPPA: 소비자의 마음을 '보이게' 만드는 분석표

상품 주요 색상	포장 단위	제품 구성	가격대
전형적 색상은 초록색, 브랜드의 제품군 특징 형태/규격 포장 등 색상과 소비자 기대감 형성	단기 제품 대부분이 1일 1포 기준, 30포 구성으로 '소비 형태'에 맞춤	제품의 핵심 성분과 함량을 강조하여 차별화된 효능 개시	월 3~5만 원대 가격대 형성, 정기구독 할인 옵션 제공
주요 리포트 키워드	**평균 평점**	**상세페이지 주의사항**	**판촉 방법**
"간편해요", "효과 있어요" 등 일상적인 효과와 교객 호감도에 기여하는 핵심어 보여줌	4.5~4.8점(5점 만점) 유지	보관 방법, 알레르기 유발 성분, 섭취 방법 등의 명확히 제시된 정보	리뷰 작성 시 포인트 제공, 첫 구매 할인 등의 다양한 비용 절감 방식 진행

데이터로 읽고, 전략으로 움직여라

34

누구의 시장이 아닌,
나의 시장을 분석하라

사업을 시작할 때, 대부분의 소상공인은 시장 조사의 필요성을 절감합니다. 인터넷 검색을 통해 요즘 인기 있는 상품을 찾아보고, 쿠팡이나 네이버 쇼핑의 베스트셀러 목록을 확인하거나, SNS에서 화제가 되는 브랜드를 주시하기도 합니다. 이 과정 자체는 매우 유익하지만, 여기에는 한 가지 중요한 함정이 숨어 있습니다.

그것은 바로 '남의 시장'을 분석한 결과를 내 시장에 그대로 적용하려는 시도입니다. 성공한 제품을 그대로 따라 하거나, 전체 시장의 흐름만으로 내 상품 전략을 짜는 방식은 초기에 많은 오류를 불러올 수 있습니다. 이유는 간단합니다. 내 고객은, 전체 시장의 평균값이 아니기 때문입니다.

전체 시장과 내 시장은 다르다

시장을 보는 눈을 기르기 위해 필요한 것은 '전체 시장의 평균'을 쫓는 것이 아니라, 내가 목표로 하는 고객군과 제품군에 맞춘, 정제된 데이터의 수집과 해석입니다. 이를 가능하게 해 주는 것이 바로 맞춤형 MPPA입니다. MPPA는 기본적으로 시장에서 검증된 상품을 다양한 지표로 나누어 분석하는 표이지만, 이 분석표가 진짜 힘을 발휘하려면 반드시 '나만의 기준'으로 조정되어야 합니다.

예를 들어 '복분자즙 시장'을 분석한다고 했을 때, 전체 건강즙 시장을 기준으로 MPPA를 구성하는 데는 한계가 있습니다. 특정 연령대, 성별, 생활패턴, 구매 목적에 따라 복분자즙을 구매하는 이유가 다르기 때문입니다. 60대 이상 고객은 건강기능 중심의 효능을 중시할 수 있고, 30~40대 여성은 간편함과 맛, 디자인을 함께 고려할 수 있습니다.

이런 차이를 무시한 채 동일한 기준으로 시장을 바라보면, 제품의 포장, 가격, 메시지, 채널 전략까지 모두 어긋날 위험이 커집니다. 결국 시장 전체를 아는 것과 내 시장을 아는 것은 완전히 다른 문제입니다.

'나만의 기준'을 만드는 일

실제로 MPPA를 효과적으로 활용하고 있는 사업자들은 기본 15가지 항목 외에도, 자신이 운영하는 브랜드의 특성과 고객층에 따라 지표를 추가하거나 가중치를 다르게 설정합니다.

예를 들어 유아용 제품을 판매하는 브랜드는 '안전 인증 유무', '성분 투명도', '부모 리뷰 키워드' 등을 항목에 추가하고, 리뷰 분석 시 '아이 반응'이나 '부작용 유무' 같은 민감 키워드를 따로 집계합니다. 반면, 다이어트 관련 제품을 판매하는 경우에는 '섭취 편의성', '복용 주기', '체감 후기'와 같은 항목이 더 중요하게 작용할 수 있습니다.

이처럼 MPPA는 정해진 틀이 아니라, 유연하게 커스터마이징되는 전

데이터로 읽고, 전략으로 움직여라

략 도구여야 합니다. 정답은 하나가 아닙니다. 시장 전체의 흐름은 참고용일 뿐, 내 고객의 선택 기준이 분석의 중심이 되어야 합니다.

타깃 특화 전략의 성공 사례

한 여성 건강기능식품 브랜드는 30~40대 직장인을 주요 타깃으로 설정한 뒤, 동일 연령층의 SNS 키워드 분석, 리뷰 어휘 분석, 가격 민감도 조사 등을 반영해 자신만의 MPPA를 작성했습니다. 그리고 이를 통해 파우치형 제품이 아닌, 데스크탑에 올려 두기 쉬운 10포 정제형 패키지로 구성하여 큰 반응을 얻었습니다. 이 전략은 전체 건강식품 시장 기준으로는 비주류였지만, 그 브랜드만의 타깃 시장에 최적화된 결과였습니다.

'남의 시장'에 의존할 경우, 마케팅이나 제품 기획이 표준화되고 평균적인 결과에 머무를 가능성이 큽니다. 반면, 나만의 시장을 정확히 정의하고 분석하면, 고객에게 딱 맞는 메시지를 전달할 수 있고, 제품 구성과 가격, 포장 형태, 유통 채널까지 정밀하게 설계할 수 있습니다. 결국 이 차이가 '팔리는 제품'과 '보통의 제품'을 가르는 갈림길이 됩니다.

분석이 브랜드 커뮤니케이션을 만든다

또한, 맞춤형 MPPA는 마케팅 메시지와 브랜드 언어 개발에도 직접적인 도움을 줍니다. 분석된 MPPA를 보면 내 고객이 중요하게 여기는 키워드가 반복해서 나타나기 때문에, 상세페이지나 SNS 홍보물, 광고 문구에 어떤 언어를 중심으로 배치해야 할지가 분명해집니다.

예컨대 '부드러워요', '든든해요', '편해요' 같은 키워드가 많이 나타난다면, 기능 중심의 메시지보다 체감 경험 중심의 스토리텔링 전략이 효과적일 수 있습니다. 이처럼 MPPA는 제품을 넘어서, 브랜드 커뮤니케이션 전략까지 연결되는 기초 도구가 됩니다.

감이 아닌 '기준', 남이 아닌 '나'

결론적으로, 누구의 시장이 아닌, 나의 시장을 분석해야 합니다. 그것이 바로 사업의 생존력과 직결되는 전략적 사고입니다. 시장 전체를 기준으로 제품을 만들고 마케팅을 한다면, 결국 경쟁자가 너무 많고, 차별성은 희미해질 수밖에 없습니다.

반대로, 내 타깃이 누구인지 명확히 정의하고, 그 고객의 기준으로 시장을 다시 바라보면, 적은 자원으로도 충분히 뾰족하고 차별화된 전략을 세울 수 있습니다. 그리고 그 모든 시작은 나만의 MPPA를 만드는 것에서 출발합니다.

이제 시장을 분석할 때, "이 제품이 잘 팔린다더라."가 아니라 "내 고객은 이런 속성을 중요하게 본다."는 관점으로 시야를 바꿔 보시기 바랍니다. 감이 아닌 기준, 남이 아닌 나. 그것이 작지만 단단한 비즈니스를 만드는 첫걸음입니다.

데이터로 읽고, 전략으로 움직여라

35

한 장의 표가 달라진다:
채널별 MPPA의 힘

   사업을 운영하면서 우리는 흔히 "어느 채널이 잘 팔릴까?"라는 질문을 던집니다. 쿠팡, 네이버 스마트스토어, 자사몰, 11번가, 마켓컬리, SNS 등 다양한 유통 채널이 존재하는 시대에, 판매 플랫폼은 단순한 유통 수단을 넘어 각각 고유한 성격과 소비자 유형을 가지고 있습니다. 그리고 같은 상품이라도 어느 채널에서, 어떤 방식으로 판매하느냐에 따라 소비자의 반응은 극명하게 달라질 수 있습니다.

   따라서 소상공인이 MPPA를 작성할 때에도, 단일한 시장 기준이 아닌 채널별 MPPA 분석을 별도로 구성하는 것이 매우 중요합니다. 단 한 장의 표라도, 어느 채널을 기준으로 하느냐에 따라 완전히 다른 해석과 전략이 나올 수 있기 때문입니다.

채널별 MPPA 작성이 필요한 이유

   예를 들어 쿠팡의 주요 고객층은 빠른 배송과 실용적인 구성, 가격 경쟁력을 중시하는 경향이 강합니다. 반면 네이버 스마트스토어는 검색 기반 유입이 많아 브랜드 인지도나 후기 관리, 검색 키워드 최적화가 중요한 요소로 작용합니다. 마켓컬리처럼 프리미엄 이미지를 구축한 채널에서는 감성적인 이미지와 고급스러운 패키징, 정성스러운 상세페이지가 판매에 큰 영향을 줍니다. 이처럼 채널마다 고객의 눈높이와 구매 결정 기준이 다르기 때문에, 하나의 표준 MPPA로는 이 차이를 반영하기 어렵습니다.

각 플랫폼별 특징 살펴보기

채널별 MPPA를 작성하기 위해서는 먼저 각 플랫폼의 소비자 특성, 상품 노출 구조, 후기 문화, 가격대 포지셔닝을 이해해야 합니다. 몇 가지 대표적인 채널을 예로 들어 간단히 설명해 보겠습니다.

① 쿠팡

쿠팡에서는 로켓배송 유무가 구매 결정에 큰 영향을 미치며, 평점 4.5 이상, 리뷰 수가 일정 이상이어야 상위 노출이 가능해집니다. 그렇기 때문에 쿠팡용 MPPA를 작성할 때에는 로켓배송 여부, 배송 후기 언급률, 판매량 대비 리뷰 비율 등의 항목을 별도로 넣는 것이 좋습니다.

② 네이버 블로그

반면 네이버는 블로그 리뷰, 키워드 검색 노출, 스마트스토어 내 상세페이지 구조가 더욱 중요한 영향을 줍니다. 이 경우에는 키워드 제목 구성, 상세페이지 상단 콘텐츠 구성, '스토어찜'과 '톡톡문의' 활성도 등이 주요 분석 항목이 될 수 있습니다. MPPA를 통해 이런 항목들을 정

데이터로 읽고, 전략으로 움직여라

리하면, 어떤 제품이 어떤 키워드와 메시지로 상위에 노출되었는지, 고객은 어떤 정보에 반응하는지를 데이터로 확인할 수 있습니다.

③ 자사몰

자사몰은 또 다른 양상을 보입니다. 브랜드 팬층이 존재하거나, 마케팅을 통해 유입되는 고객이 많기 때문에 제품력 외에도 고객 서비스, 구매 전 환불 정책, 멤버십 제도 같은 '신뢰와 관리'가 더 중요하게 작용합니다. 이 경우 자사몰 MPPA는 단순히 상품 정보 외에도 고객 응대 문구, 혜택 문구, 자주 묻는 질문 구성 등을 함께 포함해야 실제적인 분석이 가능합니다. 또한 SNS 유입 기반의 판매가 병행되는 경우에는, 인스타그램 리뷰나 해시태그, 사용자 사진 노출 여부 등도 함께 확인하는 것이 좋습니다.

이처럼 채널별 MPPA는 소비자 분석 도구이자, 판매 전략 수립의 기반이 됩니다. 채널마다 상품 노출 구조와 소비자 신뢰의 기준이 다르기 때문에, 동일한 제품이라도 포장, 가격, 키워드, 마케팅 문구까지 다르게 설계해야 합니다. 특히 리뷰 키워드 분석은 채널별로 성격이 크게 달라지므로, 이를 반영하지 않으면 왜 어떤 채널에서는 잘 팔리고, 어떤 채널에서는 반응이 없는지를 이해하기 어렵습니다.

주기적으로 업데이트하라

또한 채널별 MPPA는 단순히 초기에 한 번 작성하는 것으로 끝나서는 안 됩니다. 판매 성과를 지표별로 모니터링하면서 주기적으로 업데이트하고 비교해야 실질적인 효과를 볼 수 있습니다. 같은 상품이라도 채널에 따라 어떤 항목이 민감하게 작용하는지를 파악하면, 그 채널에 특화된 운영 전략을 수립할 수 있습니다.

예를 들어 쿠팡에서는 3만 원 미만, 파우치형, 30포 구성이 가장 많이 팔리지만, 네이버에서는 5만 원대 이상의 선물용 패키지가 더 높은 전환율을 보일 수 있습니다. 이러한 차이는 단순히 시장 전체 분석으로는 절대 보이지 않는 세밀한 데이터입니다.

진짜 '팔리는 상품'을 만드는 출발점

소상공인의 경우 모든 채널에 동시에 자원을 투입하는 것이 어렵기 때문에, 초기에는 가장 유리한 채널에 집중하여 특화된 MPPA를 작성하고 전략을 집중하는 것이 현명한 방법입니다. 그렇게 쌓인 경험과 데이터를 바탕으로 점차 타 채널로 확장해 나가는 방식을 활용한다면 자원 대비 효율이 높고, 실패 가능성도 줄일 수 있습니다. 이때도 역시, 각 채널별로 MPPA를 분리하고 관리하는 것이 장기적으로 더 큰 성과로 이어집니다.

MPPA는 단순한 상품 분석표가 아닙니다. 그것은 내가 선택한 채널에서, 나의 제품이 어떻게 반응하고 있는지를 객관적으로 보여 주는 실시간 전략 지도입니다. 한 장의 표라도, 어디서 수집했는지, 어떤 기준으로 정리했는지에 따라 완전히 다른 결론이 나올 수 있습니다.

채널마다 소비자는 다르고, 그들이 반응하는 방식도 다릅니다. 이 차이를 정확히 분석하고, 그것에 맞춰 설계하는 것이야말로 진짜 '팔리는 상품'을 만드는 출발점입니다.

데이터로 읽고, 전략으로 움직여라

36

반복과 진화가
성패를 가른다

    많은 소상공인들이 창업 초기나 신제품 기획 단계에서 MPPA를 한 번 작성한 뒤 그 표를 기준으로 의사결정을 내립니다. 이는 매우 훌륭한 출발점이며, 최소한의 분석 없이 감에만 의존하는 것보다 훨씬 안정적인 방식입니다.

    그러나 진짜 문제는 그다음에 발생합니다. 시장이 변해도, 소비자 트렌드가 바뀌어도, 경쟁사 제품이 새롭게 등장해도 MPPA는 그대로인 경우가 많습니다. 이렇게 되면 애초에 데이터 기반 전략을 세웠던 의미가 퇴색되고, 시간이 지나며 분석이 현실과 어긋나기 시작합니다. 그래서 MPPA는 단발성 작업이 아니라 반복과 진화를 전제로 한 지속형 도구로 접근해야 합니다.

매일 변화하는 시장에서 살아남는 법

    시장은 살아 움직이는 생물과 같습니다. 계절이 바뀌면 소비자의 관심사도 바뀌고, 사회적 이슈나 플랫폼 알고리즘의 변화에 따라 제품의 노출 구조도 크게 달라집니다. 특히 온라인 시장은 그 변화의 속도가 매우 빠릅니다. 오늘은 잘 팔리는 구성과 가격이, 내일은 경쟁력을 잃는 상황이 얼마든지 생길 수 있습니다. 이런 변화를 감지하고 신속하게 대응하기 위해서는, MPPA 역시 정기적으로 업데이트되고 재구성되어야 합니다.

MPPA를 반복적으로 작성한다는 것은 단순히 표를 새로 만든다는 의미가 아닙니다. 첫 번째 MPPA는 기초 조사에 가깝습니다. 내 제품과 유사한 시장에서 어떤 요소가 고객에게 반응을 얻는지를 처음으로 확인하는 작업입니다. 그러나 두 번째, 세 번째 MPPA부터는 그 변화의 흐름을 추적하는 단계로 넘어갑니다. 다시 말해, 시간의 흐름에 따른 데이터 비교가 핵심이 되는 것입니다.

예를 들어, 지난 분기에는 파우치형 제품이 주류였다면 이번 분기에는 알약 형태 제품이 빠르게 성장하고 있는지, 혹은 리뷰 키워드에서 강조되는 표현이 '간편함'에서 '신뢰감'으로 바뀌고 있는지 등, 고객의 니즈 변화가 어떤 방식으로 나타나는지를 파악하는 데 초점을 맞추는 것입니다.

데이터 기반 전략가로 성장하는 첫걸음

또한 MPPA는 제품별 비교표이기도 하지만, 내 제품의 변화를 스스로 점검할 수 있는 내부 도구이기도 합니다. 예를 들어 내가 판매 중인 상품의 평점이 예전보다 낮아졌다면, 경쟁 제품은 어떤 점에서 더 좋은 반응을 얻고 있는지, 혹은 내 상세페이지 구성이나 마케팅 문구가 고객의 기대와 어긋나고 있는지 등을 다시 분석해야 합니다. 이를 위해서는

데이터로 읽고, 전략으로 움직여라

이전에 작성한 MPPA와 새로운 MPPA를 나란히 비교하고, 변화된 항목을 중심으로 전략을 수정해 나가야 합니다.

이때 중요한 것은 단순히 수치의 변화만을 보는 것이 아니라, 패턴의 이동을 읽어 내는 능력입니다. 어떤 구성, 어떤 색상, 어떤 포장 방식이 점점 더 많이 채택되고 있는지, 어떤 키워드가 새롭게 등장하는지를 파악해야 합니다. 이런 변화는 처음에는 미세한 흐름으로 나타나지만, 곧 시장 전반의 판도를 바꾸는 트렌드로 발전하게 됩니다. 반복된 MPPA 분석은 이러한 트렌드를 빠르게 감지할 수 있는 감각을 길러 줍니다.

이러한 반복과 진화의 과정에서 소상공인은 단순한 판매자가 아니라 데이터 기반 전략가로 성장하게 됩니다. 제품 기획, 마케팅, 고객 응대, 판매 채널 전략 등 전 영역에서 MPPA 데이터를 중심으로 판단하고 조정하는 습관이 생깁니다. 이는 단순히 현재 팔리는 제품을 만드는 것에 그치지 않고, 앞으로 팔릴 제품을 기획하고 준비하는 사업자로 나아가는 첫걸음이 됩니다.

체계화, 정기화로 사업 운영 정밀도를 높여라

이 과정을 체계화하려면, 단순한 엑셀 파일 이상으로 MPPA를 관리할 필요가 있습니다. 정기적인 리포트 형태로 MPPA를 업데이트하고, 경쟁사 제품 리스트를 주기적으로 갱신하며, 채널별 성과 변화와 리뷰 키워드의 움직임을 정리하는 시스템을 갖추는 것이 좋습니다. 작은 사업이라도 이러한 루틴을 만들고, 정기적인 분석과 회고 시간을 갖는다면 사업 운영의 정밀도는 대기업 못지않게 높아질 수 있습니다.

MPPA의 반복 작성은 결국 시장에 대한 나의 적응력과 민감도를 키워 주는 훈련 과정이기도 합니다. 매달 혹은 분기마다 표를 갱신하고, 숫자의 변화 속에서 고객의 행동과 감정을 추적하는 일은 처음에는 번거로울 수 있습니다. 그러나 이 작업이 쌓이면 쌓일수록 데이터 해석력이 향상되고, 트렌드를 앞서가는 기획 감각이 자연스럽게 생겨나게 됩니다.

시장은 멈추지 않는다, 분석도 멈춰선 안 된다

MPPA는 단 한 번의 분석으로 끝나는 정적인 문서가 아니라, 시장 변화에 맞춰 끊임없이 조정되고 진화해야 하는 살아 있는 전략 도구입니다. 표 하나만 잘 써도 사업 방향이 바뀌고, 실패 확률이 줄어들며, 고객의 마음을 읽을 수 있습니다. 그러나 그 표를 반복하고 개선하지 않으면 결국 처음의 분석은 구식 정보로 전락하게 됩니다.

시장은 멈추지 않기 때문에, 분석도 멈추면 안 됩니다. MPPA는 반복할수록 정교해지고, 업데이트할수록 내 사업을 더 날카롭게 만들어 줍니다. 반복과 진화. 그것이 MPPA를 진짜 무기로 만드는 길입니다.

데이터로 읽고, 전략으로 움직여라

37

표 하나로 시작하는
실전 전략

많은 소상공인들이 시장 조사를 막연하게 느끼는 이유는 '어디서부터 시작해야 할지 모르겠기 때문'입니다. 베스트셀러 상품을 몇 개 살펴보는 것으로 끝나고, 결국 감에 기대어 기획을 진행하게 되는 경우도 많습니다. 그러나 MPPA를 제대로 작성하면 시장에 대한 인식이 분명하게 달라집니다. 그 표 안에는 단순한 숫자가 아니라, 고객이 어떤 제품을 선택하고 있는지, 어떤 속성에 반응하고 있는지가 구조적으로 담깁니다.

그 시작을 쉽게 풀어 보려면, 실제 사례를 기반으로 살펴보는 것이 가장 효과적입니다. 이 글에서는 '복분자즙' 상품을 예로 들어, MPPA가 어떻게 실전 전략으로 연결될 수 있는지를 구체적으로 살펴보겠습니다.

복분자즙 시장, MPPA로 분석하기

복분자즙은 건강식품 분야에서 상대적으로 익숙한 상품이며, 다양한 브랜드들이 경쟁하고 있는 시장입니다. 판매 채널은 주로 온라인 중심이며, 네이버 스마트스토어, 쿠팡, 자사몰 등에서 활발히 유통되고 있습니다.

먼저 MPPA 작성을 위해 상위 10개 제품을 선정합니다. 기준은 네이버 쇼핑과 쿠팡에서 '복분자즙' 키워드로 검색했을 때, 베스트 순위에 올라 있는 제품들입니다. 그리고 해당 제품들에 대해 상품명, 브랜드 유무, 가격, 용량, 포장 형태, 포장 단위, 상품 주요 색상, 품질 특성, 리뷰 개수, 평균 별점, 주요 리뷰 키워드, 판매 채널, 배송 방식, 판촉 방법, 상세페이지 특이사항 등 15개의 항목을 표 형태로 정리합니다.

이 표를 작성하고 나면, 단순히 제품을 나열하는 것과는 전혀 다른 차원의 인사이트가 눈에 들어오기 시작합니다. 예를 들어, 상위 10개 복분자즙 제품 중 8개가 30포 구성, 파우치 포장, 가격대 29,000~35,000원, 무료 배송, 국산 복분자 사용 강조, '진하다', '건강하다', '당도 적당' 등의 리뷰 키워드를 공통적으로 가지고 있다는 점을 확인할 수 있습니다. 이 패턴은 단순한 유행이 아니라, 소비자들이 이 시장에서 기대하는 '기본값'이라는 의미를 지닙니다. 즉, 내가 복분자즙을 기획할 때 이 기본값에서 벗어나는 요소가 있다면, 소비자가 낯설거나 불편하게 느낄 가능성이 높다는 것입니다.

포장 형태를 보면 거의 모든 제품이 스탠딩 파우치를 사용하고 있으며, 병 제품은 오히려 소수였습니다. 이는 보관과 섭취의 편의성이 주요 구매 포인트라는 것을 반영하는 지표입니다. 가격대를 살펴보면 1포당 약 1,000~1,200원 선이 형성되어 있으며, 이보다 비싼 제품은 프리미엄 원료나 기능성 성분을 강조하고 있습니다. 리뷰 수와 평점은 대부분 리뷰 1,000건 이상, 평점 4.7~4.9 수준이며, 이 역시 제품의 신뢰도를 나타내는 기준점이 됩니다.

상세페이지를 분석하면 공통적으로 나타나는 구조도 확인할 수 있습니다. 상단에는 주요 효능 요약, 중간에는 원료 원산지 정보와 제조 공정 이미지, 하단에는 섭취 방법, 주의사항, 자주 묻는 질문, 마지막에는 리뷰 요약 및 만족도 시각화 이미지가 대부분의 제품에 공통적으로 포함되어 있습니다. 이는 상세페이지 제작 시 참고할 수 있는 구조적 기준이 됩니다.

분석은 전략으로 연결된다

이처럼 MPPA를 통해 얻을 수 있는 정보는 생각보다 훨씬 풍부하고, 실전 전략으로 바로 연결됩니다. 예를 들어 내가 복분자즙 제품을 기획한다고 가정해 보면, 이 데이터를 바탕으로 다음과 같은 결정을 내릴 수 있습니다.

- 제품 구성: 30포 파우치형 제품으로 설정. 추가로 소포장 체험용 10포 구성도 함께 기획
- 가격 정책: 32,000원으로 책정하되, 29,900원 할인 행사 시 경쟁력 확보
- 포장 디자인: 붉은빛 중심의 컬러 구성 + '100% 국산 복분자' 문구 전면 배치
- 상세페이지 구성: 상위 제품의 공통 레이아웃 구조를 참고하여 직관적으로 설계
- 마케팅 키워드: '진한 맛', '당도 조절', '부모님 선물용' 등 리뷰 키워

드 활용

- 판매 채널 전략: 초반엔 쿠팡 위주로 진입, 이후 네이버 키워드 광고 확장
- 리뷰 유도: 3포 체험 키트 사은품 제공 조건으로 리뷰 수 확보 전략 실행

전략 설계, 한 장의 표에서 시작된다

위의 전략은 MPPA 하나에서 모두 도출된 실전 실행안입니다. 단순히 "요즘 복분자즙이 잘 팔린다더라."는 추상적인 정보가 아니라, 구체적인 데이터와 소비자 반응에 기반한 전략이라는 점에서 큰 차이가 있습니다. 또한 MPPA는 한 번의 기획에만 사용하는 것이 아니라, 제품 출시 후 리뷰 변화, 판매 성과, 시장 반응을 반영하여 지속적으로 업데이트하고 전략을 수정하는 기준표로도 활용할 수 있습니다.

결론적으로, 시장을 분석하는 방법이 막막하다면 MPPA 한 장의 표부터 시작해 보는 것을 권합니다. 내가 어떤 고객을 타깃으로 할 것인지, 그 고객이 실제로 어떤 선택을 하고 있는지를 체계적으로 보여 주는 구조이기 때문입니다. 특히 처음 제품을 기획하는 소상공인에게는, 감에 기대지 않고 데이터로 사업을 설계할 수 있는 가장 현실적이고 강력한 도구가 될 수 있습니다. 복분자즙이든 다른 제품이든, 시장을 보는 눈을 키우고 전략을 설계하는 첫걸음은 언제나 표 하나에서 시작됩니다.

38

데이터는 말한다:
시장의 '보이는 진실'을 읽는 방법

소상공인 여러분이 처음 시장에 뛰어들 때 가장 흔히 의존하는 것은 '감'입니다. "이 제품은 잘 팔릴 것 같다.", "내가 보기엔 이게 더 예쁜데?", "요즘 트렌드는 이런 거니까 따라가야지."와 같은 직관은 창업 초기의 결정에서 자주 등장합니다. 물론 감각은 무시할 수 없는 요소이며, 빠르게 방향을 잡는 데 도움을 주기도 합니다. 그러나 감은 어디까지나 '출발점'일 뿐, 그것만으로 비즈니스를 설계하고 운영하기엔 너무 많은 위험이 따릅니다. 진짜 전략은 '보이는 진실', 즉 데이터에서 출발해야 합니다.

감보다 강한 전략의 언어, 데이터

데이터는 시장과 소비자의 행동을 정직하게 보여 주는 유일한 언어입니다. 고객은 제품에 대해 말하지 않아도, 무엇을 선택했는지, 어떤 구성에 반응했는지, 어떤 키워드에 클릭했는지, 어떤 포장에서 만족했는지 등의 모든 정보를 데이터로 남깁니다. 우리가 MPPA를 활용하는 이

유도 바로 여기에 있습니다. 감이 아니라, 데이터가 말해 주는 시장의 흐름을 직접 확인하고, 그 속에서 살아 있는 전략을 만들어 내는 도구로서 MPPA는 매우 강력한 힘을 발휘합니다.

예를 들어 특정 건강식품을 판매하고 싶다고 가정해 봅시다. 그냥 "요즘 건강식품 잘 나간대."라는 말만 믿고 제품을 기획하는 것과, 베스트셀러 10개를 정리해서 가격대, 용량, 포장 형태, 리뷰 키워드, 판매 채널, 상세페이지 구조까지 정리해 보는 것에는 하늘과 땅 차이가 있습니다. 후자의 경우, 고객이 어떤 제품을 왜 선택했는지를 구체적으로 파악할 수 있고, 그에 따라 제품 기획, 마케팅 전략, 포지셔닝 모두가 정교하게 설계됩니다.

실제로 데이터를 정리해 보면 우리가 생각했던 것과는 전혀 다른 결과가 나오는 경우가 많습니다. 예를 들어 "가성비가 중요하니까 저렴하게 만들어야겠다."고 생각했지만, 정작 상위권 제품은 모두 중간 가격 이상에 포장과 원료에 차별화된 전략을 취하고 있는 경우도 있습니다. 리뷰 분석을 통해 보면 "싸서 샀어요"보다는 "믿고 먹어요", "포장이 고급스러워요" 같은 문구가 훨씬 자주 등장하는 경우도 있습니다. 이처럼 데이터는 우리가 직관적으로 느끼는 흐름을 검증하고, 때로는 반박하며 보다 정확한 현실을 보여 줍니다.

시장의 '진실'을 알려 주는 실전 프레임

MPPA는 단순히 정보를 나열하는 표가 아닙니다. 그 안에 숨겨진 패턴과 구조를 읽을 수 있을 때, 비로소 '보이는 진실'을 만날 수 있습니다. 예를 들어, 동일한 제품 카테고리에서 파우치형 제품이 70퍼센트 이상을 차지하고 있다면, 이것은 단순한 유행이 아니라 소비자가 선택한 편의성과 효율성의 기준입니다. 만약 내가 병 제품을 출시하고자 한다면, 이 데이터는 나에게 경고 신호를 보내는 셈입니다. 물론 병 제품도 차별화가 가능하지만, 그에 걸맞은 추가 가치 제안이 반드시 필요하다는 뜻이기도 합니다.

또한 데이터는 단지 '현상'을 설명하는 데서 멈추지 않습니다. 앞으로 어떤 선택을 할 것인가에 대한 기준을 마련해 줍니다. 예를 들어, 평균 별점과 리뷰 수가 일정 기준 이상인 제품들의 공통점은 무엇인지, 상세페이지에 어떤 구성 요소가 포함되어 있는 제품이 높은 전환율을 보이는지 등을 분석하다 보면, 내가 기획하는 상품에 적용해야 할 우선순위가 명확해집니다. 이렇게 축적된 데이터는 결국 감이 아닌 근거 기반의 기획을 가능하게 합니다.

MPPA의 항목 하나하나는 소비자의 선택과 직결되어 있는 실질적인 요소들입니다. 상품명, 브랜드 유무, 가격, 용량, 포장 형태, 포장 단위, 색상, 품질 특성, 리뷰 수, 평균 별점, 리뷰 키워드, 판매 채널, 배송 방식, 판촉 방법, 상세페이지 특이사항 등 이 15가지 지표는 시장의 겉모습이 아니라 속살을 보여 주는 창문과 같습니다. 각각의 숫자와 항목이 어떤 식으로 반복되는지, 경쟁 제품 간의 차이는 어디에 있는지를 파악하다 보면, 고객이 어떤 기준으로 상품을 선택하고 있는지 선명하게 보이기 시작합니다.

시장은 말이 없지만, 데이터는 말해 준다

물론 데이터 분석은 처음에는 낯설고 번거로울 수 있습니다. 하지만 한 번이라도 표로 정리해 보고, 거기서 도출된 인사이트를 제품에 적용해 본 경험이 생기면, 그 효과를 직접 체감하게 됩니다. 그리고 그때부터는 데이터를 바라보는 관점이 달라집니다. 막연히 '뭔가 잘 팔리는 것 같다'가 아니라, '왜 잘 팔리는지', '어디서 차별화해야 하는지'를 알게 되는 것이죠.

시장은 말이 없지만, 데이터는 끊임없이 이야기하고 있습니다. 감이 아니라 데이터가 말해 주는 사실에 귀를 기울이십시오. 그리고 그 데이터를 구조화해 보여 주는 MPPA라는 도구를 통해, 그 이야기 속에서 전략을 끌어내십시오. 시장의 보이는 진실을 읽을 수 있는 눈이 생기면, 더 이상 시행착오에 시간을 낭비하지 않아도 됩니다. 그리고 그 시작은 언제나 데이터를 '제대로' 바라보는 태도에서 시작됩니다.

감에서 데이터로: MPPA를 통한 시장 분석

기본 정보	제품 특성	소비자 반응	유통/마케팅
상품평	브랜드 유무	소셜	가격
용량	포장 형태	리뷰 평점	판매 채널
	품질 특성	리뷰 키워드	
	형태		

데이터로 읽고, 전략으로 움직여라

39

머뭇거리지 말고 적용하라:
MPPA는 실행의 도구다

시장 조사는 사업의 시작입니다. 그러나 시장 조사만 하고 사업을 실행하지 않는다면, 그것은 단지 공부에 머무를 뿐입니다. 마찬가지로 MPPA를 작성해 놓고도 적용하지 않는다면, 아무리 정교한 표라도 그 가치는 반으로 줄어듭니다. 많은 소상공인들이 "데이터는 중요하다."고 말하면서도, 정작 데이터를 기반으로 구체적인 액션 플랜을 세우는 데에는 머뭇거립니다. 그러나 MPPA는 단지 생각을 정리하는 도구가 아닙니다. 그것은 실행을 위한 설계도이며, 실전에 바로 적용할 수 있도록 돕는 전략적 도구입니다.

내 제품의 경쟁력을 판단하는 바로미터

예를 들어, 복분자즙 시장의 MPPA를 작성했다고 가정해 봅시다. 10개 상품의 데이터를 비교 분석하여 대부분이 30포 구성, 파우치 포장, 가격대는 29,000~35,000원 사이, 리뷰 키워드는 '진하다', '당도 적당', '배송 빠름'이라는 점을 확인했습니다. 여기서부터 머뭇거림 없이 다음 단계로 넘어가야 합니다. 내 상품이 이 조건을 충족하고 있는지, 충족하지 않는다면 어떤 부분을 조정해야 할지를 실질적으로 검토해야 합니다. 이 데이터는 단지 참고 사항이 아니라, 현재 내 제품의 경쟁력을 판단하는 바로미터가 되는 것입니다.

MPPA의 강점은 복잡한 인사이트를 간단한 표로 정리함으로써 의사 결정을 빠르게 할 수 있도록 도와준다는 점입니다. 사업을 운영하다 보면 크고 작은 선택의 순간이 끊임없이 발생합니다.

- 가격을 올려야 할까?
- 패키지를 바꿔야 할까?
- 구성 수량을 줄여야 할까?

이런 질문에 답하기 위해 매번 시장 전체를 다시 조사할 수는 없습니다. 이럴 때 바로 MPPA가 그 기준이 되어 줍니다. 가장 핵심적인 경쟁 제품의 속성을 정리해 둔 이 한 장의 표는, 어떤 전략이 유효할 가능성이 높은지를 실시간으로 보여 주는 나침반이 됩니다.

빠른 실행이 답이다

문제는 많은 분들이 이 데이터를 눈앞에 두고도 "내 상황엔 아직 적용하긴 이르다.", "조금 더 여유가 생기면 해 보자."라는 식으로 실행을 미루는 것입니다. 하지만 데이터를 기반으로 한 전략은 빠르게 실행해 보고 반응을 확인하는 것이 핵심입니다.

MPPA에서 얻은 인사이트는 시간이 지날수록 가치가 떨어집니다. 시

데이터로 읽고, 전략으로 움직여라

장은 계속 변하기 때문에, '지금 보이는 진실'은 곧 '과거의 정보'가 되기 마련입니다. 그래서 이 분석은 최대한 빠르게, 소규모라도 실전에 옮기는 것이 가장 현명한 접근입니다.

예를 들어 가격대를 정할 때 MPPA에서 확인한 평균값이 32,000원이었다면, 내 제품을 29,800원에 시도해 보고 반응을 측정해 보는 것이 중요합니다. 리뷰 키워드 중에 '간편함'이 많았다면, 상세페이지 문구를 "간편하게 하루 한 포"로 바꾸어 봐야 합니다. 포장 단위나 디자인이 다소 벗어나 있다면, 샘플 제품이나 체험용 구성을 제작하여 고객 반응을 검토해 보는 것도 방법입니다. 데이터를 빠르게 적용해 본 사람만이 그 정보의 진짜 가치를 확인할 수 있습니다.

자본보다 실행력을 높이는 가장 현실적인 방법

MPPA가 소상공인에게 특히 유용한 데는 이유가 있습니다. 대기업처럼 수억 원의 예산을 들여 마케팅 실험을 하지 못하는 상황에서, MPPA는 기존 시장에서의 '실패하지 않은 전략'을 그대로 벤치마킹할 수 있는 데이터이기 때문입니다. 잘 팔리는 제품이 어떤 요소를 가지고 있는지를 확인하고, 그 구성요소를 내 제품에 맞춰 현실적으로 적용하는 것만으로도 시행착오를 줄일 수 있습니다. 결국, 이는 자본보다 실행력을 높이는 가장 현실적인 방법입니다.

중요한 점은, MPPA를 완벽하게 작성해야만 적용할 수 있는 게 아니라는 점입니다. 초반에는 단 5개 제품만 비교해도 되고, 항목 수도 10개 이하로 시작해도 좋습니다. 중요한 건 '일단 표로 정리해 보고, 거기서 도출한 기준을 당장 적용해 보는 것'입니다. 상품 상세페이지의 문구한 줄을 바꾸는 것부터, 구성 단위 조정, 가격을 1천 원만 낮춰 보는 것 등 작은 실행도 모두 적용입니다. 그리고 이런 적용이 반복되면, 점차 내 제품의 방향성과 고객 반응 사이의 연결 고리가 명확해지기 시작합니다.

따라서 MPPA는 생각을 정리하고 사업 아이디어를 명확히 해 주는 도구이기도 하지만, 그 진짜 가치는 실행을 유도하는 데 있습니다. 분석과 기획은 실전에서 살아 움직일 때 비로소 완성됩니다. 데이터를 만들었으면, 망설이지 말고 움직이십시오. 작게라도 적용해 보면, 그 한 걸음이 다음 전략의 방향을 알려 줄 것입니다.

머뭇거리지 말고 적용하십시오. MPPA는 책상 위의 표가 아니라, 현장에서 살아 숨 쉬는 도구가 되어야 합니다.

c   h   a   t   e   r   5

어떻게 팔아야 할까?
효과적인 판매 전략

'어디서'보다 '어떻게'가 중요한 이유는 뭘까요? 판매할 채널을 선택하는 것도 중요하지만, 더 중요한 것은 어떻게 판매할 것인가의 전략입니다. 동일한 상품이라도 판매 방식에 따라 성과는 큰 차이가 납니다. 자사의 리소스를 고려하여 효율적인 전략을 선택해야 합니다. 무작정 여러 채널을 활용하기보다는 가장 효과적인 전략을 택해 집중하는 것이 중요합니다. 초기 판매 방식 결정이 향후 사업 성패에 큰 영향을 미치므로 신중한 판단이 요구됩니다.

40

팔리는 곳보다
팔리는 방식이 먼저다

창업을 준비 중인 소상공인 여러분이 가장 처음 고민하는 부분은 "어디에서 제품을 팔아야 할까?"라는 질문일 것입니다. 온라인몰이 좋을지, 스마트스토어가 적합할지, 또는 SNS 채널을 활용한 판매 방식이 나을지에 대해 다양한 정보를 수집하고 비교하게 됩니다. 하지만 진정으로 중요한 질문은 그보다 앞선 지점에 있습니다. 바로 "어디에서"가 아니라 "어떻게" 판매할 것인가에 대한 문제입니다. 채널보다 중요한 것은 결국 판매 방식의 전략성이며, 그 방식이 고객의 구매 결정과 재구매에 훨씬 더 큰 영향을 미칩니다.

하나의 채널에 집중해야 하는 이유

온라인 유통 환경은 빠르게 변화하고 있으며, 다양한 채널이 생겨나고 있습니다. 각 채널마다 특성이 다르고, 타깃 고객층도 다르기 때문에 어떤 채널을 선택하는가는 분명 중요한 요소입니다. 그러나 제품을 단순히 노출한다고 해서 자동으로 팔리지는 않습니다. 제품의 구성, 상

데이터로 읽고, 전략으로 움직여라

세페이지의 이미지와 문구, 가격 책정, 리뷰 유도 전략 등 판매 전략이 얼마나 정교하게 설계되었는지가 실질적인 성과를 좌우합니다. 동일한 제품이라도 어떤 방식으로 전달되느냐에 따라 소비자의 반응은 크게 달라질 수 있습니다.

특히 소상공인의 경우, 모든 유통 채널을 동시에 운영하기에는 인력과 자금의 한계가 명확합니다. 여러 채널에 제품을 분산하여 등록할 경우, 관리가 분산되며 고객 대응이나 마케팅 활동에도 집중하기 어려워집니다. 이러한 상황에서는 하나의 채널을 선택하고, 그 안에서 판매 전략을 정교하게 다듬어 반응을 측정하고 개선하는 집중 전략이 더 효율적입니다. 하나의 채널이라도 깊이 있게 운영하면, 소비자 반응을 분석하고 반복적인 개선을 통해 성공 공식을 만들어 나갈 수 있습니다.

고객을 중심으로 전략을 설계하라

예를 들어, 복분자즙 제품을 쿠팡에서 판매한다고 가정하겠습니다. 단순히 제품을 등록하는 것으로 끝내는 것이 아니라, 초기 리뷰 확보를 위한 샘플 프로모션을 기획하고, 상세페이지에서는 복분자의 효능과 제품의 차별성을 강조하는 콘텐츠를 구성하며, 키워드 광고를 통해 타깃 소비자에게 노출되는 구조를 만들어야 합니다.

또한 고객의 리뷰를 분석하여 긍정적인 반응이 많았던 포인트를 강조하고, 불만족 요인이 발생했다면 빠르게 개선하는 과정도 병행되어야 합니다. 이러한 전략적인 접근은 단순한 채널 선택보다 훨씬 더 높은 전환율과 고객 충성도를 확보하게 해 줍니다.

이와 같은 판매 전략 수립의 핵심은, 고객을 가장 중심에 놓는 사고

방식입니다. 고객은 제품을 보고 구매하는 것이 아니라, 그 제품이 어떤 가치로 자신에게 다가오는지를 보고 판단합니다. 따라서 단순히 제품을 소개하는 것이 아니라, 고객이 어떤 문제를 해결할 수 있을지, 어떤 경험을 얻을 수 있을지를 중심으로 판매 방식을 설계해야 합니다. 이러한 전략이 실현되었을 때, 고객은 제품이 아니라 브랜드 전체에 신뢰를 갖게 됩니다.

채널보다 '방식'이 성패를 가른다

정리하자면, 사업의 성패는 어디에서 제품을 판매하느냐보다 어떻게 판매할 것인가에 달려 있습니다. 채널 선택은 전략의 한 부분일 뿐, 전체가 아닙니다. 고객의 구매 결정은 브랜드가 전달하는 메시지와 경험, 그리고 신뢰를 기반으로 이루어지기 때문에, 처음 제품을 판매할 때부터 방식에 대한 명확한 전략을 세우고 실행하는 것이 매우 중요합니다. 특히 자원이 제한된 소상공인일수록, 채널보다 방식에 집중해야 성과를 빠르게 만들 수 있습니다. 그것이야말로 작지만 강한 브랜드가 시장에서 생존하고 성장하는 길입니다.

데이터로 읽고, 전략으로 움직여라

41

채널보다 전략:
한정된 자원, 어디에 집중할 것인가

창업을 준비 중이거나 이제 막 시작한 소상공인이 가장 먼저 부딪히게 되는 문제 중 하나는 "이 많은 판매 채널 중 어디에 집중해야 할까?"입니다. 온라인 커머스가 다양하게 발전한 시대인 만큼, 쿠팡, 네이버 스마트스토어, 자사몰, 오픈마켓, SNS 마켓 등 수많은 유통 경로가 존재하며, 각각의 장단점도 존재합니다. 하지만 문제는 자원이 무한하지 않다는 데 있습니다. 대부분의 소상공인이 자금, 인력, 시간 등 모든 면에서 제한적인 조건에서 사업을 시작하기 때문에, 채널을 다각화하기보다는 명확한 전략을 기준으로 집중할 곳을 선정하는 것이 훨씬 더 현명합니다.

왜 채널을 다각화하면 어려운가

판매 채널을 늘리는 것이 매출을 늘릴 수 있다는 기대감은 충분히 이해할 수 있습니다. 그러나 실제로 다양한 채널을 동시에 운영하게 되면 운영의 효율성이 떨어지고, 오히려 각 채널에서 제대로 된 성과를 얻지 못하는 상황이 발생할 수 있습니다. 제품 등록, 광고 관리, 고객 응대, 리뷰 관리, 물류 처리 등은 채널마다 요구하는 방식이 다르며, 이 모든 것을 동시에 관리하려면 많은 인력과 경험이 필요합니다. 결국 하나하나의 채널에서 집중력이 떨어지고, 고객의 반응을 제대로 확인하지 못하게 되는 결과를 초래할 수 있습니다.

이런 상황에서 가장 중요한 전략은 '선택과 집중'입니다. 모든 채널을 활용하기보다는, 내 제품의 타깃 고객과 제품 속성에 가장 적합한 채널을 선정하고, 그 채널 안에서 얼마나 전략적으로 운영할 수 있을지를 중심으로 사업을 설계해야 합니다.

채널별 특징과 실제 적용 사례

예를 들어, 쿠팡은 로켓배송과 리뷰 기반 전환율이 핵심인 플랫폼이며, 네이버 스마트스토어는 검색 노출과 상세페이지 품질이 구매 전환에 더 큰 영향을 줍니다. 자사몰은 충성 고객과 장기 관계 형성에 강점을 가지지만 초기 유입이 어렵습니다. 따라서 제품의 특징과 브랜드 운영 목적에 따라 집중할 플랫폼을 정하고, 그 안에서 세부 전략을 정교하게 설계하는 것이 더 효과적입니다.

실제로 주방용품을 판매하는 A사는 초기에 네이버 스마트스토어, 쿠팡, G마켓, 11번가 등 4개 오픈마켓에 동시 입점하며 각 채널마다 월 50만 원씩 광고비를 집행했습니다. 하지만 채널별 운영 방식이 달라 상세페이지와 키워드를 제대로 최적화하지 못했고, 3개월간 총 600만 원의 광고비를 쓰고도 월평균 매출 180만 원에 그쳤습니다.

이후 네이버 스마트스토어 한 곳에 집중하기로 전략을 바꿨습니다.

데이터로 읽고, 전략으로 움직여라

'실리콘 주걱', '내열 뒤집개' 같은 구매 전환율이 높은 키워드를 분석해 상세페이지를 검색 최적화 중심으로 재구성하고, 구매 고객에게 직접 연락해 포토 리뷰를 유도하며 답글도 일일이 달았습니다. 그 결과, 동일한 월 50만 원 예산으로도 3개월 만에 월 매출 650만 원을 달성하며 안정적인 수익 구조를 만들 수 있었습니다.

반대로 폰 액세서리를 판매하던 B사는 쿠팡 로켓배송을 전략의 중심 축으로 삼았습니다. 경쟁사 대비 10~15% 낮은 가격과 당일배송을 전면에 내세우며, 초기 100명의 구매자에게 사은품을 제공하고 적극적으로 리뷰를 확보했습니다. 쿠팡 특유의 리뷰 노출 알고리즘에 맞춰 초기 2주 만에 80개 이상의 리뷰를 쌓았고, 이를 바탕으로 3개월 만에 월 판매량 1,200개를 돌파하며 빠르게 성장했습니다.

이처럼 하나의 채널에 집중하고 데이터를 수집한 후, 이후 다른 채널로의 확장을 도모하는 구조가 훨씬 더 안정적이고 실행 가능한 방식입니다.

전략적 집중의 강점

전략 중심의 선택은 비용 측면에서도 매우 중요합니다. 한정된 예산으로 모든 채널에 광고를 조금씩 집행하게 되면, 어느 곳에서도 의미 있는 결과를 얻기 어렵습니다. 반면, 특정 채널에 집중하여 광고와 콘텐츠 전략을 설계하고, 반복적으로 수정 및 보완하면서 전환율을 높여가는 방식은 훨씬 더 비용 대비 효과가 높습니다. 이렇게 쌓인 경험과 데이터를 통해 새로운 제품을 출시하거나 타 채널에 진입할 때 훨씬 더 효율적인 의사결정이 가능해집니다.

전략적 집중은 내부 운영 측면에서도 장점을 가집니다. 하나의 채널에 집중하여 운영하면 업무 흐름이 단순화되고, 고객 응대와 물류 체계도 안정적으로 관리할 수 있습니다. 이는 곧 고객 경험의 일관성으로 이어지며, 브랜드 신뢰도를 높이는 데도 긍정적인 영향을 줍니다. 반면, 채널마다 서로 다른 정책과 요구 조건에 대응하게 되면, 운영자 혼자서는 감당하기 어려운 업무 과부하가 발생하며, 작은 실수도 고객 이탈로 이어질 수 있습니다.

중요한 건 '많이 하기'가 아닌 '제대로 하기'

무엇보다도 중요한 점은, 단기적인 매출보다 장기적인 운영 기반을 다지는 데 집중해야 한다는 것입니다. 채널은 수단일 뿐이며, 그 안에서 어떻게 전략을 실행하느냐가 결과를 결정짓습니다. 단기적으로는 다채널 운영이 매출을 높일 수 있어 보이지만, 장기적으로 보면 집중한 한 채널에서 탄탄하게 전략을 완성하고, 그 안에서 고객 반응을 빠르게 확인하며 제품과 마케팅을 개선해 나가는 방식이 더 안정적이고 지속 가능한 방식입니다.

소상공인에게 가장 필요한 것은 '많이 하기'가 아니라 '제대로 하기'입니다. 모든 것을 다 하려 하기보다, 가장 중요한 전략과 채널에 집중하고, 그 안에서 충분한 학습과 개선의 사이클을 돌린다면 더 깊고 확실한 성과를 얻을 수 있습니다. 자원이 제한된 현실을 전략으로 전환하는 능력은, 결국 집중력에서 시작됩니다. 지금, 여러분의 브랜드가 어디에 자원을 집중해야 할지 다시 한번 점검해 보십시오.

42

처음에 정한 방식이
결국 성패를 가른다

창업 초기에는 해야 할 일이 너무 많습니다. 제품 개발, 포장 디자인, 가격 책정, 상세페이지 구성, 판매 채널 선정 등 모든 것이 동시에 진행되다 보니, 많은 소상공인들이 일단 제품부터 시장에 내놓고 반응을 보겠다는 생각으로 시작하곤 합니다.

하지만 판매 방식, 다시 말해 제품을 어떤 구조로, 어떤 메시지로, 어떤 경로를 통해 고객에게 전달할 것인가는 단순한 시작의 문제가 아닙니다. 바로 그 방식이 이후 브랜드의 운영 방식과 고객의 경험, 그리고 장기적인 매출 구조를 결정짓는 가장 중요한 전략 요소가 됩니다. 처음에 정한 판매 방식은 단순한 실행 계획이 아니라, 사업 전체의 방향을 결정짓는 출발점이라고 보아야 합니다.

판매 방식도 전략적으로 설계되어야 한다
판매 방식은 다양한 요소의 결합으로 이루어져 있습니다. 예를 들어 제품의 포장 단위, 가격 구성, 프로모션 전략, 리뷰 유도 방식, 고객 응대 톤앤매너, 상세페이지 구성, 광고 전략 등이 모두 포함됩니다. 이러한 요소들은 하나하나 따로 움직이는 것이 아니라, 함께 유기적으로 작동하며 소비자에게 하나의 '경험'으로 전달됩니다.

이 중 단 하나라도 흐트러진다면 소비자는 혼란을 느끼거나 신뢰를 잃을 수 있으며, 그것은 곧 이탈로 이어질 수 있습니다. 반대로 처음부터 고객의 입장에서 정리된 판매 방식은 시간이 지날수록 더욱 단단한 브랜드 자산이 되어 돌아오게 됩니다.

예를 들어 복분자즙 제품을 50포 구성으로 판매하겠다는 전략을 세웠다고 가정해 보겠습니다. 이 구성은 초기에는 단가 경쟁력이나 재고 관리 측면에서는 유리할 수 있습니다. 하지만 실제 소비자가 처음 접하는 건강식품이라면, 부담 없는 체험 구성이 더 적합할 수 있습니다.

이처럼 초기 판매 방식이 소비자의 진입 장벽을 높일 수 있다는 점을 간과하면, 제품 자체의 품질과 무관하게 시장 반응은 저조할 수 있습니다. 그렇기 때문에 판매 방식은 제품의 가치와 소비자의 심리를 동시에 고려하여 전략적으로 설계되어야 합니다.

브랜드 방향에 맞게 신중하게 설계하라

또한 판매 방식은 브랜드의 정체성과도 직결됩니다. 제품을 어떤 언어로 설명하는지, 어떤 사진을 사용하는지, 고객 리뷰를 어떻게 수집하고 노출하는지 등 모든 것이 브랜드의 인상을 구성하는 요소입니다. 초기에 '할인' 중심의 전략으로 시작했다면, 이후 '프리미엄 브랜드'로 포지셔닝을 바꾸는 것이 어렵습니다. 반대로 '품질' 중심으로 출발하여 고객 신뢰를 확보한 브랜드는, 이후 가격 인상이나 고급화 전략도 자연스럽게 이어 갈 수 있습니다. 그렇기 때문에 초기의 판매 방식은 단기적인 매출보다 장기적인 브랜드 방향에 맞게 신중히 설계할 필요가 있습니다.

전략적 실행 로드맵 만들기

이와 함께, 판매 방식은 내부 운영 체계와도 긴밀하게 연결됩니다. 직접 판매 방식으로 시작할지, 벤더를 활용할지, 혹은 위탁배송이나 풀필먼트를 도입할지에 따라 물류 구조, 고객 응대 방식, CS 처리 프로세스까지 달라집니다. 이러한 운영의 구조는 하루아침에 바꾸기 어렵기 때문에, 처음부터 현실적인 리소스와 사업 목표를 고려하여 정해야 합니다. 초기에 정한 방식이 곧 업무 흐름이 되고, 그것이 곧 고객 만족도에 영향을 미치며, 나아가 수익 구조까지 연결되는 것입니다.

물론 사업 초기에는 모든 것을 완벽하게 계획하기 어렵습니다. 하지만 중요한 것은 명확한 방향성과 기준을 세워 두는 일입니다. 예를 들어, "초기 3개월은 벤더 판매로 시장 반응을 확보하고, 이후 자사몰로 전환하겠다." 혹은 "처음부터 체험 구성 위주로 판매하고, 리뷰가 쌓이면 정규 패키지로 확장하겠다."는 식의 전략적인 로드맵이 필요합니다. 이처럼 방향이 명확한 상태에서 유연하게 실행한다면, 시행착오가 줄어들고 고객 피드백을 전략적으로 수용하는 데도 수월해집니다.

판매 방식을 정할 때 고민해야 할 요소들

판매 방식은 고객의 반응을 이끌어 내는 가장 직접적인 수단입니다. 소비자가 처음 마주하게 되는 제품의 이미지, 상세 설명, 가격, 구성,

혜택, 리뷰, 배송 속도 등 모든 것이 고객이 "이 브랜드를 다시 살 것인지"를 결정짓는 기준이 됩니다. 그리고 이러한 기준은 대부분 처음에 정한 방식 위에서 작동하게 됩니다. 고객에게 신뢰를 주고 반복 구매를 유도하는 구조를 만드는 것, 그것이 바로 성패를 가르는 요소이며, 그 출발점이 바로 판매 방식입니다.

따라서 판매 방식을 정할 때는 단순히 "어떻게 팔지"만 고민할 게 아니라, "이 방식이 브랜드를 어떻게 만들지", "고객이 어떤 인상을 받을지", "반복 구매로 이어질 수 있을지" 등을 함께 고민해야 합니다. 처음 정한 방향이 명확하고 전략적이라면, 시간이 흐를수록 브랜드는 더욱 견고해지고, 운영은 점점 수월해지며, 수익 구조도 안정적으로 자리 잡게 될 것입니다.

데이터로 읽고, 전략으로 움직여라

43

마진이냐, 전문성이냐:
선택은 전략이다

창업을 준비하거나 막 시작한 소상공인이 반드시 고민하게 되는 문제 중 하나는, 제품을 직접 판매할지 아니면 벤더를 활용할지에 대한 선택입니다. 이는 단순히 판매 방식의 차원을 넘어, 전체적인 수익 구조와 브랜드 성장 전략을 결정짓는 중요한 의사결정입니다.

직접 판매는 높은 마진율을 기대할 수 있는 반면, 벤더를 활용하는 경우 즉각적인 유통망을 통해 빠르게 시장에 진입할 수 있다는 장점이 있습니다. 하지만 그만큼 수수료가 발생하고, 브랜드 통제력이 낮아질 수 있는 단점도 존재합니다. 이 두 가지 방식 사이의 선택은 단순한 감각이나 선호의 문제가 아니라, 명확한 전략적 기준에 따라 판단해야 합니다.

직접 판매의 장단점

직접 판매는 자사 제품을 직접 고객에게 전달하고, 유통 구조 전반을 스스로 관리하는 방식입니다. 이 경우 제품의 가격 설정, 상세페이지 구성, 마케팅 기획, 고객 응대, 물류 처리, 리뷰 관리 등 모든 과정에서 주도권을 가지게 되며, 이로 인해 브랜드의 일관성과 통제력을 유지할 수 있습니다. 또한 판매가 이루어질 때마다 발생하는 수익의 대부분을 확보할 수 있으므로, 마진율 측면에서는 매우 유리한 구조입니다. 이 방식은 특히 브랜드 정체성을 중요하게 여기거나 장기적인 고객 데이터를 직접 관리하고자 하는 경우에 적합합니다.

그러나 직접 판매 방식은 상당한 수준의 운영 역량과 리소스를 요구합니다. 광고 집행, 키워드 전략 설정, 상세페이지 기획, 고객 리뷰 유도 등 실무적인 업무 외에도 고객 문의 대응, 클레임 처리, 교환 및 반품 관리 등 다양한 이슈를 직접 해결해야 합니다. 초기 인력이나 자금이 충분하지 않은 상황에서는 이러한 운영 부담이 과중해질 수 있으며, 결과적으로 제품 본연의 경쟁력을 제대로 전달하지 못하는 상황이 발생할 수도 있습니다. 이와 같은 상황을 방지하기 위해서는 판매 전에 충분한 준비와 계획이 선행되어야 하며, 전담 인력의 확보와 시스템 구축도 함께 고려해야 합니다.

벤더 활용의 장단점

이와 달리 벤더를 활용하는 방식은 유통 전문 파트너와의 협업을 통해 제품을 소비자에게 전달하는 구조입니다. 벤더는 이미 유통 채널과의 입점 경로를 보유하고 있으며, 제품 등록, 프로모션 기획, 판매 진행, 물류 대응 등 다양한 판매 활동을 대행해 주는 역할을 수행합니다. 이를 통해 소상공인은 초기 유통 경험이 부족하더라도 빠르게 시장에 진입하고, 초기 판매 성과를 확보할 수 있는 기회를 얻을 수 있습니다.

데이터로 읽고, 전략으로 움직여라

또한 판매 실적이 쌓이면, 이후 자사 브랜드를 확장하거나 직접 판매로 전환하는 데에도 도움이 됩니다.

하지만 벤더 활용 시에는 공급가 기준의 거래가 일반적이기 때문에, 직접 판매에 비해 마진율이 낮아질 수밖에 없습니다. 또한 상세페이지나 제품 메시지, 마케팅 방향 등에 대한 통제권이 벤더에게 일부 넘어가기 때문에, 브랜드 이미지 관리 측면에서는 다소 아쉬움을 느낄 수 있습니다. 특히 고객 피드백이 소상공인 본인에게 직접 전달되지 않을 경우, 제품 개선이나 서비스 보완에 필요한 정보를 확보하는 데에도 한계가 생길 수 있습니다. 이러한 한계를 감안하고, 단기적인 판매 실적 확보를 목표로 하되, 장기적으로는 직접 운영을 병행하거나 전환할 계획을 세우는 것이 바람직합니다.

직접 판매 vs. 벤더 활용, 어떤 게 좋을까?

중요한 점은 두 방식 모두 일장일단이 있다는 것입니다. 제품의 특성과 현재 운영 여건, 그리고 향후 브랜드 방향성에 따라 가장 적절한 방식을 선택하되, 그 선택이 장기적으로 어떤 결과를 가져올지에 대한 충분한 고려가 필요합니다. 예를 들어, 제품은 준비되었지만 마케팅이나 유통 경험이 부족한 경우에는 벤더를 통해 초기에 시장 반응을 확인하고, 이후 직접 판매를 시도하는 단계별 전략이 효과적일 수 있습니다. 반면, 제품에 대한 명확한 브랜딩 방향성과 유통 전략이 이미 수립되어 있다면, 직접 판매 방식으로 시작해도 안정적인 운영이 가능할 수 있습니다.

실제로 많은 스타트업과 브랜드가 이러한 전략적 선택을 통해 성장하였습니다. 초기에 벤더와 협업하여 일정 수준의 판매 실적과 고객 반응을 확보하고, 그 데이터를 기반으로 자사몰을 론칭하거나 스마트스토어 운영을 시작하였으며, 이후에는 광고 전략을 다듬고 직접 고객과 소통하며 브랜드를 확장해 갔습니다. 이렇게 단계적으로 운영 방식을 전환하게 되면 리스크를 최소화하고, 동시에 브랜드 통제력도 점차 강화할 수 있습니다.

데이터로 내리는 전략적 결정

마진이냐, 전문성이냐의 문제는 단순히 이익률만의 문제가 아닙니다. 그것은 내 브랜드가 어떤 방향으로 성장해 나갈 것인가, 그리고 어떤 속도로 시장에 안착하고자 하는가에 대한 전략적 판단입니다. 판매 방식은 고정된 것이 아니라, 시장 반응과 운영 경험에 따라 유연하게 전환될 수 있는 구조입니다. 따라서 중요한 것은 현재 나의 상황과 목표, 자원을 면밀히 분석하고 그에 맞는 방식으로 전략을 수립하는 일입니다.

감에 의존한 선택이 아니라, 데이터를 바탕으로 한 전략적 결정. 그것이야말로 성과로 이어지는 시작점이며, 브랜드의 지속 가능성을 좌우하는 핵심 요소가 됩니다.

〈소상공인을 위한 판매 전략: 직접 판매 vs 벤더 활용〉

직접 판매	벤더 활용
장점	**장점**
✔ 높은 마진율	✔ 빠른 시장 진입
✔ 브랜드 통제력	✔ 전문 판매 활동
✔ 고객 데이터 직접 관리	✔ 초기 판매 성과 확보
단점	**단점**
❗ 운영 역량 필요	❗ 낮은 마진율
❗ 초기 인력/자금 부담	❗ 브랜드 통제력 약화
❗ 시스템 구축 부담	❗ 고객 피드백 제한

VS

44

시장에 들어가는 가장 현실적인 길: 벤더 활용의 힘

사업을 막 시작한 소상공인이 가장 먼저 맞닥뜨리는 현실적인 고민은 "이 제품을 어떻게 시장에 진입시킬 수 있을까?"라는 질문일 것입니다. 제품을 개발하고 패키지를 만들며 열정과 노력을 쏟았지만, 막상 어디서부터 어떻게 팔아야 할지 막막해지기 마련입니다. 고객과의 접점은 어떻게 만들고, 판매 채널은 어디로 설정해야 하며, 광고와 리뷰는 어떤 방식으로 운영해야 할지 등 창업 초기에 한꺼번에 쏟아지는 과제들은 창업자의 실행력을 시험하는 벽이 되기도 합니다. 이러한 상황에서 벤더를 활용하는 방식은, 시장 진입에 대한 부담을 줄이면서 현실적이고 실질적인 해법이 될 수 있습니다.

시장 진입을 위한 해법, 벤더

벤더란 이미 유통 경로와 판매 전략에 대한 경험과 시스템을 갖춘 유통 파트너입니다. 이들은 다양한 온라인 커머스 플랫폼과 협력 관계를 맺고 있으며, 제품 등록, 상세페이지 구성, 광고 기획, 물류 대응, 리뷰 유도 등 유통의 전반적인 프로세스를 잘 알고 있습니다. 이러한 전문성을 기반으로, 제품을 보유한 소상공인이 보다 수월하게 시장에 진입할 수 있도록 돕습니다. 특히 판매 경험이 없거나 온라인 플랫폼의 운영 방식이 낯선 경우, 벤더는 제품이 시장에서 반응을 얻기까지의 진입 장벽을 낮춰 주는 매우 중요한 역할을 합니다.

예를 들어 복분자즙을 새롭게 출시한 경우, 직접 쿠팡이나 네이버 스마트스토어에 입점하려면 입점 절차부터 상세페이지 제작, 배송 등록, 키워드 광고 등의 업무를 모두 학습하고 수행해야 합니다. 하지만 벤더와 협업하면 이미 해당 카테고리의 판매 전략을 알고 있는 전문가들이 빠르게 상품을 등록하고, 구성과 가격을 최적화하여 노출 효과를 높이며, 소비자의 반응을 이끌어 내는 구조를 만들어 줍니다. 소상공인의 역량이 제품과 브랜드에 집중될 수 있도록 판매의 실행력을 대신 맡아 주는 것입니다.

브랜드 신뢰를 쌓는 첫걸음

벤더의 가장 큰 장점은 단기간에 판매 실적을 확보할 수 있다는 점입니다. 온라인 플랫폼에서는 리뷰와 판매량이 중요한 검색 노출 요소이기 때문에, 초기에 소비자 반응을 확보하는 것이 매우 중요합니다. 벤더를 활용하면 기존에 보유한 채널 내에서 초기 판매를 유도하고, 리뷰가 누적되도록 하여 제품의 신뢰도를 빠르게 구축할 수 있습니다.

이처럼 초기 시장 반응을 단축시키는 역할은 브랜드가 정착되기까지의 중요한 발판이 됩니다. 더불어 벤더가 쌓아 온 고객 데이터와 운영 노하우를 통해 제품에 대한 개선 방향을 파악하고, 이후 자사몰 운영이나 직접 판매 전략을 수립하는 데에도 유용하게 활용할 수 있습니다.

다만 벤더 활용 시에는 공급가 기준의 납품 방식이 일반적이기 때문에, 직접 판매에 비해 마진율은 낮아질 수 있습니다. 또한 상세페이지의 문구나 광고 콘텐츠의 방향이 브랜드 정체성과 완전히 일치하지 않을 수도 있습니다. 이러한 부분에 대한 고민이 생길 수 있지만, 사업 초기 단계에서는 브랜드를 세우고 시장에 안착시키는 과정에 초점을 맞추어야 하며, 이후 직접 운영으로의 전환이나 병행 운영을 통해 보완해 나가는 것이 바람직한 전략이 됩니다.

파트너십으로 성장 발판 마련하기

중요한 것은 벤더를 단순한 '외주 유통'으로 보기보다는, 시장의 반응을 확인하고 학습할 수 있는 파트너로 인식하는 관점입니다. 단순히 판매를 위탁하는 데서 그치지 않고, 벤더와 협업하여 어떤 제품 구성이 반응이 좋은지, 어떤 가격대가 전환율이 높은지, 어떤 문구가 소비자의 클릭을 유도하는지 등 실질적인 데이터를 확보할 수 있습니다. 이러한 데이터는 이후 직접 운영을 시작할 때 강력한 무기가 되며, 브랜드 정체성을 강화하는 데도 크게 기여하게 됩니다.

실제로 수많은 브랜드들이 벤더를 활용하여 성장의 발판을 마련하였습니다. 처음에는 벤더를 통해 제품을 시장에 노출하고, 초기 리뷰와 판매 실적을 확보한 후, 자사몰을 열거나 스마트스토어에서 직접 운영을 시작한 사례들이 많습니다. 이들은 초기 벤더 협업을 통해 소비자 반응을 체계적으로 분석하였으며, 이를 기반으로 브랜드 전략을 구체화하고, 제품 구성과 마케팅 메시지를 개선해 나갔습니다. 이처럼 벤더

데이터로 읽고, 전략으로 움직여라

활용은 단순한 판매 방식이 아니라, 시장에 대한 통찰을 빠르게 얻을 수 있는 실전 학습의 장이기도 합니다.

무엇보다 중요한 점은, 벤더를 활용하는 기간 동안 사업자 스스로가 관찰자이자 학습자로서의 태도를 유지해야 한다는 것입니다. 단지 제품을 맡기고 수익만을 기대하는 것이 아니라, 벤더의 운영 방식, 고객 응대 흐름, 리뷰 패턴, 콘텐츠 전략 등을 세밀하게 살펴보고, 내 브랜드에 어떻게 적용할 수 있을지를 고민해야 합니다. 그렇게 준비한다면, 벤더 이후의 직접 운영 단계에서 훨씬 더 강력한 실행력을 발휘하게 됩니다.

초보 창업자를 위한 가장 현실적이고 효과적인 길

시장에 들어가는 가장 현실적인 길은, 지금 당장 내가 가장 잘할 수 있는 영역과 그렇지 못한 영역을 명확히 구분하고, 부족한 부분은 전략적으로 외부의 도움을 받아 보완하는 것입니다. 벤더는 그 보완의 출발점이 될 수 있습니다. 직접 운영으로 나아가기 전, 실전 감각을 익히고 시장의 흐름을 경험할 수 있는 기회를 제공하는 파트너로서, 벤더는 초보 창업자에게 매우 효과적인 해법이 될 수 있습니다.

처음부터 모든 것을 혼자 감당하려고 하기보다, 경험 있는 파트너와 함께 협업하여 시장을 이해하고, 브랜드를 정립하며, 소비자와의 접점을 만들어 가는 것. 그것이야말로 한정된 자원으로 가장 현실적이고 효과적인 길을 여는 방법입니다. 소상공인 여러분의 제품이 시장에서 의미 있는 반응을 얻기 위해, 지금 가장 먼저 고민해야 할 선택은 바로 누구와 함께 시작할 것인가입니다.

45

공공이 만든 유통 통로,
신뢰를 더하다

창업 초기 가장 어렵게 느끼는 부분 중 하나는 바로 신뢰할 수 있는 유통 경로를 찾는 일입니다. 아무리 좋은 제품을 개발했다고 해도, 그 제품이 소비자와 만나기 위해서는 믿을 수 있는 유통 채널이 반드시 필요합니다. 하지만 현실적으로 유통 전문가를 찾거나, 민간 벤더와 직접 협업을 시작하는 것은 정보 부족, 계약 조건의 불확실성, 높은 초기 비용 등 여러 부담 요소를 안고 있는 일이기도 합니다. 이럴 때 주목해 보아야 할 옵션이 바로 정부 및 지자체가 운영하는 공공 벤더입니다.

공공 벤더 플랫폼의 장점

정부와 지자체는 소상공인 지원을 위한 다양한 유통 지원 사업을 운영하고 있으며, 그 핵심 중 하나가 바로 신뢰 기반의 공공 벤더 플랫폼입니다. 이러한 벤더들은 단순한 판매 대행을 넘어, 정책적 목적과 지역 경제 활성화라는 공공적 가치를 기반으로 설계되어 있기 때문에 투

데이터로 읽고, 전략으로 움직여라

명한 운영 구조와 안정적인 협력 관계를 기대할 수 있습니다. 운영 기준과 절차가 명확하며, 민간 벤더에 비해 상대적으로 수수료나 등록 조건이 완화되어 있어, 초기 단계에서 유통망을 개척하기에 매우 적합한 선택지라고 할 수 있습니다.

공공 벤더의 가장 큰 장점은 신뢰성입니다. 정부나 지자체가 직간접적으로 관리하는 만큼, 협약 조건이나 운영 기준이 투명하게 공개되어 있으며, 의도하지 않은 과도한 수수료나 불공정한 조건이 개입될 가능성이 낮습니다. 이는 창업자 입장에서 사업 초기에 겪을 수 있는 계약상 리스크를 줄여 주는 중요한 요소입니다. 또한 해당 기관이 인증하거나 추천하는 벤더와 협력할 경우, 이후 마케팅 시에도 "지자체 인증 상품", "공공 유통망 입점 제품"이라는 타이틀을 활용할 수 있어, 소비자에게 신뢰감을 줄 수 있는 부가적인 효과도 있습니다.

예를 들어 서울시나 경기도, 부산시 등 각 지자체는 지역 소상공인을 위해 자체 온라인 쇼핑몰을 운영하거나, 공공기관이 주관하는 판로 지원 사업을 정기적으로 시행하고 있습니다. 이들 사업에 선정되면, 단순한 입점 기회뿐만 아니라 상세페이지 제작, 콘텐츠 기획, 광고 집행 등까지도 지원받을 수 있으며, 지역 기반의 소비자층을 중심으로 실질적인 판매 성과를 만들어 낼 수 있습니다. 특히 온라인 몰뿐만 아니라, 오프라인 연계 행사(박람회, 지역특산물전 등)와의 통합 지원을 받을 수도 있어, 초기 브랜드 인지도 확보에 매우 유리한 구조를 형성할 수 있습니다.

신뢰를 중심으로 한 장기적인 파트너십

또한 공공 벤더는 단기적인 판매 성과뿐 아니라 장기적인 파트너십 기반의 관계를 지향합니다. 민간 벤더와의 관계가 거래 중심이라면, 공공 벤더는 소상공인의 지속 가능한 성장과 생존을 지원하기 위한 시스템을 갖추고 있기 때문에, 일정 기간 동안 꾸준한 모니터링과 피드백을 제공하며, 다음 단계로의 연계 프로그램까지도 안내합니다. 예를 들어, 초기 입점 이후에는 브랜드 교육, 마케팅 전략 코칭, 사진 촬영 지원, 영상 콘텐츠 제작, 제품 리뉴얼 컨설팅 등의 후속 지원 프로그램도 연계되곤 합니다. 이를 통해 단순히 '한 번 파는 제품'이 아닌, '지속적으로 성장하는 브랜드'를 목표로 함께 운영하게 되는 것입니다.

이처럼 공공 벤더를 활용하는 것은 단순한 유통 대행이 아니라, 시장 진입을 위한 안전하고도 전략적인 출발점이라고 할 수 있습니다. 특히 브랜드 인지도가 아직 형성되지 않은 소상공인에게는, 공공기관의 신뢰도를 기반으로 소비자와의 첫 접점을 안정적으로 형성할 수 있는 점에서 매우 큰 장점을 가집니다. 소비자는 이미 공공기관의 이름을 통해 해당 브랜드에 일정 수준의 신뢰를 갖고 접근하게 되며, 이로 인해 제품의 첫인상이 긍정적으로 형성되고, 이후 반복 구매와 브랜드 충성도 형성으로 이어지는 가능성도 더 높아집니다.

신중하고 안정적인 사업의 시작을 위한 선택

물론 공공 벤더 역시 단점이 전혀 없는 것은 아닙니다. 예산의 제약이나 행정 절차의 복잡성으로 인해, 민간 벤더에 비해 유연성이 떨어질 수 있으며, 의사결정 속도가 다소 느릴 수 있습니다. 하지만 이러한 부분은 정책의 신뢰성과 안전성이라는 장점에 비해 상대적으로 조정 가능한 요소입니다. 무엇보다도 초보 창업자가 안정적인 유통 첫 단추를 꿸 수 있다는 점에서, 충분히 고려해 볼 만한 선택지라 할 수 있습니다.

결론적으로, 정부와 지자체가 운영하는 벤더는 단순한 유통 채널이 아닙니다. 그것은 소상공인의 자립 기반을 돕기 위해 설계된 공공 신뢰 기반의 시장 통로이며, 창업 초기 불확실성을 줄여 주는 안정적인 발판입니다. 시장은 빠르게 변화하고 있으며, 경쟁도 치열합니다. 이럴수록 사업의 시작은 더욱 신중하고 안정적이어야 합니다. 공공 벤더는 바로 그 시작을 함께할 수 있는 든든한 파트너가 되어 줄 것입니다.

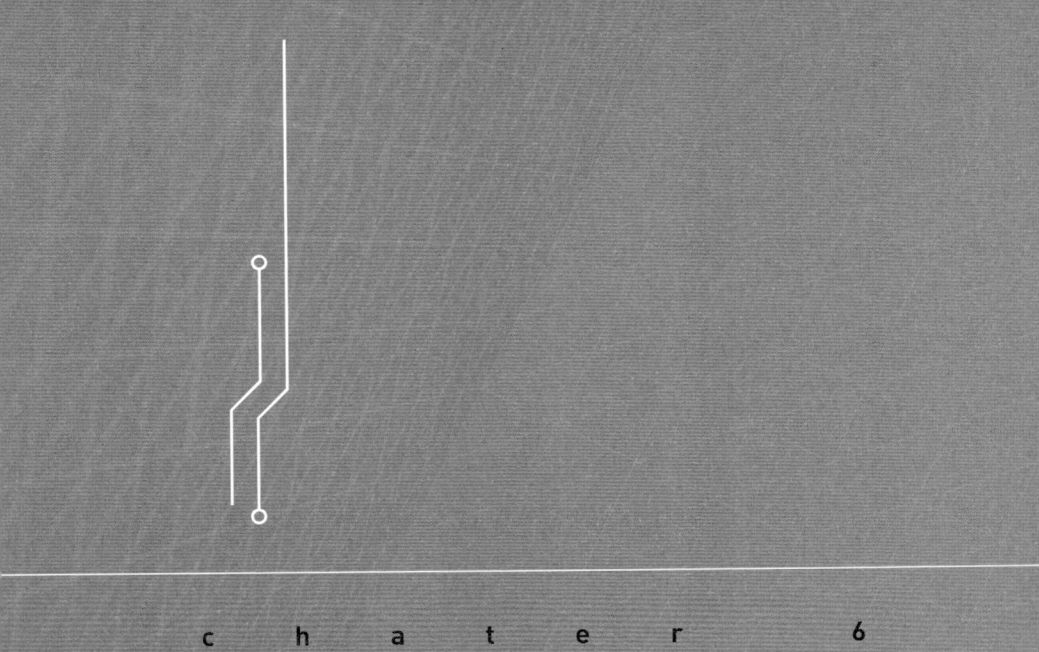

c   h   a   t   e   r   6

돈 낭비 없는
효율적인 마케팅 전략

창업 초기 소상공인에게 마케팅은 가장 어려우면서도 중요한 과제입니다. 고객에게 제품을 알리고, 신뢰를 확보하며, 매출을 만들어 내는 일이기 때문입니다. 다양한 마케팅 전략이 소개되고 있지만, 무조건 다 시도할 필요는 없습니다. 마케팅은 효과가 검증된 전략만 선별적으로 진행해야 합니다. 한정된 예산에서 가장 효과적인 방법을 집중적으로 활용해야 합니다. 마케팅 전략의 성과를 명확히 수치화하여, 효과가 낮은 전략은 빠르게 중단하고 개선해야 합니다. 초기 마케팅은 고객의 실제 반응을 신속하게 파악할 수 있는 전략 위주로 진행하는 것이 바람직합니다.

46

적게 해도
제대로 하기

소상공인 여러분이 마케팅을 시작할 때 가장 자주 빠지게 되는 오류 중 하나는 가능한 모든 방법을 한꺼번에 시도해 보려는 것입니다. 블로그, 인스타그램, 유튜브, 네이버 스마트플레이스, 키워드 광고, 배너 광고, 체험단 운영까지. 주변에서 효과가 있었다는 이야기를 들은 전략들을 무작정 따라 하다 보면 어느 순간 마케팅 비용은 빠르게 소진되고, 정작 어떤 전략이 효과가 있었는지조차 파악하기 어려운 상황에 직면하게 됩니다.

이런 상황을 피하기 위해서는 마케팅 전략 수립 단계부터 명확한 기준과 목표를 설정하는 것이 중요합니다. 무엇보다도 모든 것을 다 하려는 욕심보다는, 현재 나의 자원과 시간, 인력을 고려하여 적게 하더라도 제대로 실행할 수 있는 전략 한두 가지에 집중하는 것이 훨씬 더 효과적인 방식입니다. 마케팅은 단순히 활동의 양으로 승부를 보는 분야가 아닙니다. 얼마나 많은 채널에서 노출되었는가보다, 한 채널에서 얼마나 깊이 있게 고객과 연결되었는가가 실제 전환으로 이어지는 핵심이 됩니다.

데이터로 읽고, 전략으로 움직여라

단 하나의 전략으로 마케팅의 완성도를 높여 가라

예산이 제한된 상황에서 모든 채널에 마케팅을 조금씩 시도한다면 결국 성과를 확인하기 어려워지고, 개선 방향도 잡기 힘든 결과를 낳게 됩니다. 반면 단 한 개의 전략이라도 충분한 예산과 시간, 콘텐츠 역량을 집중한다면 고객 반응을 직접적으로 확인하고, 그에 따라 전략을 수정하면서 완성도를 높여 갈 수 있습니다.

예를 들어 인스타그램을 선택했다면, 단순히 제품 사진을 올리는 것이 아니라 타깃 고객이 좋아할 콘텐츠 유형을 분석하고, 해시태그 반응률을 실험하며, 댓글과 메시지를 통해 직접 소통하는 방식으로 깊이 있는 운영을 이어 가는 전략을 사용해야 합니다. 이 과정을 통해 축적된 팔로워와 반응 데이터는 이후 타 채널 확장 시에도 활용 가능한 자산이 됩니다.

무엇보다도 중요한 것은 실행한 마케팅 활동의 성과를 반드시 수치로 확인하는 습관입니다. 광고비를 썼다면 클릭률과 전환율을 체크하고, 콘텐츠를 올렸다면 좋아요와 댓글, 저장 수 등을 통해 고객 반응을 분석해야 합니다. 이렇게 수치를 중심으로 판단한다면 효과 없는 전략은 빠르게 중단하고, 반응이 있는 전략에 자원을 재투입할 수 있습니다. 이는 단순한 비용 절감 차원이 아니라, 마케팅의 효율을 최적화하는 핵심 과정이라고 할 수 있습니다.

결과보다 방향, 꾸준히 일관되게

또한 마케팅은 결과 이전에 방향이 더 중요합니다. 모든 소상공인의 제품과 브랜드가 똑같은 채널과 전략으로 성공할 수는 없습니다. 제품의 속성과 타깃층, 가격대, 브랜드 메시지에 따라 가장 적합한 마케팅 전략은 달라질 수밖에 없습니다.

예를 들어 가성비 중심의 생활용품이라면 검색 기반 키워드 광고가 효과적일 수 있고, 감성 중심의 수공예 제품이라면 SNS 콘텐츠 중심 전략이 더 유리할 수 있습니다. 따라서 처음부터 마케팅의 방향을 명확히 설정하고, 해당 전략이 브랜드와 제품에 정말 어울리는지를 따져 본 뒤 실행하는 것이 중요합니다.

이때 주의할 점은 마케팅을 일회성으로 생각해서는 안 된다는 것입니다. 한 번의 광고, 한 번의 콘텐츠, 한 번의 체험단 운영이 고객을 만들고 매출을 일으키는 경우는 거의 없습니다. 고객은 여러 번 브랜드를 접하고, 반복적인 메시지를 통해 신뢰를 형성한 뒤에야 구매로 이어집니다. 따라서 적게 하더라도 장기적으로 이어 갈 수 있는 마케팅 구조를 설계해야 합니다. 일관된 메시지, 꾸준한 콘텐츠 발행, 정기적인 리뷰 확보 등이 그 예입니다.

마케팅의 본질은 양보다 질, 넓이보다 깊이

현실적으로 모든 소상공인에게는 시간과 자원의 한계가 존재합니다. 그렇기 때문에 더더욱 전략적인 선택이 필요합니다. 내가 감당할 수 있는 범위 내에서 가장 효과적인 방법을 골라 집중하고, 그 전략이 고객에게 도달할 수 있도록 콘텐츠와 메시지를 세심하게 설계한다면, 마케팅 예산이 많지 않아도 충분히 성과를 만들어 낼 수 있습니다. 마케팅의 본질은 소리를 내는 것이 아니라, 고객이 반응할 수 있도록 정확하게 메시지를 던지는 데 있습니다.

적게 하되 제대로 한다는 것은 단지 비용을 아끼자는 말이 아닙니다.

불필요한 활동을 줄이고, 가장 필요한 전략에 힘을 쏟아 결과를 만들겠다는 실천적 결단입니다. 결국 마케팅의 핵심은 브랜드와 고객을 연결하는 진정성 있는 연결 고리를 찾는 일이며, 이 연결은 양보다 질, 넓이보다 깊이에서 출발합니다.

지금 당장 마케팅 예산이 많지 않더라도, 그리고 전문적인 인력이 없더라도, 여러분의 상황에 맞는 단 한 가지 전략만 정확히 선택한다면, 그 한 줄기 전략이 브랜드의 성장을 이끄는 가장 강력한 통로가 되어 줄 것입니다.

소상공인을 위한 마케팅 전략: 적게 하되 제대로 하기

직접 판매	벤더 활용
동시 다발적 채널 운영 블로그, 인스타그램, 유튜브 등 여러 채널 동시 운영으로 자원 분산	**적합한 채널 선택 집중** 자원을 1~2개 핵심 채널(블로그, 인스타그램)에 집중하여 효율성 극대화
자원 분산과 효율성 저하 인력, 시간, 자본이 여러 채널에 분산되어 깊이 있는 전략 실행 어려움	**깊이 있는콘텐츠 전략** 선택한 채널에 최적화된 콘텐츠를 개발하고 고객 반응을 분석하여 지속적 개선
성과 측정의 어려움 다양한 채널의 성과를 효과적으로 측정하고 분석하기 어려움	**주요 성과 지표** 3.8% 콘텐츠 반응률 2.1% 전환율 15+ 평균 댓글 수 42 평균 저장 수
결과적 문제점 • 마케팅 예산 빠른 소진 • 일관된 브랜드 메시지 전달 실패 • 모든 채널에서 평균 이하 성과 • 개선 방향 파악 불가능	**기대 효과** • 일관된 브랜드 메시지 전달 • 깊이 있는 고객 관계 형성 • 측정 가능한 데이터 축적 • 지속적 효율성 향상

전략적 접근 비교

47

성과 없는 전략은
과감히 버리기

마케팅을 하다 보면 다양한 전략을 시도해 보게 됩니다. 주변에서 효과가 있었다는 광고 방식, SNS 콘텐츠 유형, 체험단 이벤트나 쿠폰 프로모션 등은 창업 초기 누구나 한 번쯤 도전하고 싶어 하는 방법입니다. 그러나 문제는 이 모든 전략이 나의 제품, 나의 고객, 나의 자원 상황에 꼭 들어맞는 방식은 아니라는 데 있습니다. 특히 소상공인처럼 자금과 시간, 인력이 제한된 환경에서는 효과가 없는 전략을 오래 끌고 가는 것이 가장 큰 손실로 이어질 수 있습니다. 그렇기 때문에 마케팅 전략의 성패는 '얼마나 많이 하느냐'가 아니라, '얼마나 빠르게 효과 없는 전략을 멈추느냐'에 달려 있습니다.

성과 측정 없는 마케팅은 길을 잃는다

성과가 낮은 마케팅 전략은 단순히 시간과 비용의 낭비로 그치지 않습니다. 효과 없는 활동을 지속하다 보면 사업자는 방향을 잃게 되고, 고객은 브랜드에 일관성 없는 메시지를 경험하게 됩니다. 이는 브랜드

데이터로 읽고, 전략으로 움직여라

신뢰도 저하로 이어질 수 있으며, 전체적인 운영 에너지의 분산을 초래하게 됩니다. 따라서 마케팅을 계획하고 실행할 때에는 초기부터 성과 측정 기준을 명확히 설정하고, 정기적으로 평가하며 계속할 전략과 중단할 전략을 구분하는 프로세스를 반드시 운영해야 합니다.

예를 들어 광고를 집행했다면 클릭률, 전환률, 구매율, 고객당 획득 비용(CPA) 등의 수치를 반드시 점검해야 합니다. SNS 콘텐츠를 운영했다면 좋아요 수, 저장 수, 공유 수, 팔로워 증가율 등의 반응 데이터를 분석해야 하며, 체험단을 진행했다면 리뷰의 질과 영향력, 이후 구매 전환률까지 체크해야 합니다. 이렇게 데이터를 중심으로 판단하면, 감이나 추측이 아닌 사실에 근거하여 전략을 유지할지 종료할지를 결정할 수 있습니다.

전환이 곧 성과를 만든다

실제로 많은 소상공인이 한 가지 전략을 너무 오래 유지하는 실수를 범합니다. 예산을 들여 키워드 광고를 몇 달간 진행했음에도 불구하고 전환율이 낮은 경우, 광고 문구를 바꾸거나 키워드를 수정하는 것이 아니라 계속 예산을 투입하는 방식으로 대응하는 경우가 많습니다. 이럴 경우 효과는 점점 낮아지고, 투자 대비 수익률은 하락하게 됩니다. 이때 가장 필요한 결정은 그 전략을 과감히 중단하고 다른 방식으로 전환하는 것입니다.

성과 없는 전략을 중단하는 일은 단호해야 하지만, 동시에 전략적인 전환도 함께 고려해야 합니다. 단순히 중단하는 데 그치지 않고, 어떤 점이 부족했는지를 분석한 뒤, 다음 실행 전략에 반영하는 과정이 반드시 필요합니다. 예를 들어 블로그 마케팅의 반응이 낮았다면 글의 길이나 형식, 키워드 설정, 콘텐츠 방향이 고객 니즈와 맞지 않았을 수 있습니다. 이를 기반으로 인스타그램이나 쇼츠 영상 등 다른 포맷의 콘텐츠 전략을 구상하는 것이 한 단계 진화된 대응입니다.

또한 마케팅 전략은 계절, 시기, 사회 트렌드에 따라 효과가 달라질 수 있기 때문에, 일정 주기로 전략을 리뷰하고 필요시 전면 수정하는 유연한 자세가 필요합니다. 이는 단순히 실패를 인정하고 포기하는 것이 아니라, 더욱 정밀한 마케팅 구조를 만들어 가는 과정이기도 합니다. 브랜드가 성장하기 위해서는 반드시 거쳐야 하는 과정이며, 이러한 전략적 판단이 결국 자원을 효율적으로 사용하고 지속 가능한 성과로 연결됩니다.

성과로 가는 길은 버리는 데서 시작된다

소상공인에게 가장 치명적인 실수는 '성과 없는 전략을 계속해서 유지하는 것'입니다. 마케팅이란 결국 제한된 자원으로 최대의 효과를 만드는 일이므로, 성과 없는 전략에 자원을 쓰는 순간 다른 가능성 있는 전략의 기회를 놓치게 됩니다. 따라서 마케팅 전략은 실행 못지않게 중단의 타이밍을 아는 것이 중요하며, 이 결단이 사업 전체의 방향을 바꿔 놓는 중요한 기로가 되기도 합니다.

결국 마케팅 전략은 시도보다 정리가 더 중요할 수 있습니다. 처음부터 완벽한 전략을 찾기는 어렵지만, 실행한 전략이 어떤 반응을 보였는지를 명확히 분석하고, 효과가 없는 경우 미련 없이 다음 단계로 전환하는 판단력은 전략의 성패를 가르는 기준이 됩니다.

데이터로 읽고, 전략으로 움직여라

지금도 효과가 없는 전략을 유지하고 있다면, 과감하게 점검하고 새로운 방향으로 나아가십시오. 그것이 바로 한정된 자원을 가장 현명하게 사용하는 방법이자, 성과로 가는 빠른 길입니다.

소상공인을 위한 온라인 광고 전략: 과감하게 정리하고 집중하기

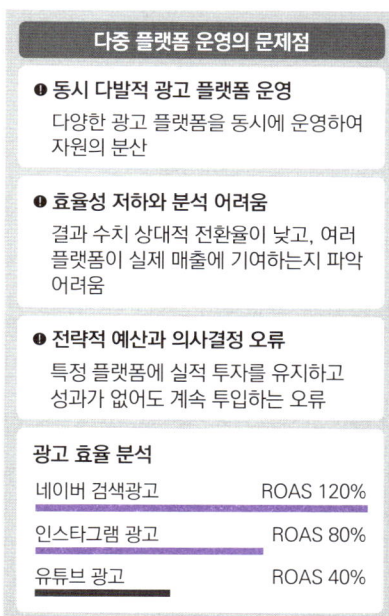

다중 플랫폼 운영의 문제점

❶ **동시 다발적 광고 플랫폼 운영**
다양한 광고 플랫폼을 동시에 운영하여 자원의 분산

❶ **효율성 저하와 분석 어려움**
결과 수치 상대적 전환율이 낮고, 여러 플랫폼이 실제 매출에 기여하는지 파악 어려움

❶ **전략적 예산과 의사결정 오류**
특정 플랫폼에 실적 투자를 유지하고 성과가 없어도 계속 투입하는 오류

광고 효율 분석

네이버 검색광고	ROAS 120%
인스타그램 광고	ROAS 80%
유튜브 광고	ROAS 40%

효율적인 플랫폼 선택 전략

✔ **플랫폼 선별 기준**

클릭률(CTR)	전환률(CVR)
2.5% 이상	1.8% 이상
광고비용대비수익률(ROAS)	고객획득비용(CPA)
2.5% 이상	8,000원 이상

✔ **제품 특성에 맞는 플랫폼 선택**
제품군에 따라 타깃층의 활동 공간 파악 후 플랫폼 집중 선택

기대 효과
• 광고 예산 대비 수익률 상승
• 브랜드 메시지의 일관성 확보
• 타깃 고객층의 정확한 공략
• 마케팅 성과의 전략적 개선

48

숫자가 말해 주는
마케팅

마케팅은 감각의 영역이 아니라 데이터의 영역입니다. 창업 초기에 마케팅 전략을 수립할 때 대부분이 "이 정도면 반응이 오겠지?", "고객들이 좋아할 것 같아."라는 추측에 기반하여 실행에 나서곤 합니다. 물론 직관이 도움이 되는 순간도 있겠지만, 반복적인 마케팅 활동에서 성공과 실패를 가르는 핵심은 숫자로 말할 수 있느냐, 없느냐에 달려 있습니다. 숫자와 데이터를 바탕으로 한 마케팅만이 실제 고객 반응을 측정하고, 전략을 개선하며, 성과를 증명할 수 있습니다.

지표를 먼저 설정하라

우선 마케팅 성과를 숫자로 파악하기 위해서는 실행 전에 지표를 먼저 설정해야 합니다. 어떤 마케팅을 하든 명확한 목표 수치를 정해 두지 않으면, 그 전략이 효과가 있는지 판단하기가 어렵습니다. 예를 들어 블로그 포스팅을 한다면 조회 수나 체류 시간, 전환된 링크 클릭 수를 설정할 수 있고, 인스타그램 콘텐츠를 운영한다면 좋아요 수, 저장 수, 댓글 수, 팔로워 증가율 등이 핵심 지표가 됩니다. 광고를 집행할 경우에는 클릭률(CTR), 전환율(CVR), 고객 획득 비용(CPA), ROAS(광고 투자 대비 수익률) 등이 대표적인 수치입니다.

이러한 수치를 통해 마케팅 전략의 방향성을 점검할 수 있습니다. 단순히 콘텐츠를 만들고 광고를 집행했다는 사실 자체가 중요한 것이 아니라, 그로 인해 얼마나 많은 고객이 반응했고, 실제 구매로 이어졌는지가 핵심입니다.

예를 들어 키워드 광고를 통해 많은 클릭이 발생했지만 전환율이 낮다면, 광고 문구나 상세페이지 내용이 고객의 기대와 맞지 않았을 가능성이 있습니다. 반대로 클릭 수는 적었지만 전환율이 높다면, 타깃이 정확히 설정되어 있거나 콘텐츠가 매우 설득력 있게 구성되었다는 의미가 됩니다. 이처럼 숫자는 단순한 기록을 넘어, 전략의 강점과 약점을 냉정하게 보여 주는 거울과 같습니다.

감정이 아닌 숫자로 판단하라

마케팅 활동에서 숫자를 기반으로 의사결정을 내리게 되면, 불필요한 감정적 판단이나 주관적 오류를 줄일 수 있다는 장점도 있습니다. 자신이 만든 콘텐츠나 광고에 애정을 갖고 계속 유지하고 싶어 하는 사람들이 많지만, 실제 수치가 저조하다면 미련을 두지 않고 빠르게 전략을 수정하거나 중단하는 것이 옳은 방향입니다. 숫자는 개인의 감정을 배제한 채 객관적으로 시장의 반응을 보여 줍니다. 따라서 마케팅 전략을 평가할 때는 반드시 성과 수치를 바탕으로 냉정하게 판단하고, 다음 액션을 결정하는 것이 바람직합니다.

데이터 기반 마케팅은 단기적인 실행 전략을 넘어서 장기적인 성장을 설계하는 데도 큰 도움이 됩니다. 예를 들어 특정 채널에서 구매 전환율이 높게 나왔다면, 해당 채널에 집중적으로 콘텐츠를 배치하고, 광고 예산을 효율적으로 조정할 수 있습니다.

또한 구매자 데이터를 분석하면 연령, 성별, 지역, 소비 시간대 등의 정보가 나오기 때문에, 이후 신규 제품 기획이나 캠페인 전략 수립 시 타깃 설정이 훨씬 명확해집니다. 반복적인 숫자 분석을 통해 마케팅 효율이 점점 정교해지고, 운영 구조도 체계화되는 것입니다.

숫자를 해석하는 힘

물론 숫자에만 의존하는 것도 위험할 수 있습니다. 일시적인 이벤트나 계절적 요인, 외부 변수에 따라 수치가 왜곡될 수도 있으므로, 숫자를 해석하는 능력도 함께 갖춰야 합니다. 단순히 클릭 수가 많다고 해서 성공적인 마케팅이라고 단정하기보다는, 그 숫자의 맥락을 살펴보는 통찰력이 필요합니다. 이를 위해서는 동일한 전략을 최소 2~4주 이상 반복하여 데이터 흐름을 확보하고, 여러 지표를 종합적으로 분석하는 것이 효과적입니다.

또한 숫자는 단지 마케팅 담당자의 도구가 아닙니다. 사업 운영 전반에 영향을 미치는 기준점이 됩니다. 예를 들어 고객 획득 비용(CPA)을 정확히 파악하면, 향후 예산 책정이나 투자 유치 시 보다 신뢰 있는 수치를 제시할 수 있으며, 광고 집행 규모나 ROI 분석에도 도움이 됩니다. 이는 곧 경영자의 시야에서 마케팅을 바라보는 능력으로 이어집니다. 숫자를 읽을 수 있어야 사업의 현재 위치를 파악하고, 미래 방향을 설계할 수 있습니다.

마케팅은 감이 아니라 숫자다

정리하자면, 마케팅은 감이 아니라 숫자입니다. 수치로 말할 수 없는 전략은 존재하지 않는 전략이나 다름없습니다. 지금 실행 중인 마케팅 활동이 어떤 숫자를 만들어 내고 있는지, 그리고 그 숫자가 어떤 행동으로 연결되고 있는지에 대한 꼼꼼한 점검이 필요합니다. 숫자를 기반으로 움직이게 되면, 시행착오는 줄어들고, 성과는 명확해지며, 전략은 더욱 날카롭게 다듬어질 것입니다. 이 시대의 마케팅은 숫자가 말하고, 전략이 듣는 구조로 움직입니다. 숫자가 보여 주는 이야기에 귀 기울이는 것, 그것이 바로 마케팅 성공의 시작입니다.

49

광고는 투자,
수익으로 말하기

사업을 시작한 소상공인 여러분이 마케팅 활동 중 가장 망설이게 되는 영역 중 하나가 바로 온라인 광고입니다. 제품은 완성되었고, 판매 채널도 열었지만, 어떻게 광고를 집행해야 할지, 얼마나 예산을 써야 할지, 어떤 플랫폼이 효과적인지에 대한 기준이 명확하지 않아 시도조차 하지 못하는 경우가 많습니다. 또는 광고를 시작했더라도 뚜렷한 기준 없이 지출이 반복되다 보면, 결국 광고에 대한 회의감을 느끼고 중단하게 됩니다.

하지만 광고는 단순한 비용이 아닙니다. 광고는 철저히 투자의 관점에서 바라봐야 할 중요한 경영 활동입니다. 그 핵심에 있는 개념이 바로 ROI, 즉 투자 대비 수익률(Return On Investment)입니다. 광고를 통해 얼마의 비용이 들어갔고, 그 결과 얼마나 많은 매출 혹은 이익이 발생했는지를 수치로 평가할 수 있다면, 광고는 매우 합리적이고도 강력한 사업 도구가 될 수 있습니다.

데이터로 읽고, 전략으로 움직여라

ROI로 광고의 성과를 판단하라

ROI를 기준으로 광고를 접근하면, 감에 의존한 의사결정이 아니라 숫자와 데이터에 기반한 전략적 판단이 가능해집니다. 예를 들어 10만 원의 광고비를 집행하여 20만 원의 매출이 발생했다면, ROI는 200퍼센트입니다. 이는 분명히 긍정적인 결과이며, 해당 광고 전략은 유지 또는 확대할 가치가 있다는 의미입니다.

반대로 광고비는 집행되었지만 클릭 수는 많고 전환율이 낮다면, 랜딩 페이지나 제품 설명, 가격 구조, 광고 소재에 문제가 있을 수 있습니다. 이렇게 수치를 중심으로 원인을 파악하면 전략을 빠르게 수정하고 효율을 높일 수 있습니다.

광고 효율을 이끄는 네 가지 수치

광고비를 집행할 때 가장 중요한 원칙 중 하나는 효율이 입증되기 전까지는 소규모로 시작해야 한다는 점입니다. 특히 창업 초기에는 예산이 제한되어 있기 때문에, 처음부터 큰 금액을 광고에 투입하는 것은 매우 위험한 선택이 될 수 있습니다. 따라서 네이버, 구글, 인스타그램, 유튜브, 쿠팡 등 다양한 플랫폼에서 소액으로 테스트 광고를 진행한 후, 가장 전환율이 높은 플랫폼에 예산을 집중하는 것이 가장 현실적이고 효과적인 운영 방식입니다.

이 과정에서 반드시 확인해야 할 수치는 클릭률(CTR), 전환율(CVR), 고객당 획득 비용(CPA), 그리고 ROAS(광고 투자 대비 수익률)입니다. 각 지표는 어렵지 않은 계산으로 바로 확인할 수 있습니다. 간단한 계산식만 알면 누구나 직접 데이터를 해석하며 광고를 최적화할 수 있습니다.

- 클릭률(CTR): 노출된 횟수 중 얼마나 클릭으로 이어졌는지를 보여주는 지표
  → 클릭률 = (클릭 수 ÷ 노출 수) × 100
- 전환율(CVR): 클릭 이후 실제 행동(구매·가입)으로 이어진 비율
  → 전환율 = (전환 수 ÷ 클릭 수) × 100
- 획득 비용(CPA): 한 명의 고객을 확보하는 데 평균적으로 들어간 비용
  → CPA = 총 광고비 ÷ 전환 수
- ROAS(광고 수익률): 투입한 광고비 대비 얼마의 매출이 발생했는지 나타내는 지표
  → ROAS = (매출 ÷ 광고비) × 100

이 네 가지 수치를 정기적으로 관리하면서 광고 전략을 세운다면, 예산 대비 최대 효과를 끌어내는 광고 운영이 가능해집니다. 또한 특정 시간대나 요일, 연령대, 성별 등에 따른 성과 차이를 분석하면 보다 정교한 타깃팅이 가능해지고, 그에 따라 광고 효율도 자연스럽게 높아집니다.

감정이 아닌 숫자로 광고를 선택하라

ROI를 중심으로 광고를 바라보는 또 하나의 장점은, 불필요한 감정 소모를 줄일 수 있다는 점입니다. 광고를 집행하다 보면, 어떤 이미지를 쓸지, 어떤 문구가 좋을지에 대해 내부적으로 많은 의견이 갈릴 수

데이터로 읽고, 전략으로 움직여라

있습니다. 그러나 최종적으로 선택의 기준은 '무엇이 더 예쁘냐'가 아니라 '무엇이 더 반응을 끌어내느냐'가 되어야 합니다. 고객은 감정이 아닌 행동으로 반응을 보여 줍니다. 클릭하고, 장바구니에 담고, 구매 버튼을 누르는 행동이 곧 광고의 성과이며, 이 모든 것은 숫자로 측정될 수 있습니다.

더불어 광고는 단기적인 매출 창출 수단만이 아니라, 장기적인 브랜드 자산을 쌓아 가는 과정이기도 합니다. 광고를 통해 브랜드를 처음 접한 고객이 바로 구매로 이어지지 않더라도, 인지도가 형성되고, 브랜드 메시지가 반복적으로 노출되면서 신뢰도가 누적되게 됩니다. 이는 결국 추후 자연 유입을 만들어 내고, 재방문과 재구매로 이어지는 선순환 구조를 형성합니다. 따라서 ROI를 단순히 당장의 수익으로만 해석할 게 아니라, 장기적인 관계 형성의 관점에서도 분석해야 합니다.

광고는 비용이 아니라 전략적 투자다

광고를 올바르게 바라보는 관점을 갖춘다면, 그것은 가장 빠르고 명확한 고객 접점 확보 수단이자, 지속적인 매출 기반을 만들어 주는 핵심 전략이 될 수 있습니다. 중요한 것은 무작정 광고비를 지출하는 것이 아니라, 철저히 테스트하고 분석하며, 효율이 입증된 영역에만 집중적으로 투자하는 것입니다.

광고는 단순한 지출이 아니라, 수익을 만들어 내는 전략적 도구입니다. 지금부터는 광고를 예산 항목이 아닌 투자 항목으로 분류하고, 수치로 말하는 광고 운영을 실천해 보십시오. 그렇게 운영한 광고는 어느 순간, 브랜드의 매출을 떠받치는 든든한 축이 되어 있을 것입니다.

50

작게 시작해서
크게 키우기

소상공인이 마케팅과 광고를 처음 시작할 때 가장 많이 고민하는 부분 중 하나는 바로 예산입니다. 아무리 좋은 제품을 준비했다 하더라도, 마케팅에 쓸 수 있는 자원이 부족하다면 "과연 내가 광고를 집행해도 될까?", "큰돈을 들이지 않고도 효과를 볼 수 있을까?" 하는 의문이 생기기 마련입니다. 이때 필요한 접근법이 바로 작게 시작해서 크게 키우는 전략, 즉 소규모 실험을 통해 성과를 확인한 뒤 점진적으로 확장하는 방식입니다.

소규모 테스트가 만드는 전략적 안전망

광고와 마케팅은 예산을 많이 쓰는 것보다, 제대로 쓰는 것이 훨씬 더 중요합니다. 많은 자금을 한 번에 투입하는 방식은 위험 부담이 크며, 특히 검증되지 않은 전략에 무작정 예산을 쏟아붓는 것은 큰 손실로 이어질 수 있습니다.

반면 처음부터 작게 시작하면, 상대적으로 리스크가 낮고, 전략적 통

데이터로 읽고, 전략으로 움직여라

제력이 높습니다. 어떤 콘텐츠가 고객에게 반응을 얻는지, 어떤 플랫폼이 전환율이 높은지 등을 실제 데이터로 확인하면서, 광고 전략을 점점 정교하게 다듬어 갈 수 있는 장점이 있습니다.

예를 들어 네이버 키워드 광고를 집행한다고 가정해 보겠습니다. 처음에는 하루 만 원 내외의 예산으로 몇 가지 키워드를 테스트해 보고, 클릭률과 전환율, 고객 반응 데이터를 수집한 후 그 결과에 따라 예산을 늘려 가는 것이 이상적인 방식입니다. 이와 같은 방식은 인스타그램, 유튜브, 구글, 쿠팡 등 다른 플랫폼에서도 동일하게 적용할 수 있으며, 예산 소진 없이 효율적인 판단을 가능하게 하는 유연한 구조입니다.

콘텐츠와 메시지도 테스트가 필요하다

또한 소규모 테스트는 단지 광고 플랫폼만을 선택하는 데 도움이 되는 것이 아닙니다. 어떤 콘텐츠가 반응이 좋은지, 어떤 문구나 이미지, 어떤 제품 구성이 매출에 영향을 주는지를 실험할 수 있는 기회이기도 합니다. 예를 들어 인스타그램에서 동일한 제품을 두 가지 디자인의 콘텐츠로 노출했을 때, 어느 쪽이 좋아요 수가 많고 저장률이 높은지를 비교해 보면, 이후 광고 집행 시 어떤 방향의 콘텐츠에 집중해야 하는지를 결정할 수 있습니다. 이러한 과정은 광고 전략을 보다 정밀하게 만들고, 브랜드 메시지를 일관되게 유지하는 데에도 도움이 됩니다.

한 걸음으로 시작해 확장하는 린(lean) 전략의 핵심

중요한 것은 이 과정을 일회성이 아니라 반복 가능한 루틴으로 만들 수 있어야 한다는 점입니다. 단기 실험을 통해 성과가 확인되었을 때, 해당 전략을 그대로 확장하고 투자 규모를 키우는 방식이 가장 이상적입니다. 이때 광고 예산을 단순히 늘리는 것이 아니라, 효율이 입증된 포맷에 한해 집중적으로 배분해야 하며, 해당 전략이 전체 매출 구조에 미치는 영향을 수시로 점검해야 합니다. 이러한 점진적 확장은 예산 낭비를 줄이고, 마케팅의 지속 가능성을 높이는 데 결정적인 역할을 합니다.

더불어 '크게 키우기'는 단순히 광고 예산을 늘리는 것만을 의미하지 않습니다. 마케팅 채널의 확장, 콘텐츠의 다양화, 고객층의 세분화, 브랜드 메시지의 고도화 등도 모두 포함됩니다. 작게 시작한 하나의 테스트가 고객의 강력한 반응을 이끌어 냈다면, 이후 동일한 메시지를 다른 채널로 확장하거나, 고객의 니즈를 세분화하여 맞춤형 콘텐츠를 제작하는 방식으로 마케팅의 스케일을 키워 나갈 수 있습니다. 이렇게 한 걸음씩 나아가는 전략이 결국 브랜드 전체의 성장을 이끄는 원동력이 됩니다.

이 전략은 마케팅뿐 아니라 제품 기획, 가격 정책, 고객 응대 방식 등 전체 비즈니스 운영에도 적용될 수 있습니다. 처음부터 완벽하게 시작하려는 시도는 오히려 실패의 확률을 높일 수 있지만, 작게 시작하고 빠르게 피드백을 받아 개선하는 방식은 실패의 가능성을 줄이고, 학습의 속도를 높여 줍니다. 이는 현재 글로벌 기업들도 도입하고 있는 '린(lean) 전략'의 핵심 개념이기도 하며, 특히 소상공인에게 매우 현실적이

데이터로 읽고, 전략으로 움직여라

고 유용한 방식입니다.

작은 성공을 반복하면 큰 성과가 된다

결국 마케팅에서 중요한 것은 한 번에 크게 성공하는 것이 아니라, 작은 성공을 반복하고, 그것을 발판 삼아 전략을 확장해 나가는 것입니다. 처음부터 완벽한 광고 전략은 존재하지 않습니다. 다만 작게 시작한 후, 성과를 확인하고, 그 성과를 키워 가는 구조를 설계할 수 있다면, 그것이 곧 여러분의 브랜드를 크게 성장시킬 수 있는 가장 안전하고 강력한 길이 될 것입니다.

이제는 광고를 시작하는 것이 두려운 일이 아닙니다. 예산이 작더라도 충분히 의미 있는 결과를 만들어 낼 수 있는 시대입니다. 중요한 것은 내게 맞는 전략을 찾고, 그것을 실행하며, 효과를 수치로 확인하고, 성장 가능성이 보일 때 집중 투자하는 일입니다. 오늘 단 1만 원의 예산이라도 제대로 테스트해 보는 그 시작이, 여러분의 브랜드를 시장에서 키워 나가는 가장 확실한 첫걸음이 될 것입니다.

51

신뢰는
공공에서 온다

제품을 만들고 시장에 내놓는 데 있어서 가장 중요한 요소 중 하나는 바로 '신뢰'입니다. 아무리 품질이 뛰어나고 가격이 경쟁력이 있어도, 소비자가 신뢰하지 않으면 제품은 팔리지 않습니다. 이처럼 신뢰는 판매의 출발점이며, 브랜드가 자리 잡기 위해 반드시 확보해야 할 자산입니다. 그러나 창업 초기 소상공인 입장에서 소비자의 신뢰를 얻는 일은 결코 쉽지 않습니다. 브랜드 인지도가 낮고, 소비자 리뷰가 축적되지 않은 상황에서는 광고나 제품 설명만으로 신뢰를 확보하기 어려운 것이 현실입니다. 이럴 때 활용할 수 있는 가장 효과적인 수단이 바로 지방자치단체 인증 브랜드입니다.

지방자치단체 인증 활용하기

지자체에서 제공하는 인증 마크는 단순한 로고 이상의 의미를 가집니다. 그것은 공공기관이 품질을 검증하고, 일정한 기준을 통과한 제품이라는 신호이기 때문에, 소비자는 자연스럽게 신뢰를 갖고 제품을 받아들이게 됩니다. "이 제품은 ○○도청이 인증한 제품입니다." 또는 "○○시 우수 브랜드"라는 문구 하나만으로도 소비자의 신뢰도를 단번에 끌어올릴 수 있습니다.

소상공인 여러분이 지자체 인증을 활용하면, 브랜드를 소개할 때마다 '공공기관이 보증한 제품'이라는 설득력 있는 근거를 제공할 수 있습니다. 특히 처음 만나는 고객에게는 제품의 효능, 품질, 위생 수준 등을 일일이 설명하기보다, 공공기관의 인증을 활용한 신뢰 확보가 훨씬 더 직관적이고 강력한 메시지가 됩니다. 이는 단기간 내에 브랜드에 대한 신뢰를 형성하고, 구매로 연결되는 확률을 높여 주는 실질적인 마케팅 효과로 이어집니다.

공공 인증으로 얻는 신뢰의 라벨

특히 지자체 인증은 단순한 이미지 부착이 아니라, 제품에 대한 품질과 안정성을 공공기관이 검토하고 보증했다는 의미를 담고 있습니다. 온라인 구매의 경우 실물 확인이 어렵기 때문에, 공신력 있는 기관의 인증이 있는 상품은 그렇지 않은 상품보다 더 빠르게 선택되고, 구매 결정에 긍정적인 영향을 미치게 됩니다. 이처럼 인증은 단순한 마크가 아니라, 소비자의 의사결정을 돕는 기준점이자, 브랜드에 대한 긍정적 이미지를 만들어 주는 촉매제가 됩니다.

실제로 여러 지역의 인증 브랜드 사업에 참여한 소상공인들은, 인증 획득 이후 고객 응대가 수월해지고, 가격에 대한 설득도 쉬워졌다는 점을 공통적으로 이야기합니다. 인증을 통해 제품의 신뢰가 확보되면서, 그동안 설명이나 홍보에 들였던 시간과 노력을 줄일 수 있었고, 고객의 재구매율도 높아졌다는 평가가 많습니다. 이는 인증이 단발성 마케팅이 아니라, 장기적인 브랜드 자산으로 축적된다는 의미이기도 합니다.

장기적 자산이 되는 과정

또한 지자체 인증은 경쟁력 있는 제품으로 인정받았다는 의미이기도 합니다. 인증을 받는 과정에서 제품의 품질, 안전성, 지역성과 같은 요소들이 객관적으로 평가되며, 그 기준을 충족해야 하기 때문입니다. 따라서 인증 획득 자체가 브랜드의 품질 보증서가 되어 주는 동시에, 내부적으로는 제품의 완성도를 더욱 높이는 계기가 될 수 있습니다. 이후 민간 유통사나 대형몰 입점 시에도, 공공기관 인증 이력이 설득력 있는 레퍼런스로 작용하기 때문에, 다음 단계를 위한 디딤돌 역할도 해낼 수 있습니다.

지금 브랜드의 신뢰도를 높이고 싶으신가요? 광고비나 리뷰 수, 팔로워 수보다 먼저 챙겨야 할 것이 바로 지자체 인증 브랜드입니다. 신뢰는 단기간에 쌓기 어려운 자산이지만, 공공기관이 보증해 주는 인증을 활용하면 보다 빠르고 안정적으로 신뢰를 확보할 수 있습니다. 그리고 그 신뢰는 곧 제품의 첫 판매를 이끌고, 고객과의 관계를 형성하며, 브랜드를 성장시키는 출발점이 됩니다.

데이터로 읽고, 전략으로 움직여라

52

비용 없이 신뢰 얻기

사업을 시작할 때 가장 크게 부담을 느끼는 요소 중 하나는 바로 '마케팅 비용'입니다. 브랜드를 알리고 제품의 신뢰를 확보하기 위해서는 광고, 콘텐츠 제작, 프로모션 등 다양한 활동이 필요하지만, 현실적으로 예산의 한계에 부딪히는 경우가 많습니다. 특히 신생 브랜드일수록 소비자와의 접점이 부족하고, 이미 시장에 자리 잡은 브랜드들과의 경쟁에서 불리한 위치에 있을 수밖에 없습니다. 이러한 상황에서 마케팅 예산을 들이지 않고도 소비자의 신뢰를 빠르게 얻을 수 있는 방법이 있습니다. 바로 지방자치단체의 인증 브랜드입니다.

적은 예산으로 얻는 큰 효과

지자체 인증 브랜드의 가장 큰 장점은 바로 비용 대비 효과가 매우 뛰어나다는 점입니다. 대부분의 인증 프로그램은 심사 과정이 다소 까다롭더라도 별도의 광고비나 운영비가 들지 않으며, 신청비용 또한 저렴하거나 아예 무료로 운영되기도 합니다.

이처럼 예산의 부담 없이 참여할 수 있는 공공 인증을 통해 제품에 '신뢰의 라벨'을 붙일 수 있다면, 이는 단기간 내에 고객에게 안정감을 제공하고 브랜드 인지도를 높이는 데 큰 도움이 됩니다. 소상공인 입장에서 별도의 마케팅 예산을 들이지 않고도 강력한 브랜드 후광을 얻을 수 있는 전략적 자산이 되는 것입니다. 이는 창업 초기 예산이 넉넉하지 않은 분들에게 매우 유용한 수단이 될 수 있습니다.

지자체 인증 후 뒤따르는 부가 혜택

지자체 인증 브랜드를 획득하게 되면, 공공기관이 운영하는 유통망이나 홍보 채널에도 참여할 수 있는 기회가 자연스럽게 열립니다. 지역특산품 박람회 참가, 지자체 쇼핑몰 우선 입점, 공공 배너 홍보, SNS 콘텐츠 제작 지원, 지역방송 연계 홍보 등 여러 마케팅 기회를 추가로 확보할 수 있습니다. 이 모든 활동이 대부분 무료이거나 정부 예산으로 운영되기 때문에, 마케팅 예산이 넉넉하지 않은 소상공인 입장에서는 매우 유용한 마케팅 인프라를 제공받는 셈입니다. 이처럼 신뢰와 함께 마케팅 채널의 확장성까지 확보할 수 있기 때문에, 인증 하나가 가져다주는 파급력은 생각보다 훨씬 크다고 할 수 있습니다.

이와 같은 공공 자원을 잘 활용한다면, 마케팅 초기 단계에서 '브랜드 인지도와 신뢰도'라는 두 마리 토끼를 동시에 잡을 수 있습니다. 더불어 이러한 공공 인증 이력을 활용하여 민간 유통 플랫폼 입점 시에도 설득력 있는 레퍼런스로 사용할 수 있으며, 파트너십 협상 과정에서도 브랜드의 신뢰성을 입증하는 자료로 활용할 수 있습니다.

데이터로 읽고, 전략으로 움직여라

실제 매출과 접점 확대 사례

예를 들어, 한 지역 농산물 가공업체는 지자체에서 주관하는 인증 브랜드에 참여하여 'ㅇㅇ도 우수상품' 인증을 받았습니다. 이후 해당 인증 로고를 제품 포장에 부착하고, 지자체 쇼핑몰에 입점하여 소비자들의 긍정적인 반응을 얻었습니다. 이 제품은 광고 없이도 꾸준한 구매율을 기록했고, 지역 언론과 블로그, 뉴스레터 등을 통해 자연스럽게 홍보되는 효과까지 누리게 되었습니다. 이처럼 비용을 들이지 않고도 소비자 신뢰를 확보하고, 실제 매출로 이어지는 사례는 결코 드물지 않습니다.

비용 없이 신뢰를 얻는 최고의 전략

지자체 인증 브랜드는 단기적인 마케팅 수단이 아니라, 장기적인 브랜드 전략의 일부로 작용할 수 있습니다. 특히 초기 브랜드가 겪는 가장 큰 어려움인 '고객과의 첫 접점에서 신뢰를 얻는 문제'를 해결해 주는 도구로서 매우 유용합니다. 또한, 인증을 받은 제품은 지속적으로 지자체 행사나 공동 마케팅에 참여할 수 있기 때문에, 단순한 마케팅을 넘어 브랜드를 안정적으로 성장시킬 수 있는 발판이 되어 줍니다.

결국 신뢰를 얻는 일에는 다양한 방법이 있을 수 있지만, 비용을 들이지 않고 신뢰를 확보할 수 있는 기회는 매우 드물며, 그만큼 전략적으로 활용할 가치가 큽니다. 지자체 인증 브랜드는 바로 그런 기회입니다. 여러분의 제품이 아직 널리 알려지지 않았다고 하더라도, 공공의 신뢰를 통해 빠르게 시장에 안착하고 소비자와의 접점을 만들어 나갈 수 있습니다.

지금 이 순간에도 전국 각지의 지자체는 소상공인의 제품을 찾고 있습니다. 그리고 그 제품에 공공의 신뢰를 부여할 준비가 되어 있습니다. 이제 여러분이 할 일은 그 기회를 알아보고, 한 걸음 내딛는 것뿐입니다. 광고보다 빠르고, 콘텐츠보다 설득력 있는 방법. 그것이 바로 '비용 없이 신뢰 얻기'라는 전략입니다.

c h a t e r 7

망하지 않는
운영 전략

사업을 시작하면 해야 할 일은 많지만, 모든 것을 다 잘하려고 하면 자원만 낭비되기 쉽습니다. 이 장에서는 한정된 자금과 시간, 인력을 효율적으로 쓰고, 성과 없는 전략은 과감히 멈추며, 반복 구매와 고객 신뢰를 중심으로 핵심에 집중하는 방법을 다룹니다. 지금 가장 중요한 질문은 단순합니다. "내 자원은 어디에 쓰이고 있는가?" 이 질문에 명확히 답할 수 있다면, 여러분의 운영 전략은 흔들리지 않고 안정적인 사업 기반을 만들 수 있습니다.

53

돈 쓸 곳과 안 쓸 곳
구분하기

사업을 시작할 때 가장 중요한 자원 중 하나는 자금입니다. 하지만 대부분의 소상공인은 자금이 여유롭지 않은 상황에서 창업을 시작하는 경우가 많습니다. 그렇기 때문에 초기 자금의 쓰임새는 그 어떤 경영 판단보다 신중하게 접근해야 합니다. 단순히 "돈이 필요해서 쓴다."가 아니라, "어디에 쓰는 돈이 매출과 연결되는가?"를 구분할 줄 아는 안목이 필요합니다. 결국 자금은 한정되어 있으므로, 가장 효과적인 결과를 낼 수 있는 항목에만 집중적으로 사용해야 합니다.

초기 자금 운용의 우선순위 정하기

자금 운용의 기본 원칙은 우선순위의 명확화입니다. 사업에는 여러 가지 비용 항목이 존재합니다. 제품 생산, 마케팅, 디자인, 인건비, 포장비, 임대료, 웹사이트 구축 등 어디에나 비용이 들어갑니다. 하지만 이 중에서 지금 당장 결과를 만들어 낼 수 있는 요소와, 당장은 결과가 나오기 어려운 요소를 구분하는 것이 중요합니다.

데이터로 읽고, 전략으로 움직여라

예를 들어, 웹사이트를 완벽하게 만드는 데 300만 원을 쓰는 것보다, 제품 사진을 개선해 오픈마켓에 등록하고 바로 매출을 일으키는 데 50만 원을 쓰는 편이 훨씬 효율적일 수 있습니다. 이처럼 "지금 매출로 연결되는 지출인가?"를 판단 기준으로 삼는 것이 초기 사업에서의 자금 운영의 핵심입니다.

완벽함보다 실행에 투자하라

또한 초기에는 완벽함을 추구하기보다 실행 중심의 최소 자금 활용 전략이 필요합니다. 브랜드 디자인을 전문가에게 의뢰해 200만 원을 들이는 것보다, 직접 간단한 템플릿으로 브랜드 로고를 만들고, 그 돈으로 시제품을 2회 테스트하는 것이 더 나은 선택일 수 있습니다. 완성도를 높이기 위한 지출이 과도할 경우, 사업 전체의 실행력을 떨어뜨리고 자금 고갈의 원인이 되기도 합니다. 실제로 많은 창업자들이 브랜드 초기 구축에 지나치게 많은 비용을 들인 뒤, 정작 제품을 개선하거나 마케팅을 실행할 예산이 부족해지는 경우를 자주 겪게 됩니다.

비용 대비 효과는 숫자로 판단하기

자금 사용의 효과는 수치로 판단해야 합니다. 어떤 항목에 자금을 썼을 때 실제로 매출이 얼마나 발생했는지, 고객 반응이 어땠는지, 그 결과가 다음 투자로 연결될 수 있을지에 대한 꾸준한 모니터링이 필요합니다. 예를 들어 50만 원을 들여 제품 홍보 영상을 만들었는데, 조회 수가 낮고 전환율이 저조했다면, 같은 돈을 인스타그램 홍보 콘텐츠 10편 제작에 투입했을 때 결과가 더 나았을 수도 있습니다. 이처럼 비용 대비 효과를 지속적으로 비교 · 분석하고, 효과가 낮은 항목에 대해서는 과감히 중단하는 결단력이 필요합니다.

고객과 직접 연결되는 곳에 써라

무엇보다도 중요한 것은 모든 자금이 '고객과의 연결'에 사용되고 있는지를 점검하는 시각입니다. 고객이 구매 결정을 내리는 데 영향을 주지 않는 요소에 지나치게 많은 자금을 사용하는 것은 사업의 본질에서 벗어난 선택일 수 있습니다. 예를 들어, 사무실 인테리어나 패키지 박스의 재질이 일정 수준 이상이면 충분함에도 불구하고, 불필요하게 고급화하는 경우는 브랜드 이미지에는 일부 도움이 될 수 있지만, 초기에는 과한 지출로 작용할 수 있습니다.

반면 정말 필요한 곳에는 아끼지 않고 써야 합니다. 고객 경험에 직접 영향을 주는 요소, 예를 들어 제품의 품질을 결정짓는 원재료, 첫인상을 좌우하는 대표 이미지나 상세페이지, 재구매를 유도하는 고객 서비스 등은 초기라도 집중적으로 투자해야 할 영역입니다. 이런 부분에서의 자금 투입은 단순한 지출이 아니라, 장기적인 자산으로 전환될 수 있는 투자이기 때문입니다. 이처럼 자금은 무조건 아끼는 것이 중요한 것이 아니라, '잘 쓰는 것'이 더 중요하다는 점을 항상 염두에 두어야 합니다.

지출이 사업의 속도와 방향을 결정한다

사업 초기에 겪는 시행착오 중 상당수는 '잘못된 지출'에서 비롯됩니다. '남들이 하니까', '있어 보여야 하니까', '브랜드처럼 보여야 하니까'라는 이유로 시작된 지출은 실제 고객 반응과 무관한 경우가 많습니다.

데이터로 읽고, 전략으로 움직여라

이런 경우, 자금은 줄어들고 정작 필요한 지출은 하지 못하는 악순환에 빠지게 됩니다. 따라서 누구보다도 냉정한 판단을 내려야 하는 시점이 바로 창업 초기이며, 돈 쓸 곳과 안 쓸 곳을 정확히 구분하는 안목이 사업의 생존 가능성을 결정짓는 요소가 됩니다.

자금은 사업의 연료입니다. 그 연료를 어디에 어떻게 쓰느냐에 따라 사업의 속도와 방향이 결정됩니다. 지금 당장 여러분의 지출 항목을 하나씩 점검해 보십시오.

- 매출로 이어지지 않는 지출은 없는가?
- 고객과 연결되지 않는 비용은 없는가?
- 불확실한 기대감만으로 돈이 빠져나가고 있지는 않은가?

이 질문들에 명확한 답을 할 수 있다면, 여러분의 자금은 가장 전략적으로 쓰이고 있을 것입니다.

소상공인을 위한 자금 운용 전략: 매출 연결 지출에 집중하기

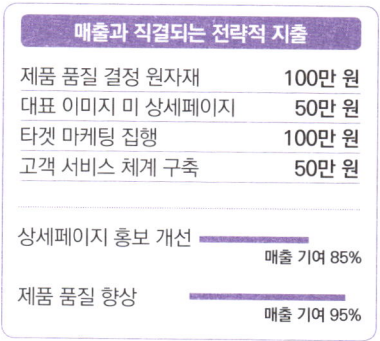

매출과 연결되지 않는 지출의 함정	
사무실 고급 인테리어	200만 원
전문 브랜드 디자인	200만 원
고급 패키지 박스 제작	150만 원
완벽한 웹사이트 구축	300만 원
브랜드 디자인 비용	제품 기여 10%
고급 패키지 제작	매출 기여 15%
웹사이트 구축	매출 기여 8%

매출과 직결되는 전략적 지출	
제품 품질 결정 원자재	100만 원
대표 이미지 미 상세페이지	50만 원
타겟 마케팅 집행	100만 원
고객 서비스 체계 구축	50만 원
상세페이지 홍보 개선	매출 기여 85%
제품 품질 향상	매출 기여 95%

54

성과 없으면 멈추기

창업 초기에는 수많은 선택을 내려야 합니다. 어떤 상품을 만들지, 어디에 광고를 할지, 어떤 포장을 쓸지, 어떤 채널에서 판매를 시작할지 등 결정해야 할 항목은 끊임없이 등장합니다. 이러한 상황에서 가장 흔히 빠지는 실수 중 하나는, 어떤 전략이나 실행을 한 번 시작한 이후 그 성과를 면밀히 검토하지 않은 채 그대로 유지하는 것입니다. 하지만 사업 운영에서 가장 중요한 태도 중 하나는 '효과가 없으면 빠르게 중단하는 판단력'입니다.

수치와 데이터로 투자 결과 판단하기

모든 투자에는 결과가 따릅니다. 비용을 투입한 마케팅 전략, 디자인 변경, 포장 개선, 영상 제작, SNS 운영 등 각각의 활동은 시간과 돈을 요구합니다. 따라서 이러한 활동을 실행했다면, 그로 인해 어떤 성과가 나왔는지를 반드시 수치로 확인해야 합니다.

예를 들어 SNS 광고를 통해 고객 유입을 기대하고 예산을 집행했지

데이터로 읽고, 전략으로 움직여라

만, 클릭은 많아도 구매 전환이 거의 없다면, 해당 광고의 타깃팅이나 메시지, 채널 자체에 문제가 있을 가능성이 높습니다. 이때 필요한 태도는 '조금 더 해보자'가 아니라 '이 전략은 기대만큼의 성과를 내고 있는가?'라는 냉정한 질문을 던지는 것입니다.

성과 분석을 위한 지표는 많지만, 소상공인 입장에서는 복잡한 마케팅 분석 툴보다도 기본적인 수치를 중심으로 판단하는 것이 더 실용적입니다. 광고를 했다면 클릭률(CTR), 전환율(CVR), 고객 획득 비용(CPA), 광고 투자 대비 수익률(ROAS) 등을 통해 분석할 수 있습니다. 콘텐츠를 제작했다면 조회 수, 좋아요 수, 댓글 수, 링크 클릭 수 등을 확인해야 하며, 오프라인 활동의 경우 이벤트 참여자 수나 이후 구매 전환율로 성과를 판단할 수 있습니다. 이처럼 수치와 데이터를 통해 명확한 결과를 파악한다면, 감정이 아닌 근거 기반의 의사결정이 가능해집니다.

성과 없는 전략, 과감한 정리가 필요한 이유

사업이 잘되기 위해서 꼭 필요한 건, 잘하는 것만이 아닙니다. 잘 안되는 것을 알아차리고 빨리 그만두는 것도 똑같이 중요합니다. 특정 제품이 반응이 없고 리뷰도 적고 반복 구매도 일어나지 않는다면, 그 제품에 대한 재고 부담과 홍보 비용은 지속적으로 늘어날 뿐입니다. 이럴 때는 단호하게 생산을 중단하고, 반응이 좋은 다른 제품으로 자원을 집중해야 합니다. 모든 상품, 전략, 콘텐츠가 다 성공적일 수는 없으며, 그렇기 때문에 무언가를 정리하는 판단이 곧 성장으로 가는 길을 열어줍니다.

성과 없는 전략을 지속하는 가장 흔한 이유는 감정적인 집착입니다. 직접 만든 콘텐츠나 오래 고민해서 결정한 디자인, 지인을 통해 진행한 마케팅 프로젝트 등은 나름의 정성과 의미가 담겨 있다 보니, 그만두는 것이 아깝게 느껴질 수 있습니다. 하지만 고객은 제품의 제작 과정을 보지 않습니다. 고객은 오직 '지금 내게 필요한가, 믿을 수 있는가, 사고 싶은가'만을 판단할 뿐입니다. 즉, 사업은 시장 중심의 판단이 우선이어야 하며, 감정보다는 냉정한 현실 분석을 바탕으로 한 전략 수정이 생존과 직결됩니다.

중단은 실패가 아니라 조정이다

전략을 중단한다는 것은 실패가 아닙니다. 오히려 더 나은 방향으로 가기 위한 조정입니다. 사업 초기에 다양한 시도를 해 보는 것은 자연스럽고 필요합니다. 다만, 시도한 뒤 그 결과를 확인하지 않고 계속 유지한다면, 그것은 실험이 아니라 낭비가 될 가능성이 높습니다. 예산은 한정되어 있기 때문에, 효과 없는 전략을 지속하는 동안 그 비용으로 얻을 수 있었던 다른 기회를 잃게 됩니다. 따라서 자금과 시간을 어디에 쓰고 있는지를 지속적으로 돌아보아야 하며, 그 결정이 현재 사업에 어떤 영향을 주고 있는지도 객관적으로 분석해야 합니다.

특히 마케팅이나 홍보 전략은 짧은 기간에도 성과를 확인할 수 있는 구조가 많습니다. 일주일, 2주, 한 달 단위로 데이터를 기록하고, 각 전략의 성과를 정리하여 비교해 보면 '무엇을 유지하고 무엇을 멈춰야 할지'가 분명히 보이게 됩니다. 처음에는 익숙하지 않을 수 있지만, 이 과정을 습관으로 만들면 시간이 지날수록 전략적 사고력이 길러지고,

데이터로 읽고, 전략으로 움직여라

더 나은 의사결정을 내릴 수 있는 기반이 마련됩니다.

지금 멈출 것, 앞으로 집중할 것 정하기

지금 하고 있는 활동 중에서 효과가 미미하거나 시간과 비용에 비해 기대한 만큼의 결과가 나오지 않는 부분이 있다면, 그것이 무엇인지 명확히 규정해 보아야 합니다. 그리고 그것을 지금 멈춘다면 확보할 수 있는 자원은 어디에 더 유용하게 쓰일 수 있는지에 대한 고민도 필요합니다. 이 과정을 반복하다 보면, 비효율이 줄어들고 성과는 자연스럽게 따라옵니다.

55

핵심에 집중하기

사업을 시작했다면, 이제는 자원을 어디에 써야 할지를 결정하는 일이 가장 중요해집니다. 특히 자금과 시간, 인력이 모두 제한된 소상공인의 경우, 모든 것을 다 잘하려는 시도보다는 가장 중요한 요소에만 집중하는 전략이 절실합니다. 이것이 바로 생존을 좌우하는 핵심 사고이며, 실제 성공한 많은 사업가들이 반복해서 강조하는 사업 운영의 원칙이기도 합니다.

지금 당장 매출과 연결되는 일에 집중하라

사업에는 수많은 일들이 발생합니다. 제품 개발, 패키지 디자인, SNS 운영, 광고 집행, 상세페이지 작성, 리뷰 관리, 오프라인 행사 참여 등 할 수 있는 일은 많지만, 모든 것을 다 잘할 수는 없습니다. 따라서 지금 이 시점에서 꼭 필요한 것, 매출과 직접적으로 연결되는 것, 고객 경험에 직접 영향을 주는 것부터 우선순위를 정하여 집중해야 합니다. 이것이야말로 자원을 가장 효과적으로 쓰는 방법입니다.

데이터로 읽고, 전략으로 움직여라

핵심에 집중한다는 말은, 중요한 일에만 에너지를 쓰고 나머지는 과감히 덜어 낸다는 뜻입니다. 예를 들어 브랜드의 SNS 팔로워 수가 적은 상황이라면, 콘텐츠 제작에 너무 많은 시간과 비용을 들이기보다는, 오픈마켓 상세페이지 완성도나 상품 리뷰 확보에 먼저 집중하는 것이 더 나은 선택일 수 있습니다. 다시 말해, 지금 고객이 실제로 보는 지점, 구매 결정에 영향을 주는 지점부터 우선 해결해야 한다는 뜻입니다.

또한 핵심에 집중한다는 것은 당장 '매출로 이어지는 활동'에 우선순위를 두는 판단입니다. 제품이 아무리 잘 만들어졌더라도 고객에게 전달되지 않으면 아무 소용이 없습니다. 따라서 광고나 상세페이지 개선, 고객 문의 응대 시스템 정비, 빠른 배송 체계 구축 등 직접적으로 전환율을 높일 수 있는 활동에 자금을 우선 배정하는 것이 합리적입니다. 다른 요소들은 그 이후에 차차 개선해도 늦지 않습니다.

운영에도 적용되는 집중 전략의 힘

이러한 집중 전략은 마케팅뿐 아니라 운영 전반에도 적용될 수 있습니다. 예를 들어, 상품 라인업을 늘리기보다는 잘 팔릴 가능성이 높은 한 가지 제품에 집중하여 초기 성과를 만들어 내는 것이 훨씬 효율적입니다. 제품이 10가지나 되지만 하나도 뚜렷하게 팔리지 않는 것보다는, 1~2개의 제품이 확실하게 반응을 얻고 판매되는 구조가 장기적으로 봤을 때 더 나은 성장 기반이 됩니다. 이렇게 대표 상품 중심의 전략을 구성하면, 이후 추가 제품의 설계나 마케팅 방향성도 훨씬 명확해집니다.

집중 전략에서 중요한 것: 데이터화와 시스템화

무엇에 집중할지를 정할 때에는 고객의 반응과 데이터를 기반으로 판단하는 것이 가장 안전합니다. 고객들이 가장 많이 문의하는 제품, 리뷰가 많은 제품, 재구매율이 높은 제품이 있다면, 그것이 바로 지금 자원을 집중해야 할 대상입니다. 감이나 기획자의 선호가 아니라, 시장의 반응이 말해 주는 핵심에 귀 기울여야 합니다. 그렇게 해야만 실제로 '팔리는 구조'를 만들어 낼 수 있으며, 이는 브랜드가 생존하고 성장하는 데 있어서 필수적인 기반이 됩니다.

또한 핵심에 집중하는 전략은 내부 리소스를 정비하는 데도 도움을 줍니다. 모든 업무를 혼자 또는 소수의 인원으로 처리해야 하는 경우, 일의 우선순위가 흐려지면 오히려 중요한 작업이 뒷전으로 밀리기 쉽습니다. 이럴 때에는 지금 당장 고객과 연결된 일, 매출로 이어지는 일, 브랜드 신뢰에 영향을 주는 일만 남기고 나머지는 과감하게 후순위로 미뤄야 합니다. 그리고 그 핵심 업무에만 시간을 배정하고, 반복 가능한 구조를 만들어 시스템화한다면, 이후에는 훨씬 여유 있게 사업을 운영할 수 있습니다.

덜어 낼수록 본질이 보인다

모든 자원을 고르게 분배하는 것보다, 중요한 곳에 집중하는 전략이 결과적으로 더 큰 성과를 가져옵니다. 그리고 이 집중은 단기적인 매출뿐 아니라, 장기적인 브랜드 방향성까지 결정짓는 중요한 선택이 됩니다. 초기 사업에서 '뭘 하지 않을지'를 정하는 것도 전략이며, 덜어 낼수록 본질이 보인다는 점을 기억해야 합니다.

데이터로 읽고, 전략으로 움직여라

핵심에 집중하는 사업 운영은 단순화의 미덕을 실현하는 방식입니다. 복잡함을 줄이고, 선택지를 좁히며, 반드시 필요한 것에만 집중한다면, 작지만 강한 브랜드로 자리 잡을 수 있습니다. 지금 이 순간 여러분이 가지고 있는 시간, 자금, 인력 중 어디에 우선순위를 둘 것인지 다시 점검해 보십시오. 그것이 곧 생존과 성장을 가르는 분기점이 될 것입니다.

56

새 고객보다
내 고객 먼저 챙기기

사업을 시작하고 가장 먼저 신경 쓰게 되는 부분은 어떻게 하면 새로운 고객을 끌어올 수 있을까 하는 문제입니다. 많은 소상공인들이 광고를 집행하고 SNS 계정을 운영하고, 할인 이벤트를 통해 브랜드를 알리는 데 시간과 비용을 집중합니다. 물론 신규 고객 확보는 브랜드 성장의 중요한 요소입니다. 하지만 정작 장기적인 성장을 위해 더욱 신경 써야 하는 대상은 '이미 한 번 구매해 본 고객', 즉 기존 고객입니다.

미래 고객의 구매를 유도하는 마케팅 자산

기존 고객은 이미 한 차례 구매를 통해 제품을 경험한 사람입니다. 브랜드의 메시지, 제품의 질, 서비스의 만족도를 직접 체험했고, 그 경험이 긍정적이었다면 다시 구매할 가능성은 매우 높습니다. 일반적으로 신규 고객을 한 명 유입시키는 데 드는 비용은 기존 고객의 재구매를 유도하는 비용보다 3~5배 이상 더 많이 든다고 알려져 있습니다. 그렇기 때문에 재구매율을 높이는 것이 가장 비용 효율적인 마케팅 전략 중

데이터로 읽고, 전략으로 움직여라

하나가 됩니다.

또한 기존 고객의 리뷰와 후기, 추천은 신규 고객에게 직접적인 영향을 줍니다. 고객은 광고보다는 다른 고객의 경험을 신뢰하는 경향이 점점 더 강해지고 있습니다. 내가 모르는 브랜드라도 리뷰가 좋고 고객들의 반응이 긍정적이면, 믿고 구매하려는 의지가 생깁니다. 따라서 기존 고객이 남긴 평가와 만족도는 단순히 일회성 거래를 넘어서 미래 고객의 구매를 유도하는 마케팅 자산이 됩니다.

기존 고객을 관리하는 방법

그렇다면 어떻게 해야 기존 고객을 잘 관리할 수 있을까요?

① 구매 이후의 경험 관리

첫 번째는 구매 이후의 경험을 챙기는 것입니다. 제품이 도착한 후 사용하면서 겪게 될 고객의 반응, 불편사항, 추가 니즈 등을 미리 파악하고 관리하는 것이 중요합니다. 예를 들어 구매 후 3일, 7일, 14일이 지난 시점에 간단한 메시지나 이메일을 통해 제품 사용에 대한 만족도를 묻고, 필요한 정보나 사용 팁을 전달하는 방식은 고객에게 신뢰를 줄 수 있는 좋은 방법입니다. 이처럼 '관심 받고 있다'는 느낌을 받는 고객은 브랜드에 대한 호감과 충성도를 자연스럽게 갖게 됩니다.

② 재구매 유도 전략 설계

두 번째는 재구매를 유도하는 전략을 구체적으로 설계하는 것입니다. 예를 들어 건강기능식품이나 생활용품과 같이 소비 주기가 비교적

일정한 제품의 경우, 구매 주기에 맞춰 리마인드 메시지를 보내거나, 일정 기간 내 재구매 시 할인 혜택을 제공하는 방식이 효과적입니다. 또는 포인트 적립, 등급별 혜택, 소량 체험용 증정 등 작은 인센티브를 통해 고객의 반복 구매를 유도하는 방식도 매우 유용합니다.

③ 브랜드와 정서적 유대감을 쌓는 접점

세 번째는 기존 고객을 '브랜드의 팬'으로 전환하는 작업입니다. 이는 단순히 구매를 반복하는 고객을 넘어, 자발적으로 브랜드를 주변에 소개하고 긍정적인 리뷰를 남기며, 신규 고객 유입에도 기여하는 충성 고객으로 성장시키는 과정을 의미합니다. 이를 위해서는 고객의 피드백을 적극 반영하고, 감사 메시지를 전하거나 소규모 고객 이벤트, 베타테스트 참여 기회 제공 등 브랜드에 대한 정서적 유대감을 쌓을 수 있는 접점을 계속 만들어 가는 것이 필요합니다.

고객, 브랜드와 함께 성장하는 동반자

기존 고객을 먼저 챙긴다는 것은 단순히 마케팅 전략의 일부가 아니라, 브랜드 운영 철학의 중심이 되어야 하는 원칙입니다. 신규 고객은 브랜드를 떠날 수 있지만, 기존 고객은 브랜드를 지켜 주는 사람입니다. 제품에 문제가 생겼을 때도 기존 고객은 더 관대하게 이해해 줄 수 있고, 서비스에 약간의 불편이 있더라도 브랜드에 대한 신뢰가 쌓여 있다면 한 번 더 기회를 주게 됩니다. 이러한 고객은 단순한 소비자가 아니라, 브랜드와 함께 성장하는 동반자이자 든든한 지지 기반이 됩니다.

브랜드가 성장한다는 것은 결국 고객 기반이 견고해진다는 의미입니

데이터로 읽고, 전략으로 움직여라

다. 단기적인 매출을 올리기 위해 매번 새로운 고객을 찾는 데 힘을 쏟기보다는, 지금까지 구매해 주신 고객이 다시 한 번 찾아올 수 있도록 만드는 데 초점을 맞춘다면, 훨씬 안정적인 매출 구조를 만들 수 있습니다. 특히 소상공인처럼 자원이 한정된 환경에서는 효율성과 지속 가능성을 고려한 전략이 곧 생존 전략이 됩니다.

지금 여러분의 브랜드에는 어떤 고객이 다시 찾아오고 있습니까? 반복 구매 고객의 비중이 높아지고 있다면, 이미 좋은 방향으로 가고 있는 것입니다. 만약 아직까지 재구매가 많지 않다면, 구매 이후의 고객 경험을 점검하고, 다시 돌아올 수 있는 접점을 마련해 보십시오. 신규 고객보다 기존 고객을 먼저 챙기는 브랜드가 결국 시장에서 오래 살아남고, 더 멀리 갈 수 있습니다.

57

재구매가 만드는
안정된 매출 구조

사업을 운영하다 보면 "오늘 몇 개가 팔렸는가?"에 대한 숫자에 민감해지기 마련입니다. 매출은 곧 생존과 연결되기 때문에, 매일매일의 수치가 주는 압박감은 결코 작지 않습니다. 그러나 그 숫자가 진정으로 의미 있는 성장을 뜻하는지, 단순히 일시적인 매출에 그치는지를 구분하기 위해서는 '매출 구성의 질'을 함께 살펴보아야 합니다. 그리고 그 질을 높이는 가장 확실한 방법 중 하나가 바로 재구매율을 높이는 것입니다.

재구매가 갖는 전략적 가치

단기 매출은 광고, 이벤트, 할인 등 다양한 마케팅 활동으로 어느 정도 만들 수 있습니다. 하지만 그 매출이 반복되지 않는다면, 매월 같은 노력을 반복해야만 겨우 생존이 가능한 구조에 머물게 됩니다. 반면 한 번 제품을 구매한 고객이 두 번째, 세 번째로 이어지는 구조를 만들어 낸다면, 광고비를 줄이면서도 예측 가능한 수익을 확보할 수 있는 안정된 사업 기반이 형성됩니다. 이것이 바로 재구매가 갖는 전략적 가치입니다.

데이터로 읽고, 전략으로 움직여라

재구매 고객은 단순히 '다시 산 사람'이 아니라, 브랜드에 신뢰를 갖기 시작한 사람입니다. 첫 구매 이후 제품 품질에 만족하고, 고객 응대나 배송, 패키지까지 전반적인 경험이 긍정적이었기 때문에 다시 구매를 결심한 것입니다. 이런 고객층이 늘어나면, 브랜드는 외부 자극 없이도 일정한 매출을 유지할 수 있고, 성장을 위한 새로운 시도를 더 안정된 환경에서 실행할 수 있게 됩니다. 다시 말해, 재구매율은 곧 사업의 내구성 지표라고도 볼 수 있습니다.

재구매율을 높이는 전략

재구매율을 높이기 위해서는 먼저 고객의 구매 주기를 파악해야 합니다. 제품이 소모성인지, 계절성인지, 장기 사용 제품인지에 따라 다시 찾는 시점은 달라지기 마련입니다. 예를 들어, 건강 음료나 생필품은 한 달 안에 소진될 수 있으므로 3~4주 내에 리마인드 메시지를 보내는 것이 효과적입니다. 반면 패션 제품이나 전자기기처럼 구매 주기가 긴 제품은 다음 시즌을 기다리거나, 관련 액세서리 제품을 함께 제안하는 방식으로 재구매 유도를 설계해야 합니다.

그다음은 고객이 다시 구매하도록 만들 동기를 제공하는 것입니다. 단순히 "다음에도 사 주세요."라는 메시지만으로는 부족합니다. 일정 기간 안에 구매하면 제공되는 할인 쿠폰, 누적 구매 시 포인트 적립, 리뷰 작성 고객 대상의 추첨 이벤트, 추천인 프로그램 등 다양한 방법으로 고객에게 돌아오는 혜택을 명확히 제시해야 합니다. 고객 입장에서 "이 브랜드는 다시 구매할 이유가 있다."는 확신이 들 때 재구매는 자연스럽게 이루어집니다.

맞춤형 마케팅을 실현하라

이 과정에서 중요한 것은, 모든 고객에게 똑같은 방식으로 접근하지 않는 것입니다. 첫 구매 후 반응이 없었던 고객, 구매 후 긍정적인 리뷰를 남긴 고객, 특정 시즌에만 활동하는 고객 등 각기 다른 유형의 고객에 맞춘 세분화된 전략이 필요합니다. 예를 들어 긍정 리뷰를 남긴 고객에게는 '고객 감사 쿠폰'을 보내고, 장바구니에만 담고 구매하지 않은 고객에게는 '구매 완료 시 무료 배송' 등의 유인을 제공하는 방식입니다. 이처럼 고객 행동을 기반으로 한 맞춤형 마케팅은 재구매율을 높이는 데 매우 효과적입니다.

반복 구매가 브랜드를 지탱한다

재구매를 유도하는 전략은 단기적인 매출 증가뿐만 아니라, 장기적인 고객 생애 가치(LTV, Life Time Value)를 높이는 데도 기여합니다. 한 고객이 단 한 번 구매하고 떠나는 구조보다, 세 번, 다섯 번 반복 구매를 하는 구조는 고객 한 명이 가져다주는 총 매출 규모를 몇 배 이상 높여 줍니다. 동시에 이러한 고객은 타인에게 브랜드를 추천할 가능성도 크기 때문에, 결과적으로 광고보다 신뢰도 높은 신규 고객 유입 통로로서의 역할도 합니다.

브랜드가 시장에서 안정적으로 자리 잡기 위해서는 단발성 이벤트나 일시적인 판매 증가보다는 반복적으로 찾는 고객을 얼마나 확보했는가가 훨씬 더 중요한 지표가 됩니다. 재구매 고객은 광고비 없이도 매출을 만들어 주고, 브랜드의 품질을 입증해 주는 '살아 있는 증거'가 됩니다. 이들이 많아질수록 마케팅 부담은 줄고, 고객 커뮤니케이션은 더욱

데이터로 읽고, 전략으로 움직여라

정제되며, 내부 운영은 효율적으로 전환됩니다.

　지금 여러분의 고객 명단을 살펴보십시오. 처음 구매한 고객이 며칠 안에 다시 구매한 적이 있는지, 지난 분기와 이번 분기의 재구매율이 어떻게 달라졌는지를 확인해 본다면, 지금 브랜드가 어느 정도의 안정성을 확보하고 있는지도 함께 점검할 수 있습니다. 재구매는 단순한 반복 구매가 아니라, 브랜드가 고객에게 신뢰받고 있다는 가장 명확한 증거입니다.

소상공인을 위한 매출 질 향상 전략: 재구매율에 집중하기

단가 매출의 한계	재구매율 향상 전략
단기 매출 중심 사업은 지속적인 광고비와 마케팅 비용이 필요합니다.	고객이 반복해서 찾는 구조로 광고 없이도 안정적인 매출을 확보하는 전략
지속적인 광고 의존성 매출 유지를 위한 고객 유입과 광고비가 필수적이며, 광고 중단 시 매출이 급감	**신뢰 기반 고객 관계 형성** 구매 이후 일관적인 경험을 제공하여 브랜드 신뢰도와 충성도 향상
매출 예측 불가능 시즌, 경쟁사, 시장 환경에 따라 매출이 크게 변동되어 안정적인 계획 수립 어려움	**예측 가능한 매출 구조** 고객 구매 주기 분석을 통한 안정적인 매출 예측 가능, 신규 고객 유도 전략 수립
고객 충성도 부재 브랜드에 대한 관계와 애착이 형성되지 않아 반복 구매로 이어지지 않음	**마케팅 비용 효율화** 신규 고객 확보 대비 기존 고객 유지비용이 훨씬 낮아 마케팅 효율성 증대

단기 매출 vs 재구매 매출 구조

6개월 후 유지
`13%`

1년 후 유지
`6%`

재구매 횟수에 따른 고객 가치 증가

1회 구매 고객
`LTV: 1.0배`

3회 구매 고객
`LTV: 3.2배`

5회+ 구매 고객

58

리뷰와 만족도가
다음 고객을 만든다

고객이 제품을 선택할 때 가장 크게 영향을 미치는 요소는 무엇일까요? 가격, 브랜드 인지도, 제품 디자인 등 다양한 조건들이 있을 수 있지만, 최근 소비자들이 가장 신뢰하는 요소는 바로 다른 소비자의 리뷰와 만족도입니다. 제품에 대해 잘 모르는 상태에서 소비자가 판단할 수 있는 가장 실질적이고 신뢰할 수 있는 기준은, 바로 그 제품을 직접 사용해 본 사람들의 경험과 반응입니다. 특히 온라인 쇼핑이 일반화된 시대에는 이 리뷰와 만족도가 곧 브랜드의 신뢰도를 결정하는 중요한 척도가 됩니다.

별점 하나가 만드는 신뢰의 힘

별점 하나가 매출에 미치는 영향을 실감할 것입니다. 실제로 5점 만점에 4.7점 이상의 평균 별점을 유지하는 제품은, 그 자체만으로도 제품력에 대한 간접 보증 효과를 가지게 됩니다. 반면, 별점이 낮거나 리뷰가 부족한 제품은 소비자가 아무리 상세한 설명을 읽어도 불안감을 느끼게 마련입니다.

이처럼 리뷰는 단순한 후기 그 이상입니다. 리뷰는 곧 브랜드의 '사회적 증거(social proof)'입니다. 이는 심리학적으로도 매우 중요한 개념인데, 사람은 다른 사람의 선택을 따라 하는 경향이 있으며, 특히 처음 접하는 상황에서는 주변의 의견을 신뢰하는 경향이 강해진다고 알려져 있습니다. 따라서 제품에 리뷰가 많고, 그 내용이 구체적이며 긍정적일수록, 새로운 고객은 그 제품을 선택할 확률이 현저히 높아집니다.

리뷰도 하나의 '전략'이다

리뷰의 영향력이 큰 만큼, 브랜드 입장에서는 이를 단순한 결과물이 아닌, 전략적으로 관리하고 활용하는 자산으로 보아야 합니다. 예를 들어 제품을 구매한 고객에게 일정 시점 후 리뷰 작성을 유도하는 메시지를 보내거나, 리뷰 작성 시 소정의 혜택을 제공하는 방식은 매우 효과적인 방법입니다. 또한 단순히 "리뷰 부탁드립니다."라는 요청이 아니라, 제품 사용에 대한 솔직한 경험, 장단점, 활용 팁 등을 중심으로 작성하도록 안내한다면 보다 풍부하고 신뢰감 있는 리뷰가 쌓이게 됩니다.

또한 고객의 리뷰를 적극적으로 읽고 반응하는 자세도 중요합니다. 단순한 감사 인사에 그치지 않고, 고객이 언급한 문제나 건의 사항에 대해 진심 어린 피드백을 남기는 브랜드는 신뢰를 쌓을 수 있습니다. 특히 부정적인 리뷰가 달렸을 때, 이를 무시하기보다 개선 의지를 보이는 답변을 남긴다면, 다른 고객들에게도 브랜드의 진정성과 책임감 있는 태도를 보여 주는 계기가 됩니다.

수십만 원짜리 광고보다 큰 효과

리뷰는 검색 결과와 제품 상세페이지 내에서 매우 높은 시선 집중률을 보이는 콘텐츠입니다. 구매 전, 고객은 가장 먼저 별점과 리뷰 수를 확인하고, 실제 구매자들의 사진, 텍스트, 경험담을 통해 본인의 상황과 비교해 보며 판단합니다. 이때 누군가의 솔직한 리뷰 한 줄이 다른 고객에게는 결정을 내리는 가장 큰 이유가 됩니다. 만족도가 높고 공감되는 리뷰 하나는 수십만 원짜리 광고보다 더 큰 효과를 발휘할 수 있습니다.

특히 만족도 높은 리뷰는 브랜드 홍보로도 연결됩니다. 단순한 후기를 넘어서, 제품을 사용한 인증샷이나 활용 팁을 함께 남기는 리뷰도 있습니다. 이런 콘텐츠는 브랜드 입장에서는 사용자 생성 콘텐츠(UGC, User Generated Content)로서 활용할 수 있는 매우 가치 있는 자산입니다. 고객의 실제 후기 이미지를 마케팅에 반영하거나, SNS 홍보 시 재활용한다면 훨씬 신뢰감 있는 콘텐츠로 작용할 수 있습니다.

리뷰는 브랜드를 대신 말해 준다

브랜드 초기일수록 리뷰 확보는 필수 전략입니다. 신규 고객은 제품 설명보다 리뷰를 먼저 봅니다. 아직 리뷰가 많지 않은 상태라면, 처음 구매한 고객에게는 특별한 혜택을 제공하면서 리뷰 참여를 독려해 보는 건 어떨까요? 예를 들어 3줄 이상 후기 작성 시 할인 쿠폰 증정, 포토 리뷰 작성 고객 대상 추첨 이벤트 등은 단기적으로도 리뷰 수를 확보하고 장기적으로는 신뢰도를 높이는 데 효과적입니다.

지금 이 순간, 리뷰는 브랜드의 말을 대신해 주고 있습니다. 제품에 대해 브랜드가 아무리 좋다고 말해도, 그것을 신뢰하지 못하는 고객은 많습니다. 그러나 직접 사용해 본 고객이 남긴 생생한 이야기는, 그 어떤 마케팅 문구보다 더 강력하게 작용합니다. 리뷰와 만족도는 결국 다음 고객을 끌어오는 가장 중요한 다리입니다.

59

겉보다 속,
수익이 남는 구조 만들기

사업 초기에 가장 흔히 빠지는 유혹은 '겉으로 보이는 성장'입니다. SNS 팔로워 수, 사이트 방문자 수, 보기 좋은 패키지 디자인, 화려한 온라인 광고 등 외형적인 지표에 매몰되는 경우가 많습니다. 물론 이 지표들은 브랜드의 성장 가능성을 확인하고 고객과의 접점을 늘리는 데에 의미 있는 수단입니다. 하지만 실제 매출과 수익이 동반되지 않은 성장은 장기적으로 브랜드를 위태롭게 만드는 요소가 될 수 있습니다.

제품 단위 수익 구조 파악하기

초기 창업 단계에서는 제한된 자금과 인력, 시간 안에서 사업을 운영해야 하기 때문에 무엇보다도 '수익이 남는 구조'를 만드는 것에 초점을 두어야 합니다. 단기적인 매출 상승에만 집중하거나, 지나친 할인과 마케팅 이벤트에 의존한 성장은 수익률을 낮추고 오히려 적자를 키우는 결과를 가져올 수 있습니다. 따라서 겉으로는 성장하고 있는 것처럼 보여도 내부적으로는 자금 유동성이 악화되고 운영 효율이 떨어지며, 결국 지속 불가능한 상태로 빠지게 됩니다.

수익이 남는 구조를 만들기 위해서는 먼저 제품 단위에서의 수익 구조를 명확히 파악하는 것이 필요합니다. 한 제품을 생산하고 포장하고 배송하기까지 들어가는 모든 원가와 고정비, 그리고 마케팅 비용까지 고려한 뒤, 실제 남는 순수익이 얼마인지를 계산해 보아야 합니다. 이 작업을 하지 않고 단순히 판매가에서 원가만 뺀 차액을 '이익'으로 오해하는 경우가 많은데, 이는 매우 위험한 착각입니다. 광고비가 늘어나고, 반품이 발생하고, 고객 응대나 포장 인건비까지 들어가게 되면, 겉으로는 매출이 늘었지만 실제로는 손해를 보는 구조가 될 수 있습니다.

할인보다는 가치 중심의 전략

다음으로는 마케팅 전략에서도 '지속 가능한 수익'을 우선순위에 두어야 합니다. 가격을 낮춰 일시적인 매출을 늘리는 방식은 초기에 눈에 띄는 성과를 보일 수 있지만, 브랜드의 가치와 마진 구조를 훼손하는 결과를 초래할 수 있습니다. 고객은 할인된 가격에 익숙해지며, 정가에 대한 심리적 저항이 생기기 때문에 나중에는 할인을 하지 않으면 팔리지 않는 구조가 고착화될 위험이 있습니다. 그렇기 때문에 할인보다 '제품의 진짜 가치를 전달하는 콘텐츠', '고객 리뷰 기반 신뢰 구축', '체험용 소포장 구성' 등 가치를 중심으로 한 전략이 더 장기적으로 효과적입니다.

내부 운영의 효율성 고려하기

또한 수익이 남는 구조를 위해서는 내부 운영의 효율성도 함께 고려해야 합니다. 제품이 아무리 잘 팔려도 생산 과정이 복잡하고 비효율적이면, 인건비와 자재비가 불필요하게 늘어나 수익이 줄어들게 됩니다. 특히 생산 과정, 발주, 재고 관리 등의 업무가 매번 수작업으로 이뤄지고 있다면, 반복되는 실수와 낭비로 인해 원가가 상승하고 마진이 줄어드는 결과를 낳을 수 있습니다. 따라서 재고 시스템의 간소화, 공급처와의 단가 조정, 반복 업무의 자동화 등을 통해 운영비용을 줄이고 고정비를 낮추는 구조 개선이 반드시 병행되어야 합니다.

사업은 마라톤이다

수익이 남는 구조를 만들기 위해서는, 단순히 한두 가지를 바꾸는 것이 아니라 사업 전반에 걸친 시야의 전환이 필요합니다. 더 많이 팔기보다는 얼마나 '건강하게 팔고 있는가'를 점검하는 과정이 반드시 필요하며, 실제로 제품 하나가 팔릴 때마다 남는 수익이 얼마인지, 고객 한 명을 유치하는 데 얼마가 드는지, 운영비가 총 매출에서 얼마를 차지하는지를 항상 인지해야 합니다. 이 수치를 모른 채 사업을 운영한다면, 겉으로 보이는 성장과 실제 수익이 계속 엇갈리는 상황이 반복될 수 있습니다.

사업은 단거리 달리기가 아니라 마라톤입니다. 단기적인 매출을 올리는 전략은 어느 정도 성과를 보여 줄 수 있지만, 그것이 곧 수익을 의미하지는 않습니다. 매출과 수익은 다릅니다. 실제로는 많은 매출을 내고도 수익이 거의 없는 구조로 운영되고 있는 브랜드들도 적지 않습니

데이터로 읽고, 전략으로 움직여라

다. 반면 매출 규모는 작더라도 고정비와 원가를 효율적으로 관리하며, 적정한 마진을 확보하고 있는 브랜드는 안정적이고 지속적으로 성장할 수 있는 기반을 갖추고 있습니다.

겉으로 보이는 성장보다는, 내부의 수익 구조를 점검하고 다듬어 가는 시간이 반드시 필요합니다. 이 과정을 거쳐야만 비로소 사업은 스스로 굴러가는 구조를 갖추게 되고, 여러분의 노력은 결과로 이어질 수 있습니다.

60

할인보다 지속 가능성에
집중하기

창업 초기라면 누구나 겪게 되는 마케팅 전략 중 하나는 '할인'입니다. 특히 신규 고객을 유치하거나, 첫 매출을 만들고자 할 때 가격 인하 전략은 쉽게 시도할 수 있는 유인책으로 여겨집니다. 하지만 장기적인 관점에서 볼 때 과도한 할인은 브랜드의 가치를 깎고, 수익 구조를 약화시키며, 지속 가능한 성장을 방해하는 주요 원인이 될 수 있습니다. 따라서 사업 초기일수록 더욱 신중한 접근이 필요합니다.

할인의 달콤함이 만드는 악순환

할인은 단기적인 매출을 올릴 수 있는 가장 빠른 방법입니다. 하지만 고객이 브랜드를 선택하는 이유가 '가격'에만 집중될 경우, 브랜드 충성도가 낮아지고, 재구매율이 떨어질 가능성이 큽니다. 고객은 "싸니까 샀다"는 인식을 갖게 되며, 정가로 판매할 경우 오히려 저항감을 갖게 됩니다. 이렇게 되면 할인 없이는 제품이 팔리기 어려운 구조가 고착화되고, 이는 브랜드 운영에 있어 큰 부담으로 작용하게 됩니다.

데이터로 읽고, 전략으로 움직여라

특히 소상공인은 대기업처럼 대량 생산을 통한 단가 절감이나, 대규모 마케팅 예산을 바탕으로 한 공격적인 프로모션을 지속할 수 없습니다. 따라서 가격을 무기로 삼는 전략은 오래 지속하기 어렵고, 오히려 브랜드 생존을 위협하는 요소가 됩니다. 단기 성과를 위해 반복적인 할인을 진행하다 보면, 마진이 줄고, 운영비는 늘어나며, 자금 유동성이 악화되는 상황에 빠질 수 있습니다. 이때 가장 먼저 무너지는 것은 제품의 품질이나 서비스의 일관성입니다.

지속 가능한 가치를 중심에 둔 가격 전략

할인을 대신할 전략으로 가장 중요하게 고려해야 할 것은 바로 브랜드의 지속 가능성입니다. 지속 가능한 구조는 단기 매출보다 장기 수익에 기반을 둔 전략을 의미합니다. 제품의 가치를 중심에 두고, 그 가치를 고객이 제대로 인식할 수 있도록 메시지를 전달하며, 그에 합당한 가격 정책을 유지하는 방식입니다. 이 구조 안에서는 할인보다 제품력, 고객 서비스, 브랜드 철학 등이 중심이 됩니다.

예를 들어, 단기간에 30% 할인 쿠폰을 제공하는 대신, 고객에게 "왜 이 제품이 그 가격에 판매되는가?"를 설명하는 콘텐츠를 만들어 전달하는 것이 장기적으로는 더 효과적일 수 있습니다. 제품의 원재료, 제작 과정, 안전성과 품질 검수 절차 등을 상세히 설명하면서 고객의 이해와 공감을 얻는다면, 가격에 대한 신뢰가 생기고 정가에 대한 저항도 줄어들게 됩니다. 이것이 바로 지속 가능한 가치를 전달하는 방식입니다.

체험 기반의 고객 유입 전략

또한 할인 대신 '체험'이라는 접근을 활용해 보는 것도 좋습니다. 무료 샘플, 소포장 키트, 일정 금액 이상 구매 시 추가 증정 등의 전략은 제품 가격을 떨어뜨리지 않으면서도 고객의 진입 장벽을 낮추고 경험을 제공합니다. 이는 브랜드 이미지와 신뢰도를 유지하면서, 고객의 반응을 유도하는 데 매우 효과적입니다. 특히 첫 구매 이후 만족도가 높을 경우, 고객은 자연스럽게 재구매로 이어지며 장기 고객으로 전환될 가능성이 높습니다.

지속 가능성은 단순히 수익 구조에만 적용되는 것이 아닙니다. 브랜드 운영의 모든 결정이 장기적 관점에서 '지속 가능한가'를 기준으로 판단되어야 합니다. 지금 진행하는 마케팅 전략이 매출은 발생시키고 있는지, 그 매출이 실제로 수익을 남기고 있는지, 고객이 반복 구매할 수 있는 구조가 갖춰져 있는지 등을 점검해 보아야 합니다. 그리고 그 과정에서 가장 먼저 검토해야 할 부분이 바로 할인에 대한 의존도입니다.

결국 고객은 싼 가격보다 '합리적인 가치'를 선택한다

무엇보다 중요한 점은, 고객은 언제나 '싼 가격'보다는 '합리적인 가치'를 선택한다는 점입니다. 가격을 낮춘다고 해서 반드시 팔리는 것이 아니며, 오히려 제품에 대한 신뢰가 줄어드는 경우도 많습니다. 고객은 브랜드가 제공하는 정보, 리뷰, 사용 경험, 브랜드 철학을 모두 종합적으로 고려하여 구매를 결정합니다. 따라서 브랜드가 제공하는 진짜 가치를 명확히 하고, 그 가치를 고객에게 정확히 전달하는 것이 할인보다 훨씬 강력한 전략이 될 수 있습니다.

마케팅은 본질적으로 고객과의 신뢰를 쌓아 가는 과정입니다. 단기적인 매출을 위해 신뢰를 깎는 할인 전략보다는, 고객과의 장기적인 관계를 형성하고 브랜드에 대한 긍정적인 인식을 유지할 수 있는 방향으로 운영 전략을 설계해야 합니다. 지금 팔리는 것보다, 앞으로도 계속 팔릴 수 있는 구조를 만드는 것이 소상공인의 지속 가능한 성장을 위한 가장 현명한 길입니다.

소상공인을 위한 가격 전략: 할인을 넘어 지속 가능한 브랜드 가치로

과도한 할인의 위험

↓ 브랜드 가치 하락
상품 본연의 가치 인식 저하

↻ 할인 의존성 형성
소비자의 지속적 할인 기대

⌆ 수익 구조 악화
마진 감소로 제품/서비스 품질 저하

할인율별 마진 효과
10% 할인: 마진 35%
20% 할인: 마진 15%
30% 할인: 마진 5% 이하

가치 중심 가격 전략

효율적인 플랫폼 선택 전략

◎ 가치 중심 전략
제품/서비스의 핵심 가치 강조

📖 제품 가치 스토리텔링
스토리와 경험을 통한 가치 전달

☜ 브랜드 철학 공유
브랜드 핵심 가치관 전달

👍 고객 경험 가치 강화
서비스, 품질, 편의성 개선

🎁 할인 대신 혜택 중심
맞춤형 혜택 제공

61

무리한 확장보다
수익 구조 정비하기

창업 초기에는 성장을 갈망하는 마음이 누구에게나 있습니다. 매출이 조금씩 오르고 고객 반응이 좋아지기 시작하면, 더 많은 상품을 만들고, 더 넓은 채널로 진출하며, 더 큰 규모의 마케팅을 하고 싶어 합니다. 그러나 이러한 확장이 반드시 사업의 성장을 의미하지는 않습니다. 오히려 제대로 준비되지 않은 상태에서의 무리한 확장은 기존의 수익 구조를 흔들고, 사업 전체를 위태롭게 만들 수 있는 위험 요인이 됩니다.

확장보다 '기초 체력'이 먼저다

소상공인 사업에서 가장 중요한 것은 기초 체력을 다지는 일입니다. 단기적인 성과에 고무되어 급격하게 외형을 확장하면, 그에 따라 필요한 자금, 인력, 관리 시스템도 함께 늘어나게 됩니다. 그런데 이 모든 것이 충분히 준비되지 않은 상태에서 확장이 이뤄지면, 작은 문제가 쌓여서 큰 문제로 이어질 수 있습니다. 예를 들어, 상품 라인을 늘렸지

데이터로 읽고, 전략으로 움직여라

만 재고 관리를 제대로 못해 손실이 발생하거나, 유통 채널을 늘렸지만 물류 시스템이 따라 주지 않아 고객 불만이 생기는 경우는 매우 흔합니다.

이러한 상황에서 우선시되어야 하는 것은 기존 수익 구조의 정비입니다. 지금 현재 운영 중인 제품이 실제로 수익을 내고 있는지, 어느 유통 채널이 가장 높은 마진을 남기고 있는지, 반복 구매가 발생하는 상품은 무엇인지 등, 현재 사업 구조 안에서 무엇이 진짜 효율적인지를 먼저 분석하고 정리해야 합니다. 이를 바탕으로 불필요한 부분을 줄이고, 강점을 강화해 가는 방향이 확장보다 우선입니다.

수익 구조 정비를 위한 질문들

특히 상품 라인의 확장에 있어서 유의해야 합니다. 다양한 제품을 구성하면 고객에게 선택지를 제공하는 것처럼 보일 수 있지만, 실제로는 관리할 항목이 많아지고, 구매 집중도가 분산되며, 마케팅 메시지가 흐려질 수 있습니다. 오히려 하나의 제품이나 소수의 핵심 제품군에 집중하여 고객의 신뢰를 얻고, 이 제품이 확실한 수익을 가져다주는 구조를 만든 다음, 단계적으로 확장하는 것이 훨씬 안정적입니다.

수익 구조 정비를 위해서는 다음과 같은 질문을 스스로에게 던져 보는 것이 좋습니다.

- 지금 판매 중인 상품 중 실제 수익률이 가장 높은 제품은 무엇인가?
- 가장 많은 고객이 반복 구매하는 제품은 어떤 것인가?
- 비용이 많이 들지만 성과가 낮은 활동은 무엇인가?

– 고객 불만이 자주 발생하는 채널이나 상품은 어디인가?

이 질문들에 대한 답을 명확히 한다면, 지금 사업의 어느 부분이 잘 작동하고 있고, 어느 부분이 개선이 필요한지를 보다 선명하게 파악할 수 있습니다. 이 과정이 바로 무리한 확장을 피하고, 내부 역량을 다지는 가장 현명한 길입니다.

정비가 끝나야 확장이 기회가 된다

또한 수익 구조 정비는 단순한 숫자의 정리가 아니라, 브랜드 운영 철학과도 맞닿아 있는 작업입니다. 고객에게 어떤 가치를 제공하고 싶은지, 그 가치를 유지하기 위해 어떤 요소가 반드시 필요하고, 무엇은 과감히 덜어 낼 수 있는지 판단하는 기준이 되어야 합니다. 그리고 이 기준이 명확해야 확장의 타이밍도 정확히 잡을 수 있습니다. 준비되지 않은 확장은 리스크이지만, 준비된 확장은 기회가 됩니다.

사업의 기반이 약한 상태에서 확장을 시도하면, 새로운 문제를 마주하는 순간 기존 고객 관리와 핵심 제품 운영마저 흔들릴 수 있습니다. 이럴 때 다시 정비를 시도하면 이미 잃은 신뢰와 시간은 되돌릴 수 없게 됩니다. 따라서 확장은 "지금의 수익 구조가 안정적이고 반복 가능한 구조인가?"라는 질문에 "그렇다."는 답이 나올 때 이뤄지는 것이 가장 바람직합니다.

성장보다 먼저 점검해야 할 것은 "지속 가능하고 수익이 남는 구조를 갖추고 있는가?"입니다. 매출은 늘었지만 수익이 줄었다면, 구조를 다시 살펴볼 필요가 있습니다. 고객이 늘었지만 불만도 함께 늘었다면,

데이터로 읽고, 전략으로 움직여라

시스템을 손보아야 합니다. 수익 구조의 정비는 "지금의 운영 방식으로 1년 후에도 지속 가능한가?"를 묻는 질문에 대한 해답을 찾는 과정이며, 그것이야말로 브랜드의 진짜 경쟁력을 만드는 길이 됩니다.

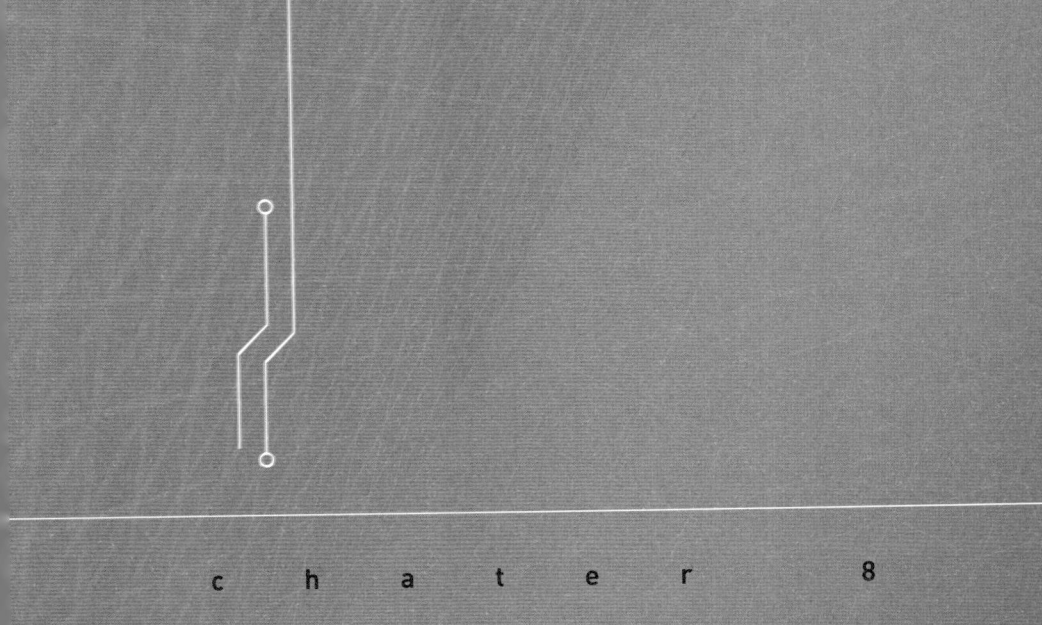

c h a t e r 8

결론:
실행만이 답입니다

사업의 성패를 가르는 것은 계획보다 실행입니다. 완벽한 계획보다는 작고 빠른 실행이 더 많은 기회를 제공합니다. 시장과 고객의 반응은 책상 위에서 예측할 수 없으며, 실제로 움직여 봐야만 보이는 현실이 있습니다. 실행을 통해 얻는 데이터와 경험은 어떤 계획보다 정확한 방향성을 제공합니다. 계획 단계에서 오랜 시간 머무르기보다 신속하게 시장에 진입하고 고객의 피드백을 받아 개선하는 방식으로 사업을 운영해야 합니다. 빠른 실행과 즉각적인 피드백을 통해 실질적인 사업 성과를 만들어 낼 수 있습니다.

62

계획보다 실행이 답이다

창업을 준비하는 많은 분들이 첫 단계에서 가장 많이 하는 고민은 "계획을 더 세워야 할까, 아니면 지금 시작해야 할까?" 하는 질문입니다. 물론 준비는 중요합니다. 하지만 실제 사업 환경에서는 완벽한 계획보다, 작고 빠른 실행이 더 나은 결과를 만들어 냅니다. 특히 소상공인의 입장에서는 자원이 한정되어 있기 때문에, 시장의 반응을 빠르게 확인하고 개선해 나가는 실전 중심의 사고가 생존과 직결되는 전략이 됩니다.

시장은 변하고, 경쟁자는 더 먼저 움직인다

계획은 아무리 정교해도 현실을 모두 반영할 수 없습니다. 실제 고객의 반응은 예상과 다를 수 있고, 유통 채널의 성과도 시뮬레이션과는 전혀 다른 결과로 나타날 수 있습니다. 이런 불확실한 상황에서 너무 많은 시간을 계획에만 쏟는다면, 기회는 이미 다른 사람의 손에 넘어가게 됩니다. 반면, 작은 규모라도 한 발 먼저 실행해 본 사업자는 직접 고객의 목소리를 들을 수 있고, 데이터와 경험을 통해 방향을 조정하는 능력을 갖추게 됩니다.

실행이 중요한 이유는 피드백을 얻을 수 있기 때문입니다. 고객은 정리된 문서나 사업계획서가 아닌 실제 제품이나 서비스에 반응합니다. 설문조사나 시장 조사 결과보다 더 정확한 판단 근거는 실제 고객이 제품을 구매했는지, 만족했는지, 다시 찾아왔는지입니다. 이 정보는 오직 실행을 통해서만 얻을 수 있습니다. 완벽한 기획은 책상 위에서 만들 수 있지만, 실전에서의 교정은 오직 '시도' 이후에야 가능합니다.

예를 들어, 제품을 완벽하게 만들고 시장에 출시하려는 창업자는 포장, 디자인, 상세페이지, 가격 책정, 마케팅 전략까지 완성된 상태가 되기를 기다립니다. 하지만 시간이 지나면 시장은 변하고 경쟁자는 더 먼저 움직이며, 고객의 니즈도 바뀝니다. 그 결과, 시장에 도달하기도 전에 준비했던 전략이 무의미해질 수 있습니다.

반면 실행 중심의 창업자는 프로토타입 수준이라도 제품을 우선 출시하고, 고객의 피드백을 받으면서 조금씩 개선해 나갑니다. 이 접근 방식은 자금과 시간을 절약하면서도 보다 시장 친화적인 제품을 만드는 데 유리한 구조입니다.

실행의 속도를 높이는 세 가지 방법

실행은 곧 경험입니다. 책으로 배우는 경영 이론보다, 직접 부딪혀 보면서 얻는 경험은 훨씬 강력한 교훈과 통찰을 줍니다. 실패했더라도, 그 실패는 실천의 결과이며 다음 실행의 발판이 됩니다. 무엇보다 한 번 실행해 본 사람은 다음 기회를 더 빠르고 정확하게 포착할 수 있는 능력을 갖추게 됩니다. 실행은 단순히 결과를 얻는 수단이 아니라, 스스로를 성장시키는 가장 효율적인 학습 방법이기도 합니다.

① 작게 시작하기

실행 중심의 사고를 적용하기 위해서는 먼저 '작게 시작하기'가 중요합니다. 제품을 대량으로 생산하거나 많은 광고비를 투입하기 전에, 소량의 시제품을 통해 테스트해 보아야 합니다. 한두 개의 판매 채널에서 고객 반응을 확인하고, 리뷰나 피드백을 분석하여 다음 개선 방향을 설정할 수 있습니다. 이렇게 적은 비용과 리스크로 시행착오를 겪고 나면, 다음 단계로 나아갈 때 훨씬 안정적으로 확장할 수 있습니다.

② 완벽함을 내려놓는 용기

또한 실행을 빠르게 하기 위해서는 완벽함을 내려놓는 용기가 필요합니다. 모든 조건이 갖춰질 때까지 기다리다 보면, 결국 시작도 못하게 되는 경우가 많습니다. 제품의 디자인이 100% 마음에 들지 않아도, 마케팅 문구가 조금 부족해도, 우선 출시해 보는 것이 중요합니다. 고객은 종종 예상하지 못한 부분에서 만족하거나 불만을 느끼며, 그것이 바로 개선의 기회가 됩니다. 고객이 가장 불편해하는 부분을 발견하고 개선해 나간다면, 그것이 곧 브랜드의 경쟁력이 됩니다.

③ 의사결정 과정의 단순화

실행의 속도를 높이기 위해서는 의사결정 과정도 단순화해야 합니다. 중요한 판단을 미루기보다는, 80%의 확신이 있다면 실행해 보고

데이터로 읽고, 전략으로 움직여라

나머지 20%는 과정 속에서 보완하는 방식이 바람직합니다. 빠른 결단과 빠른 조정은 스타트업이나 소규모 브랜드의 가장 큰 장점이기도 합니다. 대기업처럼 복잡한 절차 없이 빠르게 움직일 수 있는 민첩함은 창업 초기에 매우 유리한 자산이 됩니다.

실행은 결과를 만들어 낸다

지금 준비 중인 사업 아이템이 있다면, 너무 오래 머뭇거리지 마십시오. 처음부터 완벽하지 않아도 됩니다. 다듬어지지 않은 상태로 시작하더라도, 고객과 만나면서 완성도를 높여 가는 것이 더 현실적이고, 더 강력한 성장 전략이 될 수 있습니다. 가장 중요한 것은 '계속 생각하는 것'이 아니라 '일단 해 보는 것'입니다. 그렇게 한 걸음을 내디딘 순간, 계획은 실행으로 바뀌고, 실행은 결과를 만들어 냅니다.

63

일단 해 보고 고치기

사업을 하는 데 가장 필요한 자세 중 하나는 바로 "완벽하지 않아도 일단 해 보는 것", 그리고 "실행 이후에 고쳐 나가는 것"입니다. 많은 창업자들이 완벽한 조건과 환경이 갖춰지기를 기다리다가, 결국 아무것도 시도하지 못하는 경우를 종종 보게 됩니다. 하지만 현실의 시장은 항상 예측과 다르고, 고객의 반응은 계획과 다릅니다. 그래서 성공적인 창업자일수록 공통적으로 강조하는 것이 바로 "일단 시작하라"는 말입니다.

일단 해 보면 보이는 것들

일단 실행해 보면, 머릿속으로만 생각했을 때는 보이지 않던 문제들이 분명히 드러나게 됩니다. 예를 들어 고객이 예상보다 제품의 포장을 어렵게 느끼거나, 상세페이지의 메시지가 실제 고객에게는 와닿지 않거나, 결제 과정에서 혼란이 생기는 등 작은 시행착오들을 통해 더 나은 방향을 발견할 수 있는 기회가 생깁니다. 이런 문제들은 철저한 사전 계획만으로는 파악하기 어렵고, 오직 '실행'이라는 과정을 통해서만

데이터로 읽고, 전략으로 움직여라

확인할 수 있습니다.

실행 이후의 필수 단계: 피드백과 개선

실행 이후에는 반드시 피드백을 수집하고, 개선하는 단계가 따라야 합니다. 고객의 리뷰, 문의, 불만사항, 반복 구매율, 반품 사유 등을 면밀히 분석하면, 어떤 부분이 잘 작동하고 있고 어떤 부분은 보완이 필요한지 명확하게 파악할 수 있습니다. 특히 초기 단계에서는 숫자보다 고객의 말 한마디, 질문 하나가 더 중요한 데이터가 될 수 있습니다. 고객이 왜 이런 표현을 썼는지, 어떤 단어에 반응했는지에 주목하면, 브랜드 메시지를 다듬는 데에도 큰 도움이 됩니다.

"해 보고 고친다"는 접근법은 단순히 미완성 상태로 제품을 출시하자는 것이 아닙니다. 완성도는 유지하되, 시장에서의 반응을 통해 디테일을 다듬는 유연함을 가지는 것이 핵심입니다. 제품을 만든 사람의 시각과 소비자의 시각은 다를 수밖에 없기 때문에, 창업자는 언제나 겸손하게 고객의 반응을 수용할 수 있어야 하며, 고칠 수 있는 여지를 열어 둔 채 사업을 운영하는 것이 바람직합니다.

작은 실행과 개선의 반복이 만드는 성장

또한 실행과 개선은 반복되어야 합니다. 한 번의 실행으로 모든 것이 해결되기를 바라는 것은 비현실적인 기대입니다. 작은 실행, 작은 개선의 반복이 브랜드의 성장을 이끌어 가는 핵심 과정입니다. 오늘은 제품 패키지를 개선하고, 내일은 상세페이지 문구를 바꾸며, 다음 주에는 마케팅 문구나 타깃 광고 대상을 수정하는 방식으로 하나하나 점검하고 보완해 가는 과정이야말로 브랜드의 내실을 쌓는 작업입니다.

이처럼 '실행−피드백−개선'의 루프를 짧은 주기로 계속 반복하다 보면, 시장 반응에 민첩하게 대응할 수 있는 유연한 사업 체계를 갖출 수 있게 됩니다. 특히 경쟁이 치열한 시장일수록 변화 속도가 빠르기 때문에, 이 루프를 얼마나 빠르고 꾸준하게 돌릴 수 있는지가 경쟁력의 핵심이 됩니다. 단순히 좋은 아이디어를 갖고 있는 것보다, 고객의 목소리를 기반으로 빠르게 반응하고 조정할 수 있는 능력이 훨씬 더 중요한 시대입니다.

시행착오를 통해 경영자로서의 내공을 쌓자

실행하고 고치는 이 방식은 창업자 본인의 성장에도 큰 도움이 됩니다. 시행착오를 두려워하지 않고, 실전에서 직접 부딪히며 배우는 경험은 이론으로는 얻을 수 없는 깊이 있는 통찰을 만들어 줍니다. 무엇보다 해 보았기 때문에 할 수 있는 말, 겪어 보았기 때문에 내릴 수 있는 판단은 브랜드가 성장할수록 점점 더 중요한 자산이 됩니다. 즉, 실행과 개선은 단순한 반복이 아니라, 경영자로서의 내공을 키우는 훈련 과정이기도 합니다.

현재 계획 중인 상품이나 콘텐츠, 마케팅 전략이 있다면 한 번쯤 "이 정도면 됐으니 한번 해 보자."는 마음으로 실행에 옮겨 보십시오. 그 과정에서 반드시 예상하지 못했던 반응과 배움이 따라올 것입니다. 중요한 것은 문제 없이 완벽하게 해내는 것이 아니라, 문제가 생겼을 때 고칠 줄 아는 유연함입니다. 그것이 창업자의 실력이며, 브랜드를 지속 가능하게 만드는 가장 실질적인 전략입니다.

데이터로 읽고, 전략으로 움직여라

64

빠른 진입이 기회를 만든다

창업을 준비 중이거나 새로운 사업 아이템을 고민 중일 때 가장 고민하는 부분 중 하나는 "언제 시작할 것인가?"입니다. 좀 더 준비가 되면, 자금이 확보되면, 자료가 충분해지면 시작하겠다는 마음으로 시간을 보내는 경우가 많습니다. 물론 준비는 중요합니다. 하지만 지나치게 타이밍을 기다리다가 시장의 흐름을 놓치거나, 경쟁자에게 선점당하는 경우도 빈번하게 발생합니다. 실제로는 완벽한 준비보다 빠른 진입이 더 많은 기회를 만들어 내는 경우가 훨씬 많습니다.

빠른 진입은 빠른 학습과 성장의 기회를 동반한다

시장은 빠르게 변합니다. 특히 온라인 기반의 유통, 콘텐츠, 디지털 서비스 분야에서는 트렌드의 주기가 짧고, 고객의 니즈도 빠르게 이동합니다. 이 속도감 있는 환경에서는 느긋한 준비보다 빠른 실행이 더 큰 기회를 가져다줍니다. 지금 당장은 미완성처럼 보이더라도, 먼저 시장에 진입한 사람은 실전 데이터를 확보할 수 있고, 고객의 반응을 먼저 경험하게 됩니다. 이런 데이터와 경험은 그 어떤 이론이나 계획보다 더 신뢰할 수 있는 자산이 됩니다.

빠른 진입은 완성도가 낮다는 것과는 다릅니다. 준비는 기본적으로 갖추되, 완벽주의에 사로잡혀 출시 시기를 계속 미루기보다는, 지금 가능한 수준에서 우선 시장의 반응을 살펴보는 것이 현명한 전략입니다. 첫 제품이 완벽하지 않더라도, 고객의 피드백을 바탕으로 개선하고 보완할 수 있는 기회를 더 빨리 얻는다면, 그 자체가 경쟁력으로 작용할 수 있습니다. 즉, 빠른 진입은 빠른 학습과 빠른 성장의 기회를 동반합니다.

선발 주자와 후발 주자의 차이점

또한, 먼저 시장에 진입한 사람은 고객의 관점에서 문제를 발견할 수 있는 눈을 기르게 됩니다. 예를 들어, 특정 제품을 시장에 먼저 선보였을 때 고객이 불편해하는 포인트, 자주 묻는 질문, 예상 외로 반응이 좋았던 구성 등은 사전에 예측하기 어려운 부분들입니다. 이런 실제 현장 데이터를 기반으로 수정과 보완이 가능해지며, 이는 곧 제품과 브랜드의 품질 향상으로 이어집니다. 결국 이러한 선순환의 출발점은 '빠르게 진입했다'는 점에서 시작됩니다.

반면, 늦게 진입하는 경우 시장의 기준이 이미 정해져 있거나, 경쟁이 심화된 환경에서 차별화를 이루기 어려워질 수 있습니다. 후발 주자는 기존 선두 브랜드와 비교당하기 쉽고, 고객의 기대치도 높아져 있는 상태이기 때문에 새로운 진입자에게는 훨씬 더 큰 마케팅 비용과 설득 노력이 필요합니다. 이럴 경우 초기 투자 리스크가 더 커지고, 브랜드

데이터로 읽고, 전략으로 움직여라

를 자리 잡게 하기까지 시간이 오래 걸릴 수 있습니다.

빠르게 시도하는 자가 더 많은 기회를 얻는다

소상공인과 같은 소규모 사업자의 경우, 시장 반응을 통해 빠르게 전략을 조정할 수 있는 유연함이 큰 장점이 됩니다. 대기업처럼 정교한 시스템이나 자본력이 없기 때문에, 오히려 빠르게 움직이고, 빠르게 실험하고, 빠르게 반응할 수 있는 전략이 훨씬 효과적일 수 있습니다. 이러한 환경에서는 먼저 시도해 본 사람이 더 많은 정보를 얻고, 경쟁자보다 한 발 앞서 유리한 입지를 점할 수 있습니다.

물론 빠른 진입이 모든 정답을 보장해 주는 것은 아닙니다. 하지만 빠른 진입은 경험을 빨리 가져다주고, 데이터를 빨리 쌓게 해 주며, 방향 전환의 기회를 빨리 만들어 줍니다. 지금 당장 시장에서 검증받을 수 있다는 것은 매우 큰 장점이며, 이는 사업 초기에는 특히 중요한 생존 요소가 됩니다. 제품이 잘 팔리는지, 고객이 무엇을 선호하는지, 어떤 요소가 불만으로 작용하는지 등을 더 일찍 알 수 있다면, 이후의 모든 의사결정은 훨씬 더 근거 있는 방향으로 이뤄질 수 있습니다.

계획 단계에 오래 머무는 것보다는, 빠르게 시장의 문을 두드려 보는 것이 창업자에게 훨씬 큰 학습과 성장의 기회를 줍니다. 시행착오를 겪는 것에 대한 두려움보다, 아무것도 시도하지 않고 시간을 흘려보내는 것이 더 큰 손실일 수 있습니다. 지금 준비 중인 아이템이 있다면, 가능한 범위 안에서 먼저 실행하십시오. 일단 실행이 시작되면, 시장은 반드시 어떤 반응으로든 답을 줍니다. 그리고 그 반응이 바로 다음 기회를 여는 열쇠가 됩니다.

소상공인을 위한 창업 전략: 완벽한 준비보다 빠른 시장 진입

완벽한 준비의 함정	빠른 진입의 전략적 가치
● **시장 타이밍 놓침** 시장 기회를 놓치고 후발주자가 됨	∿ **실전 데이터 확보** 고객의 실제 반응과 피드백 수집
⊜ **실제 데이터 부재** 가설에만 의존한 제품은 개발 위험	○ **고객 관점 문제 발견** 예상치 못한 문제점과 기회 포착
⚑ **경쟁자에게 선점당함** 시장 점유율 확보 어려움	◤ **선점 효과 획득** 시장 지위 확보 및 브랜드 인지도 상승

데이터로 읽고, 전략으로 움직여라

65

작은 실행이 쌓여
큰 성과가 된다

많은 창업자들이 사업을 시작할 때 '한 방의 성공'을 꿈꾸곤 합니다. 대중에게 단번에 알려지고, 제품이 폭발적으로 팔리고, 큰 수익이 한꺼번에 들어오는 모습을 상상하곤 합니다. 물론 그런 성공도 존재합니다. 그러나 대부분의 성공은 그렇게 극적이지 않습니다. 실제로 시장에서 오랫동안 살아남고, 신뢰를 얻고, 매출을 꾸준히 만들어 내는 브랜드들의 공통점은 '작은 실행의 꾸준한 반복'입니다.

명확한 차이를 만들어 내는 작은 실행들

사업은 마라톤과 같습니다. 하루 이틀 만에 완성되는 것이 아니라, 매일의 작은 노력과 개선이 쌓여 하나의 흐름이 되고, 그것이 성과로 연결됩니다. 제품 하나를 준비하더라도 고객 문의에 대한 대응 방식을 한 줄 개선하고, 상세페이지의 문장을 다듬고, 리뷰의 패턴을 정리하는 등의 아주 작고 단순한 작업이 결국 고객 경험을 바꾸게 됩니다. 이런 변화는 단기간에는 체감되지 않을 수 있지만, 몇 달 후, 1년 후에는 명확한 차이를 만들어 냅니다. 작은 실행은 큰 자본이나 특별한 기술 없이도 시작할 수 있다는 점에서 특히 소상공인에게 매우 유리한 전략입니다.

- 하루에 5명에게 제품을 소개하는 것
- SNS에 짧은 콘텐츠를 올리는 것
- 고객 후기 하나하나에 정성껏 답글을 다는 것
- 새로운 유통 채널을 하나 테스트해 보는 것

이는 모두 작지만 실질적인 실행입니다. 이처럼 시작하기 어렵지 않은 실행들을 꾸준히 쌓아 나가는 것이 결국 시장 내 신뢰와 경쟁력을 만들어 가는 기반이 됩니다.

실행이 작으면, 손실도 작다

더불어, 이러한 작은 실행들은 시행착오의 위험도 적습니다. 초기 자금을 많이 들이거나, 큰 결정을 내리는 것이 아니기 때문에 실패했을 때의 손실도 작습니다. 그러나 그 과정에서 얻게 되는 학습과 데이터는 작지 않습니다. 고객 반응을 확인하고, 어떤 요소가 더 효과적이었는지 분석하며, 더 나은 방향으로 조정해 나가는 과정은 하나하나가 브랜드 운영의 경험이자 자산이 됩니다.

사업 전 분야에 적용되는 '반복'의 전략

또한, 작은 실행은 '꾸준함'을 만들 수 있습니다. 사업의 흐름은 항상 일정하지 않기 때문에, 한 번에 몰아서 큰 성과를 내려 하기보다는 일상 속에서 계속 움직이고 있다는 감각을 유지하는 것이 매우 중요합니다. 하루 10분이라도 브랜드 관련 작업을 하고, 하루에 하나씩 개선 포인트를 찾고, 일주일에 한 번은 고객 데이터를 정리해 보는 식의 루틴은 창업자 스스로의 집중력을 높이고, 브랜드와의 연결을 유지하게 만듭니다.

이러한 반복이 이어지면 브랜드의 정체성도 명확해집니다. 무엇을 개선했는지, 어떤 피드백을 받아들이고 반영했는지, 어떤 방향으로 사업이 발전해 왔는지를 스스로도 이해하게 됩니다. 그것은 단지 기록의 축적이 아니라, 창업자로서의 통찰력과 직관을 키우는 과정이기도 합니다. 결국 큰 성과는 하루아침에 이루어지는 것이 아니라, 반복된 관찰과 조정, 개선을 통해 점진적으로 다져진 결과입니다.

실행의 반복은 마케팅 전략에서도 동일하게 작용합니다. 한 번의 광고 캠페인이 대단한 성공을 만들기보다, 여러 번의 소규모 실험을 통해 어떤 채널이 가장 효과적인지를 확인하고, 그에 맞춰 점진적으로 예산을 조정하는 방식이 더 안정적입니다. 고객 응대 역시 마찬가지입니다. 하나하나의 응답은 작지만, 그것이 브랜드에 대한 전체적인 이미지를 형성합니다. 나중에 돌아오는 고객들은 그 작고 성실한 대응을 기억하고 다시 브랜드를 선택하게 됩니다.

오늘의 실행이 내일의 성장을 만든다

결국 사업의 성패는 단기적인 이벤트나 눈에 띄는 퍼포먼스가 아니라, 일관성 있게 반복된 실행이 만들어 낸 신뢰와 구조에 의해 결정됩니다. 매일 반복하는 작은 행동, 사소해 보이는 개선, 고객을 위한 세심한 배려는 절대로 사라지지 않습니다. 그것은 브랜드의 정체성이 되어 돌아오고, 고객의 기억 속에서 '다시 찾고 싶은 이유'가 됩니다.

지금 하고 있는 모든 작은 실행은 반드시 성과로 연결됩니다. 단기적으로는 체감되지 않을 수 있지만, 사업은 긴 호흡으로 봐야 합니다. 오늘의 실행 하나하나가 모여 내일의 성장을 만듭니다. 그러니 조급해하지 말고, 오늘도 하나의 작은 실행을 실천해 보세요. 그 반복이 바로 성공을 만드는 가장 현실적이고 확실한 방법입니다.

66

꾸준함이 만드는
성장의 속도

창업 초기에는 모든 일이 새롭고 바쁘게 느껴집니다. 아이템을 구상하고, 제품을 만들고, 판매 채널을 열고, 고객을 응대하고, 광고를 준비하다 보면 하루하루가 빠르게 지나갑니다. 이 속도에 휩쓸리다 보면 방향을 잃거나, 중요한 기본기를 놓치게 되는 경우도 생깁니다. 하지만 이럴 때일수록 반드시 기억해야 할 원칙이 하나 있습니다. 바로, 꾸준한 실행이 성장의 속도를 만든다는 사실입니다.

사업에서 '꾸준함'의 힘

성공하는 브랜드는 화려한 마케팅이나 눈에 띄는 이슈보다, 작지만 일정한 루틴을 유지하고 개선해 나가는 브랜드입니다. 하루에 한 번이라도 고객의 목소리를 확인하고, 판매 데이터를 점검하고, 광고 문구를 테스트하는 루틴을 이어 가다 보면 그 변화는 차곡차곡 쌓이게 마련입니다. 이렇게 축적된 반복은 처음에는 미미해 보일 수 있지만, 시간이 지나면서 뚜렷한 차이를 만들어 냅니다.

꾸준함은 시스템을 만들고 구조를 안정시키는 데 큰 역할을 합니다. 예를 들어 매일 같은 시간에 판매 데이터를 정리하거나, 일정 주기로 고객 피드백을 수집하고, 주 1회 상세페이지나 리뷰를 점검하는 과정을 정해 둔다면, 일의 흐름이 단순해지고 효율성이 높아집니다. 업무를 그때그때 처리하는 것보다 정해진 루틴에 따라 행동하는 것이 더 안정적인 운영 체계를 만들어 줍니다. 이는 곧 혼란을 줄이고, 예측 가능한 사업 운영으로 이어집니다.

외부뿐 아니라 내부까지도 꾸준하게

이 '꾸준함'은 비단 외부 활동에만 해당하지 않습니다. 창업자의 내면에서도 동일하게 작용합니다. 매일 사업 계획서를 정리해 보는 것도, 고객 데이터를 정리하거나 SNS 콘텐츠 아이디어를 적어 보는 것도 모두 꾸준히 반복하고 지속되어야 할 작업의 일부입니다. 이 과정은 눈에 보이는 즉각적인 성과를 만들어 내지 않을 수 있지만, 창업자의 사고방식과 일하는 자세를 정교하게 다듬어 주는 매우 중요한 습관입니다.

창업자에게 자신감을 심어 주는 수단

무엇보다 꾸준함은 창업자의 마음을 안정시키고, 사업에 대한 자신감을 높이는 데 큰 도움이 됩니다. 처음에는 작고 사소한 일처럼 느껴질 수 있습니다. 그러나 일주일, 한 달, 석 달이 지나면서 그 반복이 축적되면, 어느 순간 눈에 띄는 성과로 나타나게 됩니다. 고객의 반응이 달라지고, 매출이 오르고, 브랜드 인지도가 서서히 높아지면서 반복의 효과는 분명하게 확인됩니다. 그때 비로소 깨닫게 됩니다. 내가 매일

데이터로 읽고, 전략으로 움직여라

했던 작고 성실한 활동들이 결코 헛되지 않았다는 것을 말입니다.

오늘도 한 가지를 실천했다는 사실은 작지만 중요한 성취이며, 그것이 내일을 이어 가게 하는 원동력이 됩니다. 계획한 일정을 지켰을 때의 뿌듯함, 고객에게 좋은 반응이 왔을 때의 기쁨, 리뷰에 응답하며 얻는 연결감은 모두 꾸준함이 주는 선물입니다. 이 반복의 과정은 창업자에게 자신감을 심어 주는 중요한 수단이 됩니다.

성장은 속도를 유지하는 사람이 만든다

성장은 속도가 빠른 사람이 아니라, 속도를 유지하는 사람이 만들어 냅니다. 꾸준히 움직이시는 분은 결국 성과에 도달하게 되어 있습니다. 중요한 것은 빨리 가는 것이 아니라, 멈추지 않는 것입니다. 그리고 멈추지 않기 위해 필요한 것은 거창한 의지가 아니라, 작은 일의 반복을 습관으로 만드는 구조입니다.

오늘도 작게 한 가지를 실천해 보세요. 하루하루 이어지는 실행이 쌓이면 그것이 곧 여러분의 브랜드가 되고, 매출이 되고, 고객의 신뢰가 됩니다. 꾸준함은 눈에 잘 띄지 않지만, 시간이 지나면 누구보다 앞서 있게 만드는 가장 확실한 성장 전략입니다.

67

오늘의 반복이
내일의 브랜드를 만든다

브랜드는 하루아침에 만들어지지 않습니다. 단시간에 주목을 받는 제품이나 콘텐츠는 있을 수 있지만, 그것이 브랜드로 자리 잡기까지는 반드시 시간이 필요합니다. 그 시간은 단순한 대기 시간이 아니라, 매일의 작은 실행이 반복되는 시간입니다. 고객은 그 반복 속에서 브랜드를 인식하고, 기억하고, 신뢰하게 됩니다. 그래서 창업자에게 가장 중요한 질문은 "오늘 무엇을 반복했는가?"일 수 있습니다.

매일 하나씩 움직이면, 일주일이면 일곱 개의 변화가 생기고, 한 달이면 서른 개의 실행이 누적됩니다. 반면 큰 일을 하려다 미루고 또 미루면, 시간이 아무리 지나도 성과는 생기지 않습니다. 반복되는 실행은 사업의 성장 엔진이자, 브랜드 정체성의 핵심입니다.

작은 반복이 만드는 브랜드 경험

대기업은 많은 광고 예산과 인력을 동원해 단기간에 주목을 받을 수 있지만, 소상공인은 다릅니다. 처음부터 전면에 나서는 것보다, 작지

데이터로 읽고 전략으로 움직여라

만 일관된 행동을 통해 고객과의 관계를 쌓아 가는 것이 훨씬 현실적인 전략입니다. 고객이 처음 만나는 브랜드의 인상은 대부분 아주 단순한 접점에서 만들어집니다. 제품을 열었을 때 보이는 포장 상태, 제품 설명서의 말투, 고객 응대 메시지의 진정성 같은 것들입니다. 이 작고 일상적인 반복이 하루 이틀이 아닌 수주, 수개월, 수년간 지속될 때 비로소 브랜드가 됩니다.

예를 들어 하루에 하나씩 고객 리뷰에 정성껏 답변을 다는 브랜드는 고객의 기억에 남습니다. 오늘 보낸 응답이 그저 한 줄짜리 메시지 같아 보여도, 그것이 누적되면 고객은 "이 브랜드는 신경을 써 주는 곳"이라는 인식을 갖게 됩니다. 반복은 관계의 두께를 만들어 냅니다. 고객과 브랜드가 만나는 수많은 순간은 브랜드에 대한 감정을 형성하고, 이것이 브랜드 충성도로 이어지는 출발점이 됩니다.

예측 가능한 반복의 힘

브랜드를 구축하고자 한다면 무엇보다도 '예측 가능한 반복'을 만들어야 합니다. 고객은 예상 가능한 브랜드를 신뢰합니다. 아무리 좋은 품질을 갖고 있어도, 매번 서비스가 달라지거나 응대가 들쭉날쭉하다면 신뢰는 생기지 않습니다. 예측 가능한 배송 속도, 응답 속도, 콘텐츠 업로드 주기 등은 브랜드에 대한 안정감을 줍니다.

결국 고객의 재구매와 추천은 신뢰에서 비롯되며, 이 신뢰는 반복이라는 시간 속에서만 형성됩니다. 이 모든 것은 거창한 마케팅이 아니라 꾸준히 지켜 온 기본 원칙에서 비롯됩니다. 오늘 하루 고객에게 보인 태도, 보내 드린 포장 상태, 사용 후 응대 메시지 하나가 브랜드의 신뢰도를 결정짓는 요소가 됩니다.

작은 반복의 지속성이 만드는 브랜드 신뢰도

특히 SNS 채널이나 온라인 스토어를 운영하는 경우, 이 반복의 중요
성은 더 커집니다. SNS나 블로그, 브랜드 뉴스레터, 상세페이지 등 다
양한 콘텐츠 채널은 단기간의 집중보다 일정한 빈도의 꾸준한 운영이
훨씬 더 큰 효과를 가져옵니다.

하루에 하나씩 올리는 게시물, 일주일에 한 번 보내는 뉴스레터, 매
월 업데이트되는 고객 소식지는 고객과 브랜드 사이의 끈을 유지하는
매개체가 됩니다. 알고리즘도 일관된 활동을 선호하며, 고객 또한 꾸준
히 소통하는 브랜드에 더욱 친근함을 느낍니다.

이런 반복이 없다면 고객은 브랜드를 잊어버리게 되고, 새롭게 유입
된 고객은 브랜드가 어떤 성격을 갖고 있는지 알 수 없습니다. 일관된
메시지를 반복적으로 전달하는 것은 브랜드를 외부에 알리는 가장 확실
한 방법입니다. 하루에 하나씩 고객에게 전달하고 싶은 가치를 콘텐츠
로 만들어 보세요. 그것이 쌓이면 하나의 콘텐츠 자산이 되고, 고객과
의 신뢰 기반이 됩니다.

결국 브랜드란, 오늘 반복한 것의 총합

또한 반복은 데이터를 축적하게 해 줍니다. 고객의 반응, 클릭률,
구매율, 후기 내용을 기록하고 분석하는 작업은 반복 없이는 불가능합
니다. 꾸준히 데이터를 수집하고 비교하다 보면, 어떤 요소가 잘 작동
하고 어떤 요소는 개선이 필요한지를 자연스럽게 파악할 수 있게 됩니

데이터로 읽고, 전략으로 움직여라

다. 브랜드를 개선하는 결정적 통찰은 대개 일상적인 반복 속에서 탄생합니다.

결국 브랜드란 "오늘 무엇을 반복했는가?"의 총합입니다. 고객이 브랜드를 신뢰하게 되는 과정도, 브랜드 내부에서 전략이 세워지고 실행되는 과정도 모두 반복의 결과입니다. 브랜드를 강하게 만들고 싶다면, 내일의 성과를 바라기 전에 오늘의 반복을 먼저 점검해 보아야 합니다.

눈에 보이지 않지만 성장을 만든다

반복은 눈에 보이지 않지만, 성장을 가능하게 만드는 가장 강력한 힘입니다. 하루의 루틴을 만들어 보세요. 오전에는 고객 응대를 점검하고, 오후에는 리뷰를 정리하고, 저녁에는 다음 날 콘텐츠를 기획해 보는 것도 좋습니다. 이처럼 작은 루틴이 쌓이면, 브랜드는 일관성을 갖게 되고, 그 일관성은 시장에서의 신뢰로 연결됩니다. 그리고 그 신뢰는 결국 매출, 충성 고객, 브랜드 자산이라는 구체적인 성과로 되돌아오게 됩니다.

오늘의 반복은 내일의 브랜드를 만듭니다. 매일의 행동 하나하나가 브랜드의 태도이고, 고객의 기억 속에 남는 흔적입니다. 그래서 오늘의 작고 반복적인 실행을 소홀히 해서는 안 됩니다. 하루하루 쌓인 실천이 여러분의 브랜드를 단단히 세우고, 미래의 성장을 이끌어 줄 것입니다.

부록

1. MPPA란 무엇인가요?

MPPA는 'Market-Proven Product Analysis'의 약자로, 시장에서 실제로 잘 팔리고 검증된 상품의 주요 요소들을 체계적으로 비교 분석하여 제품 기획, 마케팅 전략, 유통 방향에 있어 데이터 중심의 의사결정을 가능하게 해주는 도구입니다. 이 분석표는 소상공인이 제품을 기획하거나 개선할 때 막연한 감각이나 주관이 아닌, 실제 시장 데이터를 기반으로 판단할 수 있도록 도와주는 프레임워크입니다.

2. MPPA 기본 양식

다음은 MPPA의 표준 양식입니다. 아래 지표는 시장에서 실제 판매되고 있는 유사 제품들을 나란히 비교 분석할 수 있도록 구성되어 있습니다.

항목	제품 A	제품 B	제품 C	제품 D	제품 E
상품명					
브랜드 유무					
가격					
용량					
포장 형태					
포장 단위					
주요 색상					
품질 특성					
리뷰 개수					
평균 별점					
주요 리뷰 키워드					
판매 채널					
배송 방식					
판촉 방법					
상세페이지 특이사항					

※ 표는 5개 이상의 주요 경쟁 제품을 기준으로 작성하는 것이 적절합니다

3. 복분자즙 예시 분석

복분자즙 상품을 실제로 구매하여 MPPA를 기반으로 분석한 결과는 다음과 같습니다.

항목	A사 복분자즙	B사 복분자즙	C사 복분자즙	D사 복분자즙	E사 복분자즙
상품명	자연담은 복분자즙	복분자청정원	하루한포 복분자	복분자명가	유기농 복분자즙
브랜드 유무	있음	있음	없음	있음	있음
가격	29,900원	32,500원	26,000원	35,000원	38,900원
용량	100ml x 30포	80ml x 40포	70ml x 30포	100ml x 60포	100ml x 30포
포장 형태	파우치	파우치	파우치	병	파우치
포장 단위	30포	40포	30포	60병	30포
주요 색상	자주색	빨간색	갈색	검정색	보라색
품질 특성	NFC, 무첨가	저당	고함량	유기농	HACCP 인증
리뷰 개수	1,280개	870개	950개	350개	610개
평균 별점	4.8점	4.6점	4.7점	4.5점	4.9점
주요 리뷰 키워드	진하다, 만족, 재구매	산뜻, 깔끔, 포장	작지만 실속 있음	유리병 불편	건강해지는 느낌
판매 채널	쿠팡, 네이버	G마켓, 11번가	네이버 스마트스토어	자사몰	쿠팡, 자사몰
배송 방식	무료배송	유료배송	무료배송	유료배송	무료배송
판촉 방법	2+1 이벤트	첫구매 10%할인	SNS 체험단	없음	정기배송 5% 할인
상세페이지 특이사항	성분표시 강조	제조과정 상세 설명	리뷰 강조 영역	브랜드 스토리 강조	유기농 인증 마크

데이터로 읽고, 전략으로 움직여라

4. 항목별 작성 시 주의할 점

- 상품명/브랜드 유무: 단순한 이름 기록이 아니라 브랜드 인지도를 고려해야 합니다. 브랜드 유무에 따라 고객 신뢰도가 다르게 작용할 수 있습니다.
- 가격/용량/단위: 가격만 보지 말고 용량 대비 가격 즉, 단가를 계산해보는 것이 중요합니다. 소비자는 총 금액보다 ml당 가격이나 1포당 가격을 기준으로 비교하기도 합니다.
- 포장 형태/색상: 고객이 제품을 처음 접했을 때의 인상을 결정짓는 요소입니다. 특히 파우치 제품은 휴대성과 직결되므로 구매 결정에 큰 영향을 줍니다.
- 품질 특성: 인증 여부(HACCP, 유기농 등), 첨가물 유무, 제조 방식 등은 프리미엄 포지셔닝에 필수적입니다.
- 리뷰 분석: 단순히 별점 평균이나 개수만 볼 것이 아니라 리뷰 내용에서 반복적으로 등장하는 키워드를 뽑아내야 고객의 실제 만족 포인트와 불만 요인을 파악할 수 있습니다.
- 판매 채널: 어디서 팔리고 있는지가 중요합니다. 자사몰 중심인지, 오픈마켓인지, 또는 SNS 기반인지에 따라 마케팅 전략이 달라져야 합니다.
- 판촉 방법: 첫구매 할인, 세트 구성, 무료배송 등 판촉 전략도 분석의 핵심입니다. 내가 사용할 수 있는 전략인지, 실제 효과는 어떤지 참고가 됩니다.
- 상세페이지 특이사항: 고객이 구매를 결정하기까지 마지막으로 참고하는 영역입니다. 구성 방식, 설명 톤, 정보 배치 등을 반드시 체

크해야 합니다.

5. 어떻게 활용하면 좋을까요?

MPPA는 단순한 비교표가 아닙니다. 이 분석표를 통해 시장 내에서 어떤 요소들이 '공통적으로' 나타나는지 확인하고, 내 제품 기획이나 마케팅 방향에 반영해야 합니다. 예를 들어 대부분이 30포 구성의 파우치 형태를 선택하고 있다면, 이는 시장의 기준선으로 작용할 수 있습니다. 반대로, 아직 차별화 여지가 있는 부분이 무엇인지도 찾아낼 수 있습니다.

MPPA는 제품 기획뿐 아니라 다음과 같은 영역에서도 실전적으로 활용될 수 있습니다.

- 신제품 출시 전 사전 시장 검증
- 현재 판매 제품의 개선 방향 도출
- 유사 시장 진입 시 포지셔닝 전략 수립
- 상세페이지나 광고 문구 구성 참고

MPPA는 반복적으로 작성하고 업데이트하는 것이 중요합니다. 시장은 계속 변화하기 때문에 한 번의 분석으로 끝내기보다는 분기별 또는 시즌별로 재작성하며 시장의 흐름을 점검하는 습관이 필요합니다. 이 분석표를 직접 활용한다면, 자신의 비즈니스가 시장에서 어디쯤에 위치해 있는지 명확하게 볼 수 있게 됩니다. 그리고 그것이 바로, 실패를 줄이고 성공 확률을 높이는 가장 현실적인 방법이 될 것입니다.

팔리는 시장을 읽는 힘이
진짜 경쟁력이다!

*

많은 소상공인들이 사업을 시작할 때 가장 먼저 느끼는 감정은 설렘과 불안의 공존입니다. 그러나 현실은 설렘보다 불안이 더 큽니다. 자금도 부족하고, 시간도 부족하며, 도와줄 사람도 많지 않은 상황에서 사업을 시작하는 것은 결코 쉬운 일이 아닙니다. 그럼에도 불구하고 많은 소상공인이 시장에 뛰어들지만, 정작 성공의 길을 찾는 사람은 극소수에 불과합니다.

그 이유는 간단합니다. 바로 '시장'을 제대로 읽지 못하기 때문입니다. 제품을 아무리 열심히 만들어도, 고객이 원하는 제품이 아니라면 실패할 수밖에 없습니다. 단순히 멋져 보이는 아이디어나, 성공한 타인의 사례만 따라 하는 것으로는 부족합니다. 시장이 진짜 원하는 상품을 정확히 찾아내고, 이를 철저히 분석하는 것이 성공의 핵심입니다.

이 책에서 소개하는 MPPA(Market-Proven Product Analysis, 시장검

증상품 분석표)는 바로 그러한 문제를 해결하기 위한 강력한 도구입니다. MPPA는 실제 시장에서 성공적으로 판매되는 상품을 철저히 분석하여 소상공인들이 객관적이고 명확한 데이터를 바탕으로 의사결정을 할 수 있도록 도와줍니다.

이 책은 창업을 꿈꾸거나 이미 사업을 시작한 소상공인들이 실패의 위험을 최소화하고, 시장에서 성공할 수 있도록 명확하고 현실적인 전략을 제공합니다. 이제 막연한 아이디어가 아니라, 시장에서 검증된 명확한 데이터를 통해 진정한 성공의 길을 걸을 수 있을 것입니다.

시장 속에서 경쟁력을 키우고, 고객이 진정으로 원하는 제품으로 지속 가능한 사업을 만들어 가길 진심으로 응원합니다.

데이터로 읽고, 전략으로 움직여라